乡村振兴与农业产业振兴实务丛书

设施园艺产业集群

主　　编　张天柱

技术顾问　吴卫华

参　　编　李　娇　尹衍雨　郭玲娟　刘　佳　苏彦宾
王富强　史晋鹏　李　静　邓志园　孟国宝
李跃洋　邢文鑫　郭延彬　宋　懿　白春明
李　旭　傅长智　王朝栋　丁龙龙　朱海东
李桂朋　刘鲁江　陈小文　侯　倩　刘彩霞
王　奎　郭敏思　姚淑姣　张嫣然

中国轻工业出版社

图书在版编目（CIP）数据

设施园艺产业集群 / 张天柱主编. — 北京：中国轻工业出版社，2020. 4
（乡村振兴与农业产业振兴实务丛书）
ISBN 978-7-5184-2474-0

Ⅰ. ①设… Ⅱ. ①张… Ⅲ. ①园艺－设施农业－产业集群－研究 Ⅳ. ① F303

中国版本图书馆 CIP 数据核字（2019）第 085303 号

责任编辑：伊双双　罗晓航　　责任终审：张乃柬　　整体设计：锋尚设计
策划编辑：伊双双　　责任校对：晋　洁　　责任监印：张　可

出版发行：中国轻工业出版社（北京东长安街6号，邮编：100740）
印　　刷：三河市国英印务有限公司
经　　销：各地新华书店
版　　次：2020年4月第1版第3次印刷
开　　本：720×1000　1/16　印张：17.5
字　　数：360千字
书　　号：ISBN 978-7-5184-2474-0　定价：68.00元
邮购电话：010-65241695
发行电话：010-85119835　传真：85113293
网　　址：http://www.chlip.com.cn
Email：club@chlip.com.cn
如发现图书残缺请与我社邮购联系调换
200330K1C103ZBW

序

设施园艺是现代农业的重要组成部分，对于我国这样一个人口众多、土地与水等自然资源相对短缺、很多地区存在各种不利于生产的自然气候条件、自然灾害频繁的国家，发展设施园艺产业尤其具有重要意义。

我国的设施园艺经过数十年的发展，目前已经成为世界规模第一的农业产业。其发展在极大地丰富了我国人民物质生活的同时，已对我国农业生产技术、农业的产业结构调整和农村经济发展产生了巨大作用，促使我国农业生产方式发生了重大变革，为我国农民的增收、农业现代化水平的持续提升做出了巨大贡献。

但在看到我国设施园艺发展取得巨大成就的同时，也要指出的是：我国的设施园艺仍存在劳动生产效率低，肥料、药水、土地等资源利用率较低，产品质量不高，生产效益波动较大等突出问题；设施蔬菜的单位面积产量、质量、劳动生产率和效益与国外先进水平相比还有较大的差距。其中原因，除设施园艺生产装备、生产技术水平较低等原因之外，一个重要原因是，目前中国设施园艺多数仍以个体农户生产经营为主，经营规模小，产业化水平低，设施园艺效益优势不能得到充分发挥。

设施园艺作为一种现代农业产业，要实现持续的发展，规模化经营是必由之路。设施园艺的生产经营过程需要充分调集和运用各种生产要素，在适度规模化生产的条件下，可以方便地组织分工，高效地发挥生产组织结构中各要素的作用，促进其有机结合，形成一个围绕产业主体的支撑生产的良好社会体系，这样才能达到较高的生产效率和经济效益。设施园艺产业集群是在我国设施园艺发展到一定阶段后出现的，能够有效调动、组织和运用各种生产要素，实现更高效益规模化园艺生产的、逐渐完备的社会生产体系。

设施园艺产业集群是在地理空间上相对集聚，以设施园艺生产以及相关服务为活动内容的一系列生产单位、科研机构、社会服务组织所形成的、相互紧密联系的网络化的关联社会集群，是一种围绕园艺生产主产业而形成的现代化社会生产系统。在这个系统中，相关生产单位与服务组织围绕设施园艺主体产业链，形成横向扩展与上、下游纵向延伸的专业化分工格局，生产单位之间充分共享知识、技术、信息、人才、政策以及相关产业要素等资源，并通过相互之间的溢出效应与乘数效应，使得围绕产业链并集聚于该区域的企业等生产单位因此而获得集聚效应和规模经济效益，在共同利益的推动下，紧密联系在一起，相互支撑，互利共赢，使得产业集群的竞争力得到显著提升。

本书是一部对设施园艺产业集群进行系统化论述的探索之作，书中内容对我国设施产业集群的发展具有较大参考和借鉴的作用。

马承伟

2019年9月

前言

随着我国经济社会的迅速发展、农业现代化的快速推进和居民生活水平的逐步提高，党和政府在纲领性文件和政策中，对我国现代农业发展、设施农业发展、蔬菜产业转型升级和提质增效、保证农产品供给能力和质量安全等方面给予了高度重视，并提出了明确要求和发展方向。

目前我国设施农业发展已初具规模，其中设施蔬菜规模为最大。设施蔬菜栽培是指综合利用技术装备达到蔬菜的高效、高产的规模化生产，是计算机技术、工业技术、工程技术、生物技术、冷链技术、管理技术等相互交叉的应用型学科，具有显著的工业化生产属性，是在我国农业向社会主义特色现代化农业转型背景下的全产业链条生产模式。在我国面对各种生产压力、消费需求的背景下，依靠产业集群转型升级是我国设施园艺产业特别是蔬菜生产可持续发展的需要。

本书参考了国内外较为先进的设施农业产业园区相关案例，参阅、引用了许多学者的教材、著作和研究文献，在书中分八个章节阐述了设施园艺产业集群的概念以及发展的现状与趋势，探讨了设施园艺产业集群中的系统规划、园艺设施及配套设施、生产技术及管理、园艺产品加工、销售流通等方面问题，并介绍了国内典型的和一些设施园艺较发达的国家中设施园艺产业集群发展的情况，以期对农业技术人员及管理人员起到一定的指导作用。

在编写中，编者力求避免错误和不足，主编力求各章内容的准确和协调，但由于参编人员较多，时间仓促，书中难免还有疏漏和不妥之处，恳请广大读者在使用过程中随时提出宝贵意见，以便及时补遗勘误。

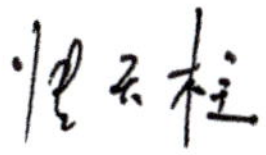

2019年9月

目录

第一章
概述
第一节　设施园艺产业集群的发展背景......2
第二节　设施农业产业集群的定义......6
第三节　设施园艺产业集群的发展现状及趋势
——以设施蔬菜产业集群为例......10

第二章
规划
第一节　建设思想和原则......16
第二节　规划选址......18
第三节　规划布局......20
第四节　功能配置......31
第五节　效益分析......33

第三章
温室设计
第一节　温室主体设计......36
第二节　温室采暖设计......50
第三节　温室通风设计......65
第四节　温室降温设计......68
第五节　温室光照调控......76
第六节　电气系统......83
第七节　环境控制系统......86
第八节　清洗维护系统......97
第九节　生产配套系统......100

第四章
栽培方案设计
第一节　产业集群育苗系统......106
第二节　产业集群栽培系统......118

第三节　产业集群生产管理制度 146

第五章
园区配套工程
第一节　水系统工程 152
第二节　产后加工包装车间 159
第三节　废弃物处理工程 166
第四节　锅炉房 168
第五节　其他配套用房 171
第六节　冷链物流配套工程 174

第六章
质量安全控制
第一节　食品安全 178
第二节　政府监管体制 186
第三节　企业食品安全管理体系 193
第四节　质量安全的产业链控制体系 200

第七章
采后包装、物流及销售
第一节　采后分级及包装技术方案 206
第二节　仓储及运输 214
第三节　销售 217

第八章
案例分析
第一节　河北省邢台市南和县设施农业产业集群 222
第二节　山东省寿光设施蔬菜产业集群 235
第三节　西班牙阿尔梅里亚设施农业产业集群 246
第四节　以色列产业集群 252
第五节　加拿大设施农业 258
第六节　墨西哥设施农业 262
第七节　荷兰设施农业集群 266

参考文献 271

第一章

概述

第一节
设施园艺产业集群的发展背景

农业是保障国民经济发展的基础产业。21世纪以来，现代农业发展已经成为世界农业发展的主流。发展设施农业是转变农业发展方式、建设现代农业的重要内容，已经成为各国农业发展重点和农业高科技创新竞争的焦点。

设施农业是综合应用工程装备技术、生物技术和环境技术，整合土地、资金、技术、人力等要素，按照动物、植物生产发育所需求的最佳环境，进行动植物生产的现代农业生产方式；是能有效提高土地产出率、资源利用率和劳动生产率的现代集约型农业；是现代农业的显著标志。促进设施农业发展是实现农业现代化的重要任务。以设施农业为依托的设施园艺产业集群是农业产业集群在生产组织模式中的创新，其出现符合社会发展规律，是中国发展现代农业新跨越的创新载体。

“十三五”期间，面临生态压力加大、生产成本上涨、大中城市市民为主的消费者对安全果蔬需求增长等诸多挑战，设施农业如何突破发展瓶颈，更好地服务城市发展需求，是亟须多方积极探索并解决的问题之一。同时，在打造“大众创业、万众创新”为推动中国经济继续前行的“双引擎”之一的发展背景下，创新和效率提升必将是都市农业发展的重要方向。

设施农业产业集群在多方面条件影响下应运而生。

一、国家相关政策要求

随着我国经济社会的迅速发展、农业现代化的快速推进和居民生活水平的逐步提高，党和政府在纲领性文件和政策中对我国现代农业发展、设施农业发展、蔬菜产业转型升级和提质增效、保证农产品供给能力和质量安全等方面给予了高度重视，并提出了明确要求和发展方向。

党的十八大报告中指出：要推动城乡发展一体化，加快发展现代农业，增强农业综合生产能力，确保重要农产品的有效供给；优化国土空间开发格局，要按照人口资源环境相均衡、经济社会生态效益相统一的原则，控制开发强度，调整空间结构，促进生产空间集约高效、生活空间宜居适度、生态空间山清水秀，给自然留下更多修复空间，给农业留下更多良田，给子孙后代留下天蓝、地绿、水净的美好家园。

《国家中长期科学和技术发展规划纲要（2006—2020年）》指出：以高新技术带动常规农业技术升级，持续提高农业综合生产能力；延长农业产业链，带动农业产业化水平和农业综合效益的全面提高；综合开发农林生态技术，保障农林生态安全；积极发展工厂化农业，提高农业劳动生产率。

2012年中央一号文件《关于加快推进农业科技创新持续增强农产品供给保障能力的若干意见》指出：狠抓“菜篮子”产品供给。抓好“菜篮子”，必须建好菜园子、管好菜摊子。要加快推进区域化布局、标准化生产、规模化种养，提升“菜篮子”产品整体供给保障能力和质量安全水平。大力发展设施农业，继续开展园艺作物标准园、畜禽水产示范场创建，启动农业标准化整体推进示范县建设。实施全国蔬菜产业发展规划，支持优势区域加强菜地基础设施建设。强化食品质量安全监管综合协调，加强检验检测体系和追溯体系建设，开展质量安全风险评估。大力推广高效安全肥料、低毒低残留农药，严格规范使用食品和饲料添加剂。

2014年中央一号文件《关于全面深化农村改革加快推进农业现代化的若干意见》指出：强化农产品质量和食品安全监管；推进农业科技创新，建设以农业物联网和精准装备为重点的农业全程信息化和机械化技术体系，推进以设施农业和农产品精深加工为重点的新兴产业技术研发。

2015年2月17日，农业部印发的《关于进一步调整优化农业结构的指导意见》指出：发展北方城市冬季设施蔬菜，以“做强一产、做优二产、做活三产”为途径，调整优化产业结构。大力发展农业产业化，培育壮大龙头企业，推进龙头企业集群集聚，拓展农业多功能，依托龙头企业将产业链、价值链与现代产业发展理念和组织方式引入农业，延伸产业链、打造供应链、形成全产业链，促进一、二、三产融合互动。加快发展农产品加工业，大力开展加工业示范县、示范园区、示范企业创建活动，引导农产品加工业向主产区、优势产区、特色产区、重点销区及关键物流节点梯度转移，打造农业产业集群，形成加工引导生产、加工促进消费的格局。瞄准市场需求，增加市场紧缺和适销对路产品生产，大力发展绿色农业、特色农业和品牌农业，把产品结构调优调高调安全，满足居民消费结构升级需要。

2015年4月10日，农业部印发的《关于打好农业面源污染防治攻坚战的实施意见》指出：要把转变农业发展方式作为防治农业面源污染的根本出路，促进农业发展由主要依靠资源消耗向资源节约型、环境友好型转变，走产出高效、产品安全、资源节约、环境友好的现代农业发展道路，并明确了打好农业面源污染防治攻坚战的重点任务。该《意见》还指出：要大力发展节水农业；实施化肥零增长行动，扩大测土配方施肥在设施农业及蔬菜、果树、茶叶等园艺作物上的应用，基本实现主要农作物测土配方施肥全覆盖。

2015年8月7日，国务院办公厅印发的《关于加快转变农业发展方式的意见》指出：创新农业经营方式，延伸农业产业链；深入推进农业结构调整，促进种养业协调发展；提高资源利用效率，打好农业面源污染治理攻坚战；强化农业科技创新，提升科技装备水平和劳动者素质；提升农产品质量安全水平，确保“舌尖上的安全”；坚持把提高质量效益作为主攻方向，以市场为需要，调整优化农业结构，向规模经营要效率，向一、二、三产业融合要效益，向品牌经营要利润，全面推进节本降耗、提质增效。

2015年10月29日，中国共产党十八届五中全会通过的《中共中央关于制定国民经济和社会发展第十三个五年规划的建议》指出：着力构建现代农业产业体系、生产体系、经营体系，提高农业质量效益和竞争力；优化农业生产结构和区域布局，推进产业链和价值链建设，开发农业多种功能，提高农业综合效益。健全从农田到餐桌的农产品质量安全全过程监管体系、现代农业科技创新推广体系、农业社会化服务体系。发展现代种业，提高农业机械化水平，加强农产品流通设施和市场建设。

2017年中央一号文件《关于深入推进农业供给侧结构性改革加快培育农业农村发展新动能的若干意见》指出：推进农业供给侧结构性改革，要在确保国家粮食安全的基础上，紧紧围绕市场需求变化，以增加农民收入、保障有效供给为主要目标，以提高农业供给质量为主攻方向，提高土地产出率、资源利用率、劳动生产率，促进农业农村发展由过度依赖资源消耗、主要满足量的需求，向追求绿色生态可持续、更加注重满足质的需求转变。鼓励地方统筹使用高标准农田建设、农业综合开发、现代农业生产发展等相关项目资金，集中建设产业园基础设施和配套服务体系。吸引龙头企业和科研机构建设运营产业园，发展设施农业、精准农业、精深加工、现代营销，带动新型农业经营主体和农户专业化、标准化、集约化生产，推动农业全环节升级、全链条增值。

党的十九大报告指出：坚持农业农村优先发展，按照产业兴旺、生态宜居、乡风文明、治理有效、生活富裕的总要求，建立健全城乡融合发展体制机制和政策体系，加快推进农业农村现代化。构建现代农业产业体系、生产体系、经营体系，完善农业支持保护制度，发展多种形式适度规模经营，培育新型农业经营主体，健全农业社会化服务体系，实现小农户和现代农业发展有机衔接。促进农村一、二、三产业融合发展。

二、转变农业发展方式，建设现代农业的重要途径

设施农业是一种区别于传统农业的生产模式，是现代农业发展的主要标志，其在生产集约化程度、农业技术含量、产品品质和种植效益等方面有着明显的比较优势，具有节水、省地、聚能、高产、高效等特点，对提高土地产出率、资源利用率和劳动生产率，增强农业综合生产能力具有重要的推动作用。

三、调整农业结构，实现新型农民就业和持续增收的有效路径

发展设施农业是提高农民收入的有效途径。由于在城市化、工业化进程中，农用土地越来越少，要用有限的、越来越少的土地发挥更大的效益，创造更多的收入，发展设施农业、旅游观光农业、精品农业是必然的选择。连栋温室采用智能环境调控系统和数字化联动管理系统，配以植保智能管理和智能化用工管理系统，大大降低了单位生产用工等单位产量运营成本。全国设施蔬菜产业可解决2580万人就业，创造约1500万个就业岗位，并带动了棚室建材产业、农膜产业、运输业等相关产业的发展。2014年，设施蔬菜产值突破1万亿元，净产值6146.06亿元，使全国乡村居民人均增收993.45元。

四、建设资源节约型、环境友好型农业，促进农业低碳发展的重要手段

我国是一个农业大国，人口多，耕地少，人均资源相对不足，农业发展正面临着耕地日益减少、人口不断增长和社会总需求不断增加的严峻挑战。“民以食为天”，要在有限的人均资源条件下，满足人们日益增长的对农副产品的需求，必须走高效农业的发展之路。设施农业是在环境相对可控的条件下进行生产，使资源各要素能得到优化配置和高效利用，单位土地面积的生产能力可得到成倍乃至数十倍的提高。设施农业的发展将是今后我国建设资源节约型、环境友好型社会，促进农业低碳发展的重要手段。

五、增加农产品安全生产和有效供给，保障大中城市蔬菜供应的必然要求

设施农业的发展有利于农业标准化，可实现生产各个环节采用现代化手段，实施科学的肥培管理，集约经营，可按照程式化、标准化生产，精准使用肥药，减少环境污染。发展设施农业，可以通过调控生产环境，提高农产品产量和质量，保证农产品的鲜活度和周年持续供应，可以有效缓解我国“菜篮子”产品供需不平衡矛盾，成为中国保障蔬菜市场供应的最有效手段之一。比较而言，连栋温室单位面积产量是日光温室产量的2～3倍，而单位土地净产量可达到12～15倍；连栋温室单位面积高效生产用水量是日光温室的1/3；连栋温室高效栽培蔬菜绿色生产，洁净包装，可完全达到净菜上市。

重视中国设施农业特别是设施蔬菜产业发展，对确保中国食品安全具有极其重要的作用。日光温室，环境相对较差，土壤污染严重，病虫害防治难以规范，存在极大的食品安全风险；连栋温室，环境调控有保障，配有有机基质培及配套技术措施，100%达到绿色标准，可有效保障食品安全。

六、主动适应新常态，加快设施农业产业转型升级的有效措施

随着我国经济发展进入新常态，增长速度正从高速转向中高速，发展方式正从规模速度型粗放增长转向质量效率型集约增长，结构调整正从增量扩能为主转向存量与增量并存的深度调整，发展动力正从传统增长点转向新增长点，从要素驱动、投资驱动转向创新驱动。加快转变农业发展方式，大力调整优化农业结构，推进节能减排和保护生态环境。发展高效集约化设施农业集群，提高农业科技水平，实现农业资源高效利用和效益增加，推动农业经济从要素驱动、投资驱动转向创新驱动，通过设施农业生产产业集聚发展，带动种子、种苗、钢材、玻璃、薄膜、农机具、生物、肥料等传统资材企业和高科技技术产业的虹吸凝聚发展，为创新孕育新常态下新的经济增长点创造条件，实现设施农业产业转型升级。

第二节
设施农业产业集群的定义

一、设施农业的概念

设施农业是通过采用现代化农业工程技术、农业建筑技术和机械技术，改变外在环境，为动植物生产提供相对可控制的甚至是最适宜的温度、湿度、水肥、光照和气体等环境条件的一种农业生产方式，是一种在一定程度上摆脱对自然环境对农业的束缚能进行有效生产的农业生产方式，它具有高投入、高科技、高品质、高产量和高效益等特点，是最具活力的现代农业生产方式。设施农业是涵盖建筑、材料、机械、自动控制、品种、园艺技术和管理等学科的系统工程，其发达程度是体现农业现代化水平的重要标志之一。设施农业包含设施种植和设施饲养，各类型玻璃温室、日光温室、塑料大棚及地膜覆盖，还包括所有对农业生产进行保护的设施，本书所指的设施农业主要指设施种植业。设施种植在保护设施的作用下，防止了多种病虫害的侵袭。在农业生产过程中严格控制农药的使用，可充分发挥作物的增产、优质的潜力，从而改善农产品品质，并能使作物反季节生长，在特定的时间、有限的空间中生产出高品质的产品。

二、产业集群的概念

产业集群（Cluster）是一个社会经济学概念，指在地理上相对集中并具有众多密切竞合关系的不同等级规模的企业以及相关的各种机构、服务组织等行为主体，通过复杂的网络关系紧密联系在一起的空间网络积聚体，这种网络积聚体可提升集群整体效益，也代表着介于市场和等级制之间的一种新的空间经济组织形式。

1990年，迈克·波特在《国家竞争优势》一书中，首先提出产业集群一词，并通过实践案例对集群现象进行了分析，简单地探讨了其形成过程及集群化区域发展所带来的影响。企业的竞争力在某种程度上对区域的竞争力有很大的依赖性与相关性，波特通过对10个发达的工业化国家考察及研究后，发现产业集群现象是工业化及城镇化过程中普遍存在的，在发达工业化国家的经济发展过程中，可以明显地看到各种产业集聚形成的集群化发展现象。

许多产业集群在社会经济发展的过程中，由于产业链的延伸而涉及后勤服务、销售渠道、顾客、辅助类产品制造商、专业化基础设施供应商等，政府及其他提供专业化培训、信息服务、研发、标准制定等机构，以及同业协会和其他相关的民间团体或组织。

因此，产业集群是在众多产业的关联下超越一般产业范围，所形成的特定区域范围内众多产业相互集聚及融合、各种与特定产业相关的机构及组织相互联结的共生体。集聚效益和规模经济效益使得区域内产业整体实力提升，形成这一区域特色的竞争优势。随着社会经济的发展，产业集群在经济发展中作用越来越明显，其发展状况已逐步成为评价一个经济体，或其中某个区域和地区竞争力或发展水平的重要指标。

三、设施农业产业集群

农业产业集群是指在地理空间上相对集聚，并以农业生产及相关服务为对象的一系列企业、研究机构、服务组织所形成的紧密联系的网络化的关联产业集群，是一种新型农业组织形式。设施农业是社会经济发展到一定阶段的必然产物，产业集群所带来的综合效益优势也势必会对设施农业的生产组织方式产生重要影响。设施农业产业集群是传统的农业产业集群模式在设施农业领域中对生产组织模式的创新。这主要指集中在设施农业领域，以设施农产品生产为中心，以众多具有共性和互补性并紧密联系的为设施农业生产服务的相关企业、组织、基地及机构为支撑，由设施生产基地、专业大户、合作社、家庭农场、相关企业、市场及推广部门形成有密切竞合关系的网络合作群体。

四、相关理论依据

（一）产业集聚理论

产业集聚（Industrial Agglomeration）是指在一个特定区域范围内，以生产某种产品或提供相关服务为基础，众多不同类企业、机构包括与其配套的上下游企业、相关服务业等为主体，由于某种共同的利益关系而高度紧密地集聚在一起的现象。产业集聚是各种相关生产主体在地理上位置相对集聚的过程。由于区域综合资源开发、政府合理引导、公共服务及基础设施建设，在规模经济和范围经济内在要求的驱动下，会出现具有不同等级规模的企业进行相同产品或类似产品的生产，或者出现与其相配套的上下游产业的企业集中连片布局的情况。随着各企业不断发展，最终会在集聚机制的作用下，通过产业关联、基础设施共享以及其他一些经济联系使得不同城镇之间产业集聚成群，其中所涉及的“集中连片布局”，就包含着产业转移的因素。

产业集聚理论对社会经济发展具有重要的推动作用，一直被国内外学者所关注，人们分别从外部经济、范围经济、产业区位、竞合关系、技术创新与竞争优势、信息共享、交易成本等角度深入探讨了其形成原因与发展机制。不同学者由于研究背景及分析问题角度的不同，对产业集聚的形成过程也有不同的理解。但对由于共同利益，各种关联产业在区域集聚具有共识。

综合起来看，产业集聚是指在地区社会经济发展过程中，某个特定产业领域内相关的企业、组织或机构等生产或服务的主体，由于其相互之间具有共性和互补性等特征并且在密切竞合关系的推动下紧密联系在一起，从而形成一组在地理空间上相对集中的相互联系、互利共赢的产业群的现象。这些相关产业基本围绕着同一条产业链逐步发展起来，他们之间同时存在着竞争与合作的关系，形成了横向扩展与纵向延伸的专业化分工格局，并通过相互之间的溢出效应和乘数效应，使得企业之间充分共享知识、技术、信息、人才、政策以及相关产业要素等资源，围绕产业链并集聚于该区域的企业由此可获得集聚效益和规模经济效益，产业群的竞争力逐步得以提升。

（二）农业产业化理论

农业产业化（Agriculture Industrialization）是当前农业发展新阶段，农业经营体制的创新，其以国内外市场为导向，以提高综合效益为中心，以农业资源的合理利用为前提，以农业的支柱产业、产品为重点，将各种生产要素进行多层次、多形式的优化组合，以达到布局的区域化、生产的专业化、建设的规模化、加工的系列化、服务的社会化、管理的企业化的目的，最终形成沿产业链的种养加工、产供销、贸工农、农工商、农科教等一体化的经营体系，使农业形成自我调节、自我强化的现代化经营方式。

农业产业化经营与传统农业生产经营相比较，主要有市场化、区域化、专业化、规模化、一体化、集约化、企业化等特征，农业产业化实质上是指对传统农业生产组织方式的创新与改造，以适应现代农业的发展方向并可推动农业科技的进步。这种产业经营方式推动了传统农业向现代农业的转变，成为实现农业现代化的有效途径。

（三）新贸易理论

产业内贸易、发达国家之间的水平分工与贸易的迅速增长逐渐成为目前国际贸易的主要现象。新贸易理论认为产生国际贸易的动因与基础的变化导致了这种现象的产生，而不再仅仅是因为技术条件和资源要素禀赋的差异引起了贸易。新贸易理论主要从供给、需求、技术差距论等不同视角探讨了产生国际贸易的动因与基础。

（1）从供给角度　规模经济效益和不完全竞争市场结构下的企业垄断竞争行为成为了贸易产生的主要动因与基础。在不完全市场竞争背景下，消费者对产品需求的多样性和企业单一产品生产的规模经济之间产生了矛盾，地区或国际之间的贸易产生是该矛盾的有效解决途径。对于贸易发生的原因，从供给角度，新贸易理论认为在不完全竞争的市场结构下，专业化与国际贸易主要是由规模经济引起的。即便在各国的消费者偏好、技术条件和各种要素禀赋都一致的情况下，也同样会由于产品差异化发展而产生产业内贸易。

（2）需求因素对产业间贸易产生和贸易结构也具有重要影响　瑞典经济学家林德提出了代表性需求理论，将消费者需求与企业生产产品的差异性相结合，解释了产生产业内贸易的原因。该理论指出某个国家的平均收入水平或大多数人的收入水平就是该国的代表性需求。企业只有专门生产具有代表性需求的商品才能达到规模经济，也就是一国应集中生产并出口本国代表性需求的产品，而从与本国收入水平相当的其他国家进口其他差异性产品，以满足本国不同收入水平消费者的消费需求。

（3）不同国家之间的技术差距对产业间贸易也有明显的作用　科技在提升企业竞争力上具有重要作用，不同国家之间的技术差距最终要反映到所提供的产品或服务上，体现了提供产品或服务的数量与质量，生产者科技水平的差异和模仿的时滞性决定了不同地区或国家在某种产业上的竞争优势，依据各自的优势相互之间进行贸易便顺其自然的产生了，即形成了国家及地区之间的贸易格局。

（四）供给侧改革理论

供给侧结构性改革旨在根据市场需求调整经济结构，以最优配置生产要素，提升经济增长的质量和数量，从而符合消费者的需求。“投资、消费、出口”是需求侧改革的三驾马车，供给侧主要涉及劳动力、人才、土地、资本、制度、创新等要素。供给侧结构性改革就是从提高供给质量的角度出发，利用改革的手段推进结构的调整，优化要素配置，扩大有效供给，以市场为导向提高供给侧对市场需求变化的适应性和灵活性，更好地满足消费者的需要，促进经济社会的健康发展。

供给侧改革是国家在当前社会经济发展形势下所做出的重要举措，不仅是对当前国情的合理分析与研究，更重要的是对未来国家发展形势的判断，抓住当前国民经济发展的主要矛盾，为社会经济发展与人民生活水平的提高提供了重要保障。供给侧改革理论着重强调供给侧与需求侧的关系，根据需求侧的变化合理调整供给侧，从而解决生产与消费不匹配的问题，增强经济运行效率，通过各个方面供给侧的改革推动经济发展，盘活及有效利用各种资源，推动各行各业稳定、有效运行。培育经济发展新动力，是国家发展及提升竞争力的重要举措，也符合“创新、协调、绿色、开放、共享”的五大发展理念。

农业供给侧结构性改革涉及理念更新、体制改革、实践创新等方方面面。在思想观念上，应该树立“大农业、大食物”观念；在发展方式上，要推动粮经饲统筹、农林牧渔结合、种养加一体、一二三产业融合发展，同时借鉴国内外农业发达国家经验，依据我国国情创新农业发展方式，保障农产品的有效供给；在经营过程中，既要守住粮食安全的底线，也要充分发挥多种形式农业适度规模经营的引领作用，为农业结构性改革提供支撑和动力。

第三节
设施园艺产业集群的发展现状及趋势
——以设施蔬菜产业集群为例

一、国外设施园艺发展现状及趋势

设施农业是科技含量高、高投入、高产出、高效益的集约化生产方式，已成为世界各国展示农业科技发展水平的重要标志。设施农业是农业发展中最具有活力的新兴产业之一。国际设施农业发展可分为以下几个阶段。

（一）萌芽阶段

17世纪前后，设施园艺开始萌芽。15—16世纪，英国、荷兰、法国和日本等国家开始建造简易的温室，栽培时令蔬菜或小水果；16—17世纪，欧洲各地形成了设施栽培蔬菜的技术；1684年，英国伦敦郊外的Chelsea农场，在双层建筑物的一层用玻璃围住进行作物促成栽培；1717年，人们开发了屋顶和四周都适用的玻璃覆盖温室；17世纪，法国、德国也相继有了温室生产，美国的温室是16世纪随着欧洲的移民而引入的。

（二）快速发展阶段

18世纪初有了关于设施园艺的文字记载，19世纪初各地推广改进温室技术，19世纪中叶形成了温室建筑业。第二次世界大战期间，英国和美国的军人在荒岛上用无土栽培技术生产蔬菜，形成了工厂化农业的雏形。1994年，借助于工程技术，美国建立了第一个植物人工气候室，开展了植物对自然环境的适应性和抗御性能力的基础研究和应用性基础研究。

（三）成熟阶段

20世纪至今，为设施农业的成熟阶段。温室生产由成本高的地区向成本低的地区转移，采用现有的机械化、工程化、自动化技术，实现了温室技术质量标准化、加工工艺流程化、经营管理科学化的运营模式；温室环境控制和作物栽培管理向智能化、网络化发展。温室节能技术成为研究的重点。

目前，全世界设施农业面积已达60万hm^2，发达国家设施农业主要以连栋温室为主，高水平高科技温室主要分布在欧洲、美国、日本等国家和地区，且单产水平高。发达国家的设施农业已具备了技术成套、设施设备完善、生产比较规范、产量稳定、质量保证性强等特点，并在向高层次、高科技和自动化、智能化的方向发展，已形成了全新的技术体系，并呈现出了以下特点：①设施环境调控自动化与设施园艺作业机械化程度不断提高；②温室日趋大型化，环境调控趋于智能化；③设施蔬菜果品单产水平高，产品品质优良商品率高，经济效益好；④设施作物品种更加丰富，市场服务体系更加完善；⑤无土栽培成为现代设施园艺的主要栽培形式；⑥设施园艺的生态社会功能更加突出。

随着科技的进步，发达国家设施农业发展呈现以下发展趋势。

1. 温室建设大型化

发达国家的生产型温室向大型化方向发展。大型温室设施具有投资小、土地利用率高、室内环境相对稳定、节能、便于作业和工厂生产等优点，表现出经营农户减少、面积增加的态势。标准化、大型化、规模化和连片产业化成为设施农业发展的新趋势。

2. 室内技术集成化

无线传感器网络技术、现代通信技术、智能控制技术、计算机视觉技术、空间技术等高科技被引入设施农业，使设施环境监控系统朝着自动化、智能化和网络化方向发展。

3. 操作技术机械化

发达国家已经在设施农业中广泛使用了多种小型、轻便、多功能、高性能的设施耕作机械、播种育苗机械、灌溉施肥机械、自动嫁接机械等装备，实现了耕耘、播种、育苗等作业环节机械化。

4. 生产技术工厂化

工厂化农业是资金、技术密集型高产高效栽培方式，其核心是对设施内的栽培环境进行有效的控制，营造适于作物生长的环境条件。

5. 覆盖材料多样化

北欧国家多用玻璃，法国等南欧国家多用塑料，美国多用聚乙烯膜双层覆盖，日本应用聚氯乙烯膜。覆盖材料的保温、透光、遮阳、光谱选择性能渐趋完善。

6. 栽培技术无土化

无土栽培与温室面积的比例，荷兰已超过70%，加拿大超过50%，比利时达50%。

7. 防治技术生物化

保护环境是发达国家发展设施农业的前提。为防治温室内部的化学物质污染，发达国家要求在温室内减少农药的使用量，大力发展生物防治技术，如荷兰青椒的生物防治率已达80%～90%。

二、国内设施农业发展现状及问题

我国设施农业发展已初具规模，成为中国现阶段农业中最具特色和优势主导产业。中国设施农业中以设施蔬菜为规模最大，设施蔬菜面积（扣除小拱棚面积计算）占我国蔬菜面积的79.4%，约占世界设施蔬菜总面积的90%。

设施蔬菜是中国产值最大的农产品。2011年，中国蔬菜产值已达到1.26万亿元，首次超过了粮食总产值，其中设施蔬菜产值达到蔬菜总产值一半，蔬菜生产对全国乡村人口人均纯收入的贡献额超过1500元。

（一）我国设施农业发展的五个阶段

第一阶段：1949—1985年，设施农业类型以简易设施为主。

第二阶段：1986—1994年，设施农业第一次进入规模发展阶段，大中棚、小拱棚面积大幅度增加。

第三阶段：1995—1998年，大棚、日光温室面积大幅度增加。

第四阶段：1999—2006年，设施农业规模较前一阶段增加一倍以上。

第五阶段：2007—至今，全国设施农业规模扩大、设施水平提高、技术含量增加，设施农业经营规模占据世界设施农业总量的90%以上。

（二）我国设施农业发展的特点

（1）简易设施居多，2012年中国设施农业结构分类统计数据显示，中国设施农业简易设施所占比重超过74%。

（2）中国设施农业分布地域广、经营规模大，温室生产面积居世界第一。

（3）温室类型多样，如日光温室、拱棚、玻璃温室。

（4）中国设施农业插口类型多样。

（5）设施农业发展空间大。

（三）我国设施农业发展的趋势

（1）体现地域特色，增强配套能力。研究开发适宜不同地区、不同生态类型、具有区域特征的新型系列温室大棚及成套设备，最大化地适合于区域的气候、资源、经济水平等条件；提高自主创新能力和技术水平，加快温室的新型建造材料和覆盖材料的研制开发，提高硬件质量，增强配套能力，优化结构，提升温室的整体性能。

（2）应用自动化、智能化控制技术，逐步实现对温室内温度、湿度、光照、水分、营养等综合环境因子的动态监测与调控。与信息技术结合，建立以产品、技术和市场等为主要内容的网络化管理、模式化运行、远程服务等；建立与市场经济发展相适应的适合我国温室产品生产技术的管理体制和机制，逐步实现温室的现代化管理。

（3）建立、健全温室及配套设施的结构、设计、安装、建设及使用标准，规范温室栽培工艺与生产技术，完善产品质量与监测技术标准。

（4）节能降耗是未来温室发展的一个重要方向。通过应用节水节肥技术、增温降温节能技术、补光技术、隔热保温技术等，降低消耗，提高资源利用率。开发利用太阳能、生物质能、水能、风能等可再生能源，用以节约和替代煤炭、石油等不可再生能源是温室节能的有效途径。

（5）温室生产向规模化、多样化方向发展。温室是高投入、高效益型的产业。随着生产力的不断发展，温室也将由传统、粗放型向现代化、集约高效方向转变，逐步走上规模化、产业化发展的道路。温室类型和栽培品种也趋于多样化。

（四）我国蔬菜产业存在的问题

随着农业结构调整的不断深入，蔬菜产业有了很大的发展，但也存在很多问题，主要表现在以下几个方面。

（1）以资源消耗为增加基础。在农业结构的调整过程中，蔬菜面积不断增加，产量持续增长，但是蔬菜质量相对较低，难以适应市场需求。

（2）可控性差，食品安全风险系数高。蔬菜生产标准化意识淡薄，蔬菜生产者缺乏按标准化要求组织生产的积极性和紧迫性，用统一的标准进行管理难度大。

（3）蔬菜生产规模小，组织化程度低，产业化发展缓慢，小生产与大市场之间的矛盾突出。

（4）传统的生产方式，生产条件差，生产设施水平低下，主要以日光温室和拱棚为主，单位面积产量低，生产效率低，发展势头呈现减弱的趋势，如北京市平均设施蔬菜产能为33.6t/hm^{2}①（2014年），低于全国平均水平。

（5）劳动力成本较高，随着疏解首都功能过程的加快和人口老龄化，劳动力成本还会不断增加，而且很多一线种植人员非本地人，就业趋势日趋严重。

（6）由于生产能力提升受限、蔬菜价格下降和成本上升，日光温室闲置率较高，资源和设施浪费严重。

（7）近年极端天气频发，尤其是连续阴天雾霾，对传统设施蔬菜生产效率影响较大。

（8）随着生态用地需求增加，相比其他地区，北京等大中城市农业节水任务更重，用于农业生产的土地将日益稀缺，严重制约了低产出高消耗的蔬菜种植模式的扩充。

（五）我国大中城市蔬菜供应现状

蔬菜作为鲜活农产品，与其他农产品相比有其特殊性，易腐难储，加之生产的季节性、流通的区域性等特征，容易出现产区“卖难”销区“买贵”现象。

大中城市蔬菜生产呈现两极分化，一类是以北京、上海、深圳为代表的大型城市，年自给率除上海达到50%以外，绝大部分在30%左右；另一类是以石家庄、武汉、成都等为主的部分省会城市和中型城市，除季节性、部分品种调动外，年自给率在70%左右。大中城市的蔬菜生产水平和全国平均水平相当，远低于蔬菜优势产区。从蔬菜流通环节看，全国大中城市蔬菜供应的90%左右都要通过批发市场和集贸市场，收取的高额进场费、摊位费和交易费等对菜价上涨有直接影响。

大中城市过度依赖异地蔬菜供应，将保障蔬菜供给的责任甩给市场，这必然加大供应风险。一旦突发自然灾害造成蔬菜主产区产量锐减或运输受阻，大中城市就会出现供

① $1hm^2=10000m^2$。

应紧张、价格上涨的情况，如前几年经常发生的南方低温雨雪冰冻灾害、2013年的台风天气、北方洪涝、南方干旱等，这些灾害造成在田蔬菜受损、蔬菜调运困难，引发菜价上涨。

以北京为例，常住人口以2000万计，北京市民每年消耗蔬菜量为730万t，但北京市蔬菜设计自给率仅约30%，遇特大自然灾害或突发事件，北京市民蔬菜供需平衡极易被打破。北京市民所需蔬菜的70%依靠外埠供应，这使得端上市民餐桌的蔬菜新鲜程度难以保障，并且在运输过程中蔬菜损耗率超过10%，提高了流通成本的同时，每年为北京市带来了50万t的尾菜垃圾，增加了城市负担。

综上所述，我国传统蔬菜种植已经进入瓶颈，露地蔬菜无法完全满足市民的正常消费需求，而国内现有日光温室的生产也已经出现了前所未有的危机。相较于此，在国际上已经有近百年发展史的荷兰模式显露出无可比拟的优势。

设施农业产业集群是我国农业农村经济发展新阶段的客观需求，也是加快农业结构调整，促进转型升级和发展低碳农业的必然选择，更是克服资源和市场制约，应对市场竞争促进农业增效和新型农民增收的重要途径。我国发展高端设施农业集群化发展，是一个国家或地区农业科技进步，土地利用率、劳动效率提高的必然趋势。

第二章

规 划

为促进设施农业产业集群健康发展，推动设施农业产业向更高水平迈进，根据国内外设施农业产业集群发展现状和实际情况，本章主要从设施农业产业集群的规划层面进行阐述，具体包括建设思想和原则、规划选址、规划布局、功能配置和效益分析五大方面。

第一节 建设思想和原则

一、建设思想

我国是一个农产品生产和消费大国，基于人多地少的国情，我们面临一些矛盾。随着人口总量的增加、生活水平的提高，农产品消费也在大幅度增长。按照目前情况，要完全实行自给，需要30亿亩[①]土地，目前全国的播种面积在23亿～24亿亩。而解决这一矛盾的办法，就是转变农业发展方式，提高土地产出率，推广优质高产种业发展，推动农业向工业化迈进，并逐步实现农业产业化、工业化、现代化，而发展设施农业是解决我国人多地少制约可持续发展问题的最有效的技术工程。

现阶段，人们应深入贯彻科学发展观，以推进农业产业结构调整为主题，以加快转变农业发展方式为主线，以提升农业产业化经营水平为着力点，以实现新型农业现代化为目标，加快推进设施农业产业化经营，积极发展设施农业产业集群，通过新技术、新成果与传统适用技术组装集成，全面推动设施农业的标准化生产，建立高品质、高科技含量的设施农业产业生产基地，为促进区域农业转型升级、加快区域经济发展做出贡献。

依据中国农业发展近况，借助大中城市圈的区位市场优势，融合国内外的顶级专家和行业精英，汇聚全球设施农业顶端高新技术和设施设备，构建设施农业产业集群，实现果菜优质高效生产，保障大中城市市民优质果菜供应和食品安全，汇集国际高新技术涉农企业，带动涉农物资、设施设备等相关第二、第三产业发展，打造了农业经济新的增长点。

二、建设原则

（一）因地制宜、协调发展

必须坚持从实际出发，根据各地的自然和经济条件规模化发展设施农业，突出区域

① 1亩＝666.7m^2。

优势产业和特色产品的发展。正确处理发展速度与质量、规模与效益的关系，科学规划，合理布局，协调发展，使设施农业产业集群成为引领区域现代农业建设的发展点和增长点，确保其可看、可学、可推广。

（二）市场导向、政府支持

以市场需求为导向，鼓励、支持和引导社会资本、技术和人才等要素的投入，加大政府对设施农业装备的购置补贴力度、技术研发投入力度和示范推广支持力度，共同推动设施农业发展。要以保护耕地和尊重农民意愿为前提，严格保护耕地，不得改变土地性质和用途，必须切实尊重农民意愿，维护农民土地承包权益，严禁强迫农民流转土地承包经营权。

（三）突出重点、集约发展

突出设施农业集约、高效的经营特点，选择日光温室与塑料大棚结合的经济、实用的设施类型，建立规模基地，选择区域优势作物。坚持机制创新，鼓励农户和农民专业合作社、农业产业化龙头企业、农村集体经济组织和科研推广机构等生产经营单位参与示范区建设，按照产业化的组织形式，引导创建主体开展多渠道、多形式的联合与合作，结成利益共享、风险共担的共同体，努力形成多方参与、共同推进的良好格局，提高设施农业的综合生产能力、市场竞争力和经济效益。

（四）科技创新、持续发展

农业产业化经营必须依靠科技进步，从而改善品质，提高质量，加快农业增长方式的转变，改造传统农业生产方式。大力推行标准化生产，努力发展无公害、绿色、有机食品，可提高整个产业链条的科技含量和最终产品档次。设施农业产业化经营要符合国家产业发展政策，把资源的开发利用和节约保护贯穿到产业化经营的各个环节中，从而推进循环经济发展，实现经济、社会、生态效益的有机统一。

（五）农民主体、多元联动

引导农业产业化龙头企业与农村开展联动共建活动，加大土地流转力度，鼓励农民退出大田，专事设施农业生产。引导农民、种植大户、合作组织、大企业和大集团参与设施农业发展，大力发展主导产业，加快一村一品（业）的形成，以促进现代农业发展，带动农民致富。

第二节
规划选址

设施农业是设施农业产业集群的主体，而设施农业的核心是设施栽培、饲养，各类型玻璃温室，塑料大棚，连栋大棚，中、小型塑棚及地膜覆盖，故设施农业产业集群在选址方面，既要考虑当地的地理区位、产业基础及市场条件，又要考虑温室布置的场地条件。综合考虑设施农业产业集群选址原则如下所述。

一、符合市场需求

农业产业发展的显著特点就是与市场发展紧密结合。市场需求是产业集群形成发展的原动力。市场的需求规模、结构差异及其变化对农业产业集群的形成具有重要影响。蔬菜商品率高，收入弹性较高，其消费量与人们收入水平密切相关。同时，该种产品要求新鲜，产品的保鲜程度对价格影响很大，布局则应尽可能接近消费中心。

市场需求拉动是农业产业集群形成的首要原因。从历史经验来看，只有那些市场上长期稳定而且大量被需要的农产品，才能形成大规模的专业化生产区域。

设施农业产业集群在规划布局时应考虑种植作物市场、周边区县或省农产品的市场现状，是否存在所生产农产品的市场缺口。如果要出口的话，还应了解产品出口市场，确定目标市场的需要量。

二、具有产业基础

具有一定的产业基础，便于设施农业产业集群的稳定发展。当地具有一定的种植规模和产量，或为当地的特色农产品；当地农业生产资料供应条件较好，如种子、肥料等；具有充足的农业劳动力等。

三、区位交通便捷

设施农业布设在交通路网沿线，便于农产的运输、销售和生产管理。现代温室不仅具有强大的生产示范功能，还具有科普示范展示功能，要实现温室功能持续、良性的发挥，就必须依赖便捷的交通条件，使温室与外界消费市场相衔接。发达的交通路网不仅保证了农业生产资料的购置、温室生产的各种高品质产品能及时向外运输，还解决了农产品的销售问题，保证了产品的新鲜度，减少了保险管理的费用，并且保证了客户人群能方便、快捷地到达产地进行参观学习，体验现代设施农业技术。同时，将设施农业布设在交通路网沿线也节约了设施农业产业集群的基础设施建设成本。因此，便捷的交通条件对温室建设地点的选择不容忽视，但应避免选择主干道，以防车来人往扬起的尘土污染覆盖材料。

四、水电条件便利

水是植物生长不可缺少的条件之一，水资源条件也就成了温室建设地点选择所必须考虑的因素之一。充足的水源、优良的水质，不仅能够满足温室灌溉的需求，同时也保证了温室能够生产高品质的产品。因此，在选择温室建设地点时，应优先考虑地表径流上游，或者地下水丰富且水质优良的地段。除了给水条件外，还应充分考虑排水条件。温室建设地点应选择地势相对较高、地下水位低的地块。这种地块在大雨过后不积水，排水迅速。虽然室内的地面蒸发和作物的叶面蒸腾比露地要小得多，然而用于灌溉、水培、供热、降温等的水量、水质都必须得到保证，特别是对大型温室群来说，这一点更为重要。要避免将温室置于污染水源的下游，同时温室还要设有排水、灌溉方便的水利设施。

电力对于设施农业产业集群而言同样也是必备条件之一，特别是有采暖、降温、人工光照、营养液循环系统的温室，应有可靠、稳定的电源，以保证不间断供电。

规划选址应尽可能选择在已有深井水源或统一供水、供电的地块上，以减少投资。

五、地形相对平坦

任何建筑物的建造对基础的要求都是很严格的，而建筑物的基础又对地质条件有着严格的要求，温室作为农业建筑也不例外。在进行温室的设计与建造时，必须考虑到建设地点冻土层的厚度、地基土性质、受力层位置以及承载强度等基本参数。

平坦的地形便于节省造价和管理。同时，同一栋温室内坡度过大会影响室内温度的均匀性，地面坡度过小又会使温室的排水不畅。一般认为，地面以有不大于1%的坡度为宜。要尽量避免在向北面倾斜的斜坡上建造温室群，以避免造成遮挡朝夕阳光和加大占地面积的情况。

对于建造玻璃温室的地址，有必要进行地质调查和勘探，应避免因局部软弱带、不同承载力地基等原因导致地面的不均匀沉降，以确保温室安全。就目前常见的温室倒塌和变形案例来看，绝大多数遭毁坏的温室，在建设前都忽略了地质条件对温室的影响，尤其是冻土层对温室基础的影响。在建造温室时，如果温室基础没有到达冻土层以下，那么，一旦土层受到地下水的冲刷，就会发生不均匀沉降，直接导致温室的坍塌或变形。

六、其他注意条件

温室的场址应远离化工厂、金属制造厂、制药厂、造纸厂等各种污染源，应选择在上风向、空气流通良好的地带；为降低温室的运行费用，温室的建设应尽量利用自然资源，靠近无污染又有余热的地区（如发电厂附近）或具有地热资源的地区，这样可降低温室采暖的运行费用，以提高产品品质和竞争力。

第三节 规划布局

要使设施农业产业达到高经济效益，生产出安全、优质的产品，就不能盲目地进行设施建设，必须先进行规划，只有进行科学规划，才能发挥项目区的资源优势，使温室得到高效利用，实现科学化的管理，创造最大的经济效益。

一、项目规划内容

作设施农业产业集群规划时，要考虑的最主要的内容包括基础资料分析、确定指导思想和发展目标、功能布局、详细规划以及园区运行模式规划等方面。

（一）基础资料分析

基础资料分析的主要内容包括：

（1）项目所在区域所做的该区域相关产业的宏观布局规划成果（如果没有，可以收集相关文件或导向性政策以及现有的相关研究成果）。

（2）当地农业现状（生产力水平、技术水平、主要产业等）。

（3）项目建设地农业现状，主要包括项目区所在地自然条件（包括环境污染程度）和所在地社会条件。通过对项目所在地农业现状的分析，确定设施农业产业集群所在地的农业资源情况以及农业生产的整体水平，为设施农业产业集群的定位提供依据。

（4）市场需求分析（包括地区、全国乃至相关的世界市场）。

（5）项目区设施农业产业集群目标和技术需求。

（6）当地农业结构调整方向。对市场需求以及项目区农业产业目标和技术需求进行分析，以确定设施农业产业集群的优势产业。

通过对基础资料的分析能够对项目区有个整体把握，有助于制定产业集群的指导思想和战略目标，主要包括三个方面：设施农业产业集群的性质与规模、设施农业产业集群的主要功能与发展方向；设施农业产业集群的发展阶段及每阶段的发展目标。

（二）确定指导思想和发展目标

设施农业产业集群规划是项目研究和明确的过程。其指导思想是整体规划设计的逻辑起点，发展目标决定集群的战略方向。因此，规划的指导思想和目标应当立足当地实际，因地制宜，根据具体环境条件，选择规划产业建设内容，指导集群发展优势产业功能，实现战略目标。其内容主要有确定实现集群目标的可能途径、找出提高集群竞争力的核心因素、制定集群发展的战略。

（三）功能布局

功能布局是设施农业产业集群规划的重要内容。影响集群功能布局的因素有很多，但以设施农业产业为集群规划核心的角度来考虑，这些因素主要包括土地利用现状、土地利用的效益水平、产业功能以及对设施农业产业集群的定性定位。根据设施农业产业集群布局，可确定生产区、采后包装仓储物流区、农资交易区以及综合服务区。功能布局要根据设施农业产业集群规划的指导思想、发展目标、规划原则，全面协调地确定集群在当地应发挥的作用及其影响。

（四）详细规划

设施农业产业集群项目规划主要指设施农业产业规划以及与设施农业产业内容密切相关的其他项目设计。其中，设施农业产业规划是设施农业产业集群规划的主要内容，需要明确如何通过选择适宜的优势农业产业来实现集群的产业化发展，获得经济、社会、生态三效和谐的重要举措。集群产业主要包括支柱产业、产业规模、产业技术、产业组织、保障措施、效益分析等内容，涉及种植业、加工业、销售业、物流、科普展示及休闲旅游业等领域。其他项目设计主要是针对产业集群的配套、服务项目的设计，主要包括建设目的、项目规模、关键技术、工艺流程、保障措施、效益分析等内容。此外，项目规划工作在开展过程中还必须与土地利用指标以及生态循环规划相协调。

（五）园区运行模式规划

设施农业产业集群的正常运行和发展离不开一整套的管理和运行机制。对园区的资源、资金投入、技术、管理制度以及产业特点等进行分析后，提出一种适合于项目发展和建设的运行模式，这是项目规划的重要环节，它与集群项目规划共同构成规划的两个重点。具体而言，这部分规划工作主要围绕组织与管理模式以及项目运行机制两大块展开，其中运行机制包括资金筹措机制、土地流转机制、科技研发与应用推广机制，以及集群经营机制和风险保障机制等。

二、功能分区规划

设施农业产业集群主要以设施农业生产为主，按照设施农业产业集群的功能定位和发展目标，考虑项目区资源条件及产业基础，形成生产、采后包装、仓储物流为一体的产业链条。此产业链条主要涵盖设施生产区、采后包装仓储物流区、农资交易区和综合服务区四大功能区。

需要注意的是，设施农业产业集群的建筑组成及布局主要包括集中连片布局和分片布局两种形式。

（一）集中连片布局

在地势地形平坦的地区，如平原，环境条件均一、规划边界简单规整时，可考虑集中连片布局温室。这有利于最大化利用土地，相应道路管线设施铺设便利，可提高运作效率。

（二）分片布局

地形相对平坦；或在一定范围的等高线内地形较平坦，但布局边界不规则；或现状已形成几个不同属性地块类型（如山地或丘陵地区）的情况，温室群应结合地形情况按照不同功能分区布局。这样既可对不同功能区温室进行集中管理，又可有效地避免各种管线重复铺设和相互干扰，减少管线上的能源损失，还能防止出现无法规划利用的空白地块。

三、生产工艺规划

（一）工艺选择

设施农业产业集群在选择生产工艺上要根据项目产业实际内容情况进行科学规划设计，根据种植内容选择合适的工艺，以保证集群的科学运转，生产优质农产品，提高集群的经济效益，通过运用先进的生产工艺和先进的生产设备，来提高设施农业产业集群的国际竞争力。以设施蔬菜产业集群为例，生产工艺主要包括育苗、移栽、生产管理、采收、采后包装五个方面，对设施农业产业集群进行介绍。

（二）育苗工艺

按照不同繁殖方式，可分为播种育苗、组培育苗和扦插育苗三种育苗方式，生产过程中可根据实际种植情况进行育苗。以岩棉块育苗为例，其育苗工艺如图2-1所示。

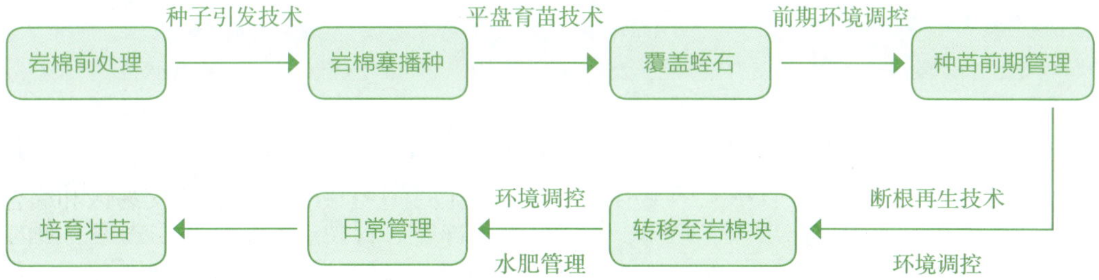

图2-1 育苗工艺流程

（三）生产工艺

设施农业产业集群生产工艺主要包括使用前基质处理、营养液配制、定植、植株调整、环境调控管理、营养液管理、授粉、综合防治病虫害、依照生产标准进行生产等环节，具体如图2-2所示。

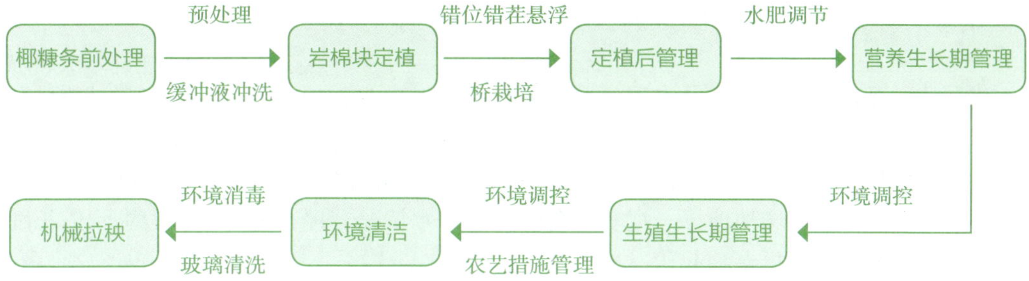

图2-2 生产工艺流程

（四）分级加工包装工艺

农产品加工包装可按照简装、精装和净装三个包装级别进行，以简装和精装为主，净装主要针对特殊客户。具体加工包装工艺如图2-3所示。

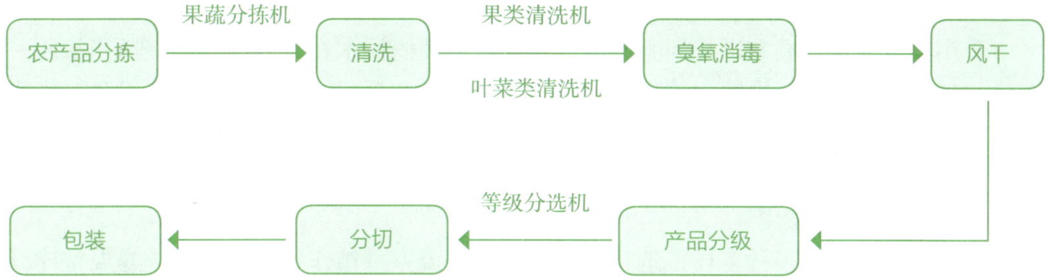

图2-3 分级加工包装工艺流程

四、配套设施规划

（一）道路交通

设施农业产业集群规划中，道路建设是其中重要的组成部分之一。设施农业产业集群中道路的布局应在坚持合理、高效、经济的原则下，根据具体地形地块以及各功能分区的总体安排，考虑道路出入、结构、红线、路面净宽、行驶速度及交通方式等方面内容。如地形平坦、规则，集中布局的温室群工程的道路系统，一般采用直线式布局，道路宽度应能允许小型车辆顺利通行，一般为3m左右，场地内时速应控制在20km/h内，以路面做简易铺装即可。而地势复杂、分区分块建设的温室群工程的道路系统，可结合地形安排曲线式布局，在各分块中间有直线布局，道路宽度应根据实际情况和需要确定，在节约用地的前提下，应保证生产、流通以及安全对道路的数量和规格的要求。

建议设施农业产业集群景观大道一般为12m左右，包括6m车行道，两侧各3m步行道，景观大道两侧设置绿化景观带；主干道路一般为6m左右；次干道一般为4m左右；项目区游园步行道一般为1.5～2m。

（二）灌溉系统

项目区灌溉水质应达到《农田灌溉水质标准》（GB 5084—2005）的要求，对项目区水源进行详细水质监测分析后，对部分超标指标需有针对性的设计水质处理工艺和设备进行严格处理，以确保项目区农业用水水质严格达标，确保项目区所产农产品的安全。

根据水源位置、场地地形、配套工程和灌区用水情况合理布置管网，力求管道长度短、管线平直，减少折点和起伏。

灌溉管网采用树枝状方式布置，干管和支管在灌区内的长度宜在90～150m/hm^2，支管间距离宜采用50～150m，给水栓间距离宜为50～100m。灌溉管道采用直埋敷设，覆土厚度不少于0.8m。

1. 灌溉系统的组成

目前，我国温室已开始普及推广以管道输水灌溉为基础的各种灌溉方式，包括直接利用管道进行的管道输水灌溉，以及具有节水、省工等优点的滴灌、微喷灌、渗灌等先进的灌溉方式。此外，为满足温室环境或作物特殊栽培的需要，喷雾、潮汐灌、水培灌溉等灌溉方式也开始应用在温室中。

采用灌溉设备对温室进行灌溉的过程，就是将灌溉用水在水源提取后经适当加压、净化、过滤等处理后，由输水管道送入田间灌溉设备，最后由温室田间灌溉设备对作物实施灌溉。一套完整的温室灌溉系统通常包括水源、首部枢纽、供水管网、田间灌溉系统、自动控制设备五部分。

2. 灌溉系统的选用

温室的灌溉方式多种多样，选择最适合的特定温室种植作物的灌溉系统是温室建设灌溉系统设计和配套中首先需要解决的问题。灌溉系统首先要考虑在节约用水的前提下满足种植作物正常生长对水的需要，其次要考虑灌溉系统的造价与建设温室的性能及使用寿命的匹配性，如塑料大棚和日光温室要求灌溉系统应尽量简易，大型连栋温室则要求配置相对高档。从温室形式来选择使用灌溉系统只是初步的，作物在温室中的种植方式才是真正决定选择灌溉系统的决定因素。

（1）塑料大棚配套灌溉系统 塑料大棚主要用于冬季耐寒叶菜类栽培及春秋季瓜类、茄果类、甘蓝类蔬菜的早熟栽培，其中叶菜类、甘蓝类蔬菜可使用沟灌进行灌溉，大棚春茬栽培茄果类、瓜类可采用沟灌或膜下沟灌方式进行，施肥可随水追施或通过穴施到根际的方法来完成。大棚秋延后栽培，由于秋季温差大，会导致棚内高湿易于诱发病害，最好使用地膜下滴灌进行灌溉，以减低棚内湿度并维持地温在较高水平。为降低生产成本，也可选用膜下管带滴灌设施进行灌溉。追肥可通过施肥器随水施入，也可通过打药防病的方法从叶片喷施。

这种类型的温室本身投资很低，所种作物的附加值不大，对灌溉系统的要求不高，因此应根据所种作物的类型，选用投资较低的灌溉系统（表2–1）。

表2–1 塑料大棚灌溉系统的选用

栽培作物	低档配置	中档配置	高档配置
果菜类作物	管道灌溉	管道灌溉+微喷带滴灌或滴灌带滴灌	管道灌溉+滴灌带滴灌+微喷头微喷灌
野菜类作物	管道灌溉	管道灌溉+微喷带滴灌或微喷头微喷灌	管道灌溉+自走式喷灌机

（2）日光温室配套灌溉系统 日光温室多用于秋冬茬作物栽培，以秋冬低温季节栽培为主，春夏高温季节一般不再用日光温室进行生产。这种类型的温室本身投资较高，所种作物一般有较高的附加值，因此应根据所种作物的类型选择适合的灌溉系统（表2–2）。为防止低温季节灌溉后温室内湿度过高产生病害，栽培果菜类作物或行栽花卉的日光温室一般都应选配滴灌系统。

表2–2 日光温室灌溉系统的选用

栽培作物	低档配置	中档配置	高档配置
果菜类作物、行栽花卉、果树	管道灌溉+多孔管滴灌或滴灌带滴灌	管道灌溉+多孔管滴灌或滴灌带滴灌+微喷头微喷灌	管道灌溉+滴灌管滴灌+微喷头微喷灌
野菜类作物、育苗	管道灌溉	管道灌溉+微喷头微喷灌	管道灌溉+自走式喷灌机
盆栽花卉	管道灌溉	管道灌溉+滴箭滴灌	管道灌溉+滴箭滴灌+微喷头微喷灌

（3）连栋温室配套灌溉系统　连栋温室一般都配有比较完善的环境调控设施，投资成本也比较高，因此多采用周年生产方式，无论秋冬季低温或春夏季高温，连栋温室都可以进行生产。这种类型的温室本身投资很高，温室配套设备齐全，所种作物必须有很高的附加值才能维持其运行费用，因此应根据所种作物的类型，选择优质可靠的灌溉系统（表2–3）。

表2–3　连栋温室灌溉系统的选用

栽培作物	低档配置	中档配置	高档配置
果菜类作物、行栽花卉	管道灌溉+滴灌管滴灌	管道灌溉+滴灌管滴灌+微喷头微喷灌	管道灌溉+滴灌管滴灌+微喷头微喷灌+喷雾系统+喷淋系统
野菜类作物、育苗	管道灌溉+微喷头微喷灌	管道灌溉+自走式喷灌机+微喷头微喷灌	管道灌溉+自走式喷灌机+微喷头微喷灌+喷雾系统+喷淋系统
盆栽花卉	管道灌溉+微喷头微喷灌	管道灌溉+滴箭滴灌+微喷头微喷灌	管道灌溉+滴箭滴灌+微喷头微喷灌+喷雾系统+喷淋系统

3. 灌溉水资源循环

本着节约用水的原则，整体项目区灌溉用水可采用多种水源混合利用模式。可用水源主要包括市政用水（自来水）、地下水、河流和蓄集雨水。

农业灌溉用水量较大，水资源循环利用、一水多用将成为项目区水系统的重要特征。温室集群水循环方式可分为以下几部分，首先将温室顶部、配套建筑屋顶、道路等场所收集的雨水，供暖系统的冷凝水，汇集到蓄水池中，通过管网输送到多级过滤的水处理系统中，处理之后的净化水可通过比例施肥机进行精准的施肥配比，得到作物所需的营养液之后通过滴灌、微喷灌等节水灌溉设施对作物进行施肥灌溉，灌溉后的残余营养液通过残液回收系统统一收集，经过残液消毒装置，部分残液可进入施肥系统进行再利用，部分废液直接排出，排出废液可用于露地栽培灌溉，具体如图2–4所示。

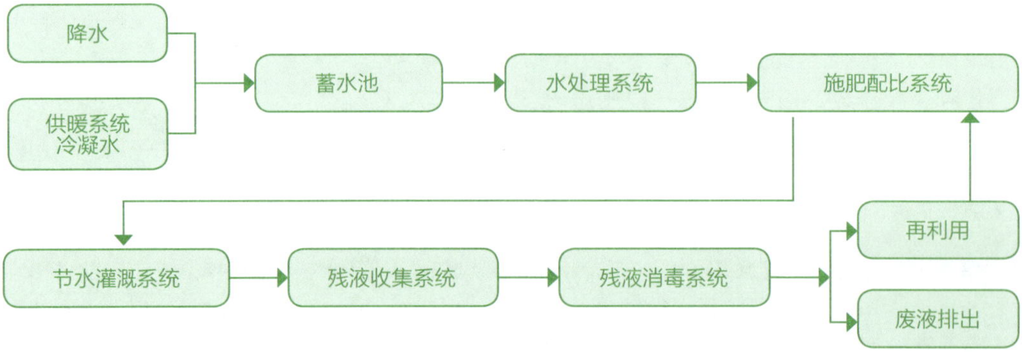

图2–4　灌溉水资源循环流程

（三）给排水系统

项目区给水主要用于满足工作人员生活办公、农产品加工、参观游客餐饮用水等，水源主要有开采地下、水库水、市政供水等方式，水质要求符合国家《生活饮用水卫生标准》（GB 5749—2006）。项目区排水主要用于项目区生活污水和雨水的排放，并采取雨污分流制。针对生活污水，根据项目区区位条件，可选择排入市政污水管网，或者自建污水处理站进行污水处理。污水处理站出水经深度处理后，水质需符合《城市污水再生利用 景观环境用水水质》（GB/T 18921—2002）标准，排入景观水系或用于灌溉等。项目区雨水可收集后用于灌溉，也可排入沟渠或市政管网。

项目区给排水管网需根据项目的总体规划、道路走向等进行布置，给排水管网主要采取沿路直埋敷设，覆土厚度不小于0.8m。

（四）电力系统

在已有上级电网规划的基础上，配合区域电力调度和调整，根据项目区电力负荷预算和电力平衡状况，向相关电力部门提出电源点分布及供电需求。按照规划的功能分布，具体包括工作人员办公生活用电、生产用电、加工用电、冷链物流用电、照明用电等。

配电变压器按照“小容量、密布点、短半径”的原则建设与改造，变压器布置在负荷中心。

低压配电网坚持分区供电原则，明确供电范围，结构简单，安全可靠，可采用放射状供电，供电半径不宜大于500m。

电力线路采用架空与埋地结合方式敷设，埋地敷设覆土厚度不小于0.8m。

配电变压器低压侧及各回路装设短路保护、过负载保护，低压配电网应分级装设剩余电流保护装置。

（五）电信系统

项目区电信工程主要包括电话、网络、有线电视等，内部建设有广播、安防监控、无线WIFI等系统。固定电话、网络、有线电视线路统一规划设计，同路径敷设，全部管孔应一次建成，以减少施工量。通信线路沿主要道路埋地方式敷设，覆土厚度不小于0.8m。

（六）控温系统

温度是影响温室作物生长发育最重要的环境因素，温度会影响作物体内的一切生理变化，是作物生命活动最基本的要素。设施农业可通过为动植物生产提供相对可控制甚至最适宜的温度等环境条件，使作物反季节生长。因此，控温系统是设施农业产业集群重要的组成部分，包括保温系统和降温系统。

1. 保温系统

（1）供热方式　由于集群整体规划面积较大，供热负荷也大，因此可考虑选用热电联产、区域锅炉房或两者联合使用的多热源集中供热方式，并辅以地源热泵、光伏发电等可再生能源利用系统。

地源热泵是陆地浅层能源通过输入少量的高品位能源（如电能）来实现由低品位热能向高品位热能转移的，分为水源热泵、土壤源热泵和空气源热泵。地源热泵最大的优势是既可实现冬季加温，又可实现夏季降温。其中，垂直式地源热泵可通过垂直钻孔将闭合换热系统埋置在50～400m深的岩土体与土壤内进行冷热交换，适合于制冷供暖面积较大的建筑物，且周围应有一定的空地。

（2）运行模式　天然气燃烧后产物主要为水和二氧化碳，因此可以将热电联产系统产生的二氧化碳作为温室补气的气体来源。由于冬季作物要求白天补充二氧化碳气体，夜间进行加温，因此可白天运行热电联产设备，将产生的二氧化碳用于补气，热水则储藏于大型储水罐中；夜间停止运行热电联产设备，将储水罐中的热水进行循环，用于温室加温。

冬春季节，光照时间较短，果菜生产、育苗等都需要不同程度的补光，才能正常生长发育。热电联产系统产生的电能除了应用于温室控制设备的运行，还可用于作物补光，满足作物对光照强度、光照时间、光质的不同需求。

连栋温室利用地源热泵供暖，可采用地源热泵加风机盘管末端的形式。热泵机组通过室外环路进行热量交换，在冬季制热运行时从地下土壤、地下水吸收热量，在夏季制冷运行时向地下土壤、地下水释放热量。末端风机盘管的关闭和开启可采用温度自动控制系统，通过设置夜间下限温度，实现夜间温度实时动态调控。

（3）系统管网　热电联产系统从系统接口开始包括压缩机系统、发电机组系统、余热锅炉、锅炉制水系统、电气控制系统、制氮系统、闭式循环水系统、燃料供给系统、其他辅助设施等。其中主要包括电缆、采暖管、热网管线、循环水管线等。

对于管网的布置形式有支状与环状的布置，支状管网是最常用的形式，但环状管网由于有许多优点，也正在被广泛采用。环状管网可把所有热源联在一起，使各个热源均能向温室供热，因此可根据热负荷的变化，调节热源个数，最大限度地提高经济效益。使新增加热源和温室都能容易地实现与管网连接，可方便地把近期、中期、远期的供热规划衔接在一起。增加了管网运行的可靠性，在一处管网发生故障时，温室可从另一方向获得热量。

地源热泵系统由地埋管、地源侧水泵、机组、空调侧水泵、风机盘管、控制系统等组成。

2. 降温系统

每种植物都对应着一个最低生长温度、最高生长温度和最适合生长温度。当环境温度低于植物的最低生长温度或高于植物的最高生长温度时，植物就会停止生长，可见降温系统在设施农业生产中的地位很重要。

（1）天然通风降温体系　天然负压风机通风是把温室内空气排至室外，把新鲜空气弥补进来，从而维持温室内环境的，以满足农作物对温度的需要。在室内温度不是特别高时，运用室内外的温差就完全可以满足农作物的需要，天然通风是温室最节能的降温方法。

（2）自动外遮阳降温系统　自动外遮阳系统由遮阳幕、卷帘机传动机构、幕布固定横杆、控制部分、托幕线、转向轮和其他固定件组成。该系统的主要作用是夏季的遮阳、降温。由于温室内、薄膜与遮阳网之间、室外形成三个温度带，中间的高温带利用空气流动会带走部分热量，到达温室内的温度自然下降的效果。

（3）湿帘风机降温体系　该体系由特种纸质多孔湿帘、水循环系统和低压大流量节能风机组成。湿帘和风机分别装在密闭房舍的两面山墙上。风机抽风时，可造成室内负压，迫使室外未饱和的空气流经湿帘多孔湿润表面，引起水分蒸发吸收大量潜热，从而降低空气自身的温度。湿帘风机降温系统运行时，将源源不断地把蒸发降温后的低温空气引入室内进行降温。在同样产冷量下，湿帘风机降温系统的设备费用仅为空调机组的五分之一，运行费用仅为空调机组的十分之一。

五、管理体系规划

根据设施农业产业集群的指导思想、建设原则和自身功能运作的要求，项目区运行必须根据自身特点在运营管理方面有所加强，除要建立科学、高效、精干的管理机构外，还需要营造完善、灵活、高效、先进的经营管理机制。

（一）物料管理

1. 材料验收

物品采购回来后首先应办理验收手续。由采购人员向项目地管理人员逐件交接。项目地管理人员可根据采购计划单的项目认真清点物品的数量，并检查好物品的规格、质量，做到数量、规格、品种、价格准确无误，质量完好，配套齐全，并在接收单上签字。

2. 物资储备

所有材料放置位置尽量集中，分类搁置，整齐、清洁、安全。要按照不同的主机型号、材质、规格、功能和要求，分类、分别放入货架的相应位置进行储存，在储存时注意做好防锈、防潮处理，保证货物的安全。易燃物资要防火、防电；肥料要防水、防潮解；铁质工具防水清洁以防生锈；营养液配置物资一定要清洁。

3. 专人保管

物资领取登记，物资回归验收。一月一清点物资，及时上报直接领导，便于及时补足消耗品。

（二）质量管理

1. 统一生产管理

实行“五统一”生产，即统一优良品种、统一栽培模式、统一施肥用药标准、统一田间管理、统一标准质量。达到栽培模式化、作业标准化、管理精细化。

制定温室操作规范，把温室的遮阳、保温、通风等操作形成一系列标准的操作程序，规范化管理，形成稳定的、适合作物生长的环境条件。制定温室维护的标准操作程序，规范温室的运行维护，规定固定的期限对温室传动系统、开窗系统、遮阳系统、覆盖系统等进行定期的检查维护，规定在特殊情况下的抽查，把温室维护常规化，以保证温室的良好运行状态。制定温室种植操作的标准操作程序，规范技术人员对生产操作的管理，把育苗、定植、作物的生长维护、肥水管理、病虫害管理等规范化，操作人员按固定的程序进行操作，减小偏差，以保证生产质量。

2. 防治生产污染

严格把控项目区生产过程，合理处理生产过程中产生的废弃物质，如材料包装、作物秸秆、地膜等，避免生产过程对环境的污染。

（三）人员组织管理

1. 明确负责人员

建立组织管理机构，明确负责人，配备农业技术员、设备运行员、生产操作员。负责人全面负责项目区的运行、生产、人员等各方面的管理工作，同时配备与生产相关的专业技术员负责作物栽培技术管理，设备运行员负责设备、电器等的维护检修工作，共同配合生产操作人员完成生产任务。

2. 注重人员培训

普及现代设施农业种植技术和现代化农场管理模式，满足工作人员对高产值设施农业生产的技术需求。在生产管理方面要强化生产基地建设、净化产地环境、严格投入品管理、推行标准化生产和提高生产经营组织化程度。按照生产技术的要求，采用理论与实践相结合的培训方式，对管理人员、技术人员和技术工人采用不同的方式分别进行岗前培训、常规培训和定期培训。

3. 明确职责分工

明确各相关人员的职责分工，制定详细的岗位职责。所有人员按工作分工和岗位职责，明确责任，便于分工协作。

4. 制订工作计划

制订详细的工作计划，明确工作进度及时间安排、标准要求，形成统一的工作步骤，有利于工作目标的实现。

5. 注重监督考核

工作要有监督和考核，包括管理人员和技术操作人员等，应进行阶段性的考核，调整工作进度及工作安排，奖优罚劣，使工作形成良性循环。

第四节 功能配置

一、设施生产区

设施生产区主要包括高效生产区、工厂化育苗区和科技成果展示区三个板块。

高效生产区主要以市场容量大、价值相对较高的农业生产经营为主体。根据温室的用途和功能，可考虑选择日光温室、玻璃温室和塑料大棚，同时辅以相应的设施设备和生产模式，形成良好的生态微环境。

工厂化育苗区主要以销售的果菜类穴盘苗和内部自用的岩棉种苗为生产主体。

科技成果展示区则综合各种高新栽培模式，辅以高端的农艺措施，用景观园艺的手法展示、示范现代农业新技术、新品种、新设备。

果菜高效生产采用一年一大茬种植，但应分区域排开播期，以保障全年的蔬菜持续稳定供应；科技成果展示可采用一个季度一个种植主题，活动分档对外宣传，吸引人们多次参观，每次都能给人不一样的震撼。

通过生产区、育苗区和成果展示区合理结合，将设施生产区综合打造成集生产、育苗、科普、教育、科技旅游等于一体的生产基地，示范引领项目区设施农业的高效生产。

二、加工物流区

该区主要为项目区收获的农产品提供初步加工、包装、仓储和物流的场所，建设净菜加工车间、包装车间、冷库、仓库等。

（一）统一采收标准

确定采收的规格（单果重）、色泽度、商品性的技术数字化指标，同时作为分拣流水线的自动化数字分拣标准。

（二）执行行业标准

设施农业产业集群内生产的果菜，应从生产技术操作规程、环境管理条例、农业投入品使用规则、采收操作规范、仓储运输要求等各个环节确保行业标准的一致性。

（三）统一加工包装

对采收的农产品进行初步加工包装，可划分为简装、精装和净装三个包装级别，并以简装和精装为主。净菜是针对特殊客户需求的可鲜食或直接炒食的初加工食品，多为拼盘。

（四）极速物流配送

生产部和对外技术部提前3个月提供蔬菜生长情况以预测采收的品种和数量，市场部再根据该数据与市场对接做销售季度安排。市场部实时接受采摘传输系统信息，微调24h后的市场销售数据，以确保在36h内果蔬到达市民手中。

通过该区的建设，在保证产品品质的同时，提高产品附加值，同时也可实现设施农业产业集群与市场的产销对接，从而促进项目的高效运转。

三、农资交易区

该区主要包括交易大厅和商务洽谈区两个板块，主要为设施农产品及生产设施设备提供展示和商务洽谈的空间，为对接国内外设施农业配套的高新技术产品提供场所，以保证产品和服务的时效性。

（一）产品的时效性

目前，高新技术产品，尤其是国外的高新技术产品大多由国内的代理商运作，且单位位置差异较大，时效性极差。

以灌溉系统为例，如要选择普瑞瓦（Priva）的施肥机、耐特菲姆（Netafim）的滴箭、豪根道（Hoogendoorn）的室外气象站、德国哈呐（Hanna）的水肥测定仪和斯百全（Spectrum）的养分测定仪，则需要分别和以上5家公司对接，通过邮件或实地差旅，来选产品型号，至少需要花费25d的时间，而且大部分产品还需要定制生产、运输、发货，这也需要浪费10d以上的时间，这很容易耽误工期和栽培农时，并影响后续的产品生产及销售时效。

设施农业集聚群内的农资交易中心则会为客户有效地选择同类型生产所需要的系列配套产品，而且客户可以与各商家同时互通，及时就不同产品的衔接位置、方式等进行沟通。

（二）服务的时效性

国内现有的国外产品售后服务实效性不强。首先，大多数代理商在其产品对接过程中会出现语言理解、产品不熟悉等问题；其次，在与国外厂家对接过程中会出现时差、休假及不能实时现场对接等问题；另外，不同厂家产品难以对接到位，出现问题时可能要检测不同的产品，如灌溉系统不正常的话，可能是检测系统、电磁阀、水肥一体机、气象信号等出现了问题。设施农业集聚群售前和售后的服务时效性极强，商家首先通过现场演示给使用者做实训。不同商家在同一家园区便于及时沟通和实现商家协作。

四、综合服务区

该区设置有办公区、工作人员生活区、参观人员服务区三大区域，承担项目区工作人员办公、生活以及参观人员接待服务等职能，配套有工具仓库、停车场、卫生间、餐厅等设施，以完善项目功能，有效地服务于项目地，为项目提供一个良好的环境，保障项目的良性发展。

第五节 效益分析

一、社会效益

（一）促进现代农业发展

设施农业能有效地加快传统农业向技术密集型现代农业的转化。采用现代农业高新技术，提高农民科技与文化素质，可增加农业产品中科技进步所占的份额，减轻劳动强度，提高劳动生产率和单位面积优质农产品产出率，保证了农业总产出与社会总需求之间的平衡。

设施农业生产通过工程技术、生物技术和信息技术的综合应用，使动植物达到高产、优质、高效、安全、周年生产的目标，促进了现代农业水利化、机械化、信息化的发展。

（二）调整农业生产结构

通过设施农业对种植业和养殖业过程中环境的灵活调控，可适当掌控农业生产时期，从而可调整农业的生产品类、数量和质量，满足消费者的需求。项目采用先进、成熟的现代设施技术和生产技术，实行现代化、规范化的管理，以确保产品质量、降低成本、增强竞争力、促进农业产业结构的优化升级，从而创建区域品牌，提升整体区域形象并扩大地区影响力。

（三）实现农民持续增收

设施农业充分利用自然环境和生物潜能，在大幅提高单产的情况下保证了质量和供应的稳定性，具有较高的市场竞争力和抵御市场风险的能力，是种植业和养殖业中效益最高的产业，也是当前广大农民增收的主要渠道之一。温室内光照和温度的良好控制，可使荒地转变为可耕地，在沙漠和北极荒地种植作物，可养活那里缺粮的居民。温室可在不适于动植物生长的季节进行反季节栽培和养殖，以增加淡季供给量，缓解淡旺季矛盾，实现均衡供给。因此，设施农业生产不仅丰富了城镇居民的“菜篮子”，也装满了农民的“钱袋子”，有利于优化农业产业结构，促进农民持续增收。

（四）保障居民食品安全

设施农业在一定程度上能抵抗自然界大风、低温霜冻、大雨、冰雹以及高温、强日照等不利气候的影响，增强抗灾和减灾能力，使设施栽培作物在不适宜的外界条件下获得栽培成功。设施农业可以通过调控生产环境，提高农产品产量和质量，保证农产品的鲜活度和周年持续供应，有利于保障食品安全，维护社会和谐稳定，改善民生。

二、生态效益

资源短缺和生产环境恶化是我国农业发展必须克服的问题，发展设施农业可减少耕地使用面积，降低水资源、化学药剂的使用量和单位产出的能源消耗量，显著提高农业生产资料的使用效率。北京、河北、辽宁、山西、甘肃、黑龙江等地，融合节能型日光温室、畜禽暖棚暖圈与沼气池形成三位一体科学筑造，构成了有机生态型农业模式而形成良性循环：饲养动物放热，呼出的二氧化碳为植物利用，粪便池产生沼气作为燃料或用来照明，沼渣是优质肥料，植物为家畜提供良好的空气环境。这体现了设施农业技术与装备的综合利用，可以保证生产过程的循环化和生态化，实现农业生产的环境友好和资源节约，促进生态文明建设。

三、经济效益

设施农业产业集群是农业经济组织的新发展和地区经济的新现象，它的出现和发展提升了区域经济的竞争力，促进了地区经济的快速发展。设施农业产业集群发展比传统形式的农业更有竞争力，集群的发展可以促进农业产业内部专业分工的深化，延伸农业产业链，提高农产品的附加值，有效降低交易成本，获得外部规模经济和范围经济效益，增加创新绩效，提高区域产业竞争力，从而促进区域经济发展。

第三章

温室设计

第一节
温室主体设计

一、温室设计原则

（1）坚持科学性、前瞻性与实用性相结合的原则，合理选择温室类型、配套设备及种植方式，实现高投入、高产出的经济效益。

（2）坚持从实际出发，合理确定设计标准，对生产工艺、主要设备和主体工程做到先进、适用、可靠。满足作物对温度、湿度、光照、水分、二氧化碳、温室内风速等环境参数的要求。

（3）坚持提高土地利用率，最大限度地利用当地温光资源、节能、节水、节肥；设计侧重于温室结构的合理性，使用的便捷性、美观性。满足温室在栽培环境方面的要求、承载能力对结构方面的要求、生产管理作业对设施功能的要求。

（4）坚持因地制宜的原则，重点结合项目地气候条件和栽培对象进行设计，方案合理适用。

（5）空间利用率高，便于机械化、自动化作业，可配套环境控制系统，适于规模化建设和管理。科学管理，劳动力需求少，劳动强度低，生产效率高。

二、温室结构形式

随着设施农业的不断发展，温室形式也在推陈出新，分类方式也不尽相同。可按屋面结构形式、覆盖材料、使用功能、建筑造型和布局等方式分类。本书中将常见的温室形式仅按结构形式分类进行介绍。

（一）连栋温室

连栋温室的覆盖材料多为玻璃或聚碳酸酯中空板（PC中空板），屋面多为“人”字形，结构形式包括门式钢架结构、组合式屋面梁结构、桁架结构、Venlo型结构。

其中，Venlo型结构是目前比较流行的一种结构形式。Venlo温室于20世纪50年代起源于荷兰，“Venlo”一词来源于荷兰一个小镇的名称。标准的Venlo温室跨度为6.4m，开间为4.0m，檐高为4.0m，每跨由两个小屋面组成。这种温室形式经过60多年的发展，成为了世界上应用最广、使用数量最多的玻璃温室形式。

Venlo型温室主体结构采用柱网支撑桁架的钢结构，每跨水平桁架上支撑2～4个小屋面。屋面承力材料选用铝合金材料，既当屋面结构材料，又做玻璃镶嵌材料，屋面构件遮光率小（图3-1～图3-3）。

图3-1 Venlo型玻璃连栋温室（荷兰）

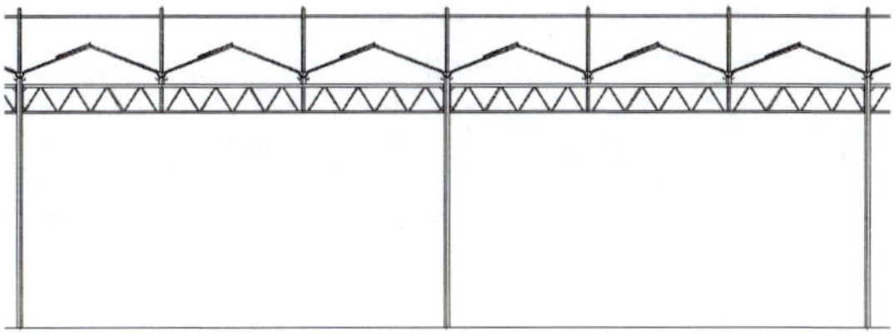

图3-2 Venlo型温室结构

1．建筑参数

图3-3 高效栽培连栋温室（莘县嘉年华项目）

连栋温室的主要参数包括：跨度、开间及其数量、檐高、下弦高度。连栋温室单跨长度多为8.0、9.6或12m，每跨对应三个屋面尖顶；开间宽度为4、5或8m，也可以针对特殊需求进行设计。温室的跨度数和开间数决定了温室的单体规模，这主要根据规划地块的长度、宽度以及生产规模和工艺流程来确定。需要注意的是，我国温室多采用湿帘风机系统进行降温，而该系统的有效降温距离宜控制在48m以内。这就决定了我国需要使用湿帘风机系统进行降温的区域，温室开间方向长度不宜过长。

檐高，即天沟下立柱高度，应根据温室的不同用途选择调节范围在4～6m。有些育苗温室高度可以略低，而进行吊蔓作物高效栽培、热带作物种植的温室高度要求则要较高。高效栽培温室通常檐高为6m，顶高为6.8m，加上外遮阳系统整体高度在7.5m左右。如有特殊要求檐高也可达7m。

下弦高度主要指桁架下弦距离地面的高度，由于桁架上下弦位置会用于安装拉幕系统，因此实际种植可以使用的空间就是桁架下弦以下，标准中对于下弦高度有一定的要求。从使用角度来说，温室下弦高度占比越大，温室的实际可利用空间越大。然而还需要考虑到温室结构的稳定性和各系统安装所需的空间。

2．配套系统

连栋温室配套系统齐全，一般包括自然通风系统、外遮阳降温系统、内遮阳降温系统、内保温系统、侧卷膜系统、湿帘-风机强制降温系统、高压雾喷降温系统、环流风机、照明补光系统、灌溉系统、清洗维护系统、强电控制系统、冬季加温系统、智能控制系统、温室内运输设备、自动化生产设备等。以上系统可根据项目地实际情况和具体种植要求选配。

3．特点及适用范围

连栋温室外形美观，结构稳定，用钢量小。具有采光面积大、室内光照均匀的特点，抗雪载的能力强，配套设备齐全，环境调控能力强，通风降温效果好，可实现周年生产。温室内部可利用空间大，净空较高，栽培管理方便，土地利用率高，便于机械化作业，易于实现自动化控制。

连栋温室的缺点是保温比小，散热面积大，冬季运行采暖负荷大，严寒地区运行成本较高。由于其覆盖材料价格相对较高、配套设备也比较齐全，因此温室总体造价偏高。

连栋温室适用于作物高效栽培、展览温室、生态餐厅、花园中心、科研温室、检疫隔离温室等用途。

（二）连栋拱棚

连栋拱棚多由单层塑料薄膜或双层充气膜覆盖，也适用于聚碳酸酯板（PC板）。形式上可分为拱圆形和锯齿形。主体结构为装配式镀锌钢骨架，骨架间利用螺栓及专用卡具连接，其受力合理，用材少。

其中，以拱圆形连栋拱棚最为常见。因其屋面坡度较缓，在屋面任何地方开窗对温室通风影响都不大。连栋拱棚可采用卷膜开窗或排齿开窗的形式。

锯齿形连栋拱棚分为全拱锯齿形（图3–4）和半拱锯齿形（图3–5），由立柱、天沟、主拱架、副拱架、天窗等构成。锯齿形温室采用垂直立窗，通风窗最高处与屋脊高度一致，因此自然通风效果较好。但由于通风窗只能设在温室的一侧屋面，因此在设计时要考虑将窗户设置位置与当地夏季主导风向一致，以使温室通风口形成强烈负压，从而加强温室的负压通风；同时也要考虑当地冬季的主导风向，避免冬季冷风直接吹向温室窗口，以减少温室冷风渗透。

1. 建筑参数

东西长度没有限制，跨度多为8m；南北宽度一般控制在48m以内（采用湿帘风机降温系统），开间多为4m；檐高为4～6m。对连栋拱棚檐高的要求与连栋温室类似，且由于连栋拱棚内可不设置桁架，其空间利用的有效高度甚至高于同样檐高的连栋温室。

2. 配套设施

连栋拱棚内配套系统与连栋温室类似，包括顶卷膜开窗+侧卷膜开窗、外遮阳降温系统、内遮阳保温系统、湿帘–风机降温系统、高压雾喷降温系统、强电控制系统、自动控制系统、环流风机、照明补光系统、温室内运输设备、自动化生产设备等的自然通

图3–4 全拱锯齿形温室

图3–5 半拱锯齿形温室

风系统。以上系统可根据项目地实际情况和具体种植要求选配。

3. 特点及适用范围

连栋拱棚结构简单、建造方便，可拆卸迁移，内部空间利用率高、遮光少，作业方便，有利于作物生长。主体结构件抗腐蚀、整体强度高、承受风雪能力强，使用寿命可达15年以上。

以塑料薄膜作为覆盖材料的连栋拱棚由于其保温性能差，因此一般不配套加温设施，寒冷地区只能用于春秋两季，以瓜果蔬菜、北方果树生产为主。我国南方地区可配套临时热风加温设备，实现周年生产。双层充气膜保温性能较强，但透光率较低，不适宜种植对光照要求较高的作物。双层充气膜应用在光热资源较好的地区，可获得较好的生产效果；若在光照较弱的地方使用，则需配备补光系统。

（三）单栋拱棚

单栋拱棚为拱圆顶结构，覆盖单层薄膜。其结构简单，受力合理，用材少，透光率高（图3-6、图3-7）。

1. 建筑参数

东西长为8m，南北长为60m，建筑主体高度为3.5m。结构形式为轻钢结构，四周及顶部薄膜覆盖。

2. 配套设施

自然通风降温系统：顶卷膜开窗+侧卷膜开窗；灌溉系统。

3. 特点及适用范围

单栋拱棚结构简单、建造快捷、造价低、使用方便，能简单调节作物种植环境。室内可利用空间大，通风效果好。单栋拱棚可用于光热资源较好地区的作物生产，实现“春提前、秋延后”。成片隧道型单栋拱棚也可使用小型农机进行棚内作业。

（四）日光温室

日光温室是中国特有的温室结构类型，多在光照资源较好的北方广泛使用。日光温

图3-6　单栋拱棚

图3-7　单栋拱棚内部

室一般由南向的采光屋面、北面及东、西侧具有蓄热保温作用的墙体，以及北向的保温屋面等部分构成。日光温室主要依靠日光的自然温热和夜间的保温设备来维持室内温度，在不加温的情况下，使蔬菜等作物在寒冷的气候下能正常地生长，以解决中国北方地区冬季蔬菜以及其他园艺产品的淡季供应。

全国日光温室的结构形式较多，按墙体材料分主要有干打垒土温室、砖石结构温室、复合结构温室等。按前屋面形状分立坡式、二折式、三折式及拱圆形，如抛物线、摆线、圆弧等形状（图3-8）。后屋面采用平面形或稍微起拱即可。按结构分，有竹木结构、钢木结构、钢筋混凝土结构、全钢结构、全钢筋混凝土结构、悬索结构、热镀锌钢管装配结构。

（1）立坡式　（2）二折式　（3）三折式　（4）拱圆形

图3-8　日光温室采光屋面形状

1．建筑参数

按照《日光温室建设标准》（NYJT 07—2005）中的描述，日光温室长度一般为50～70m，实际工程中，其长度多为60～80m。跨度随地理纬度不同为6.0～8.5m，可以根据当地纬度进行选择。但随着人们对日光温室内部大空间的更高要求，现在建设的日光温室跨度多在8m以上，甚至达到12m。日光温室脊高为3.5～5.5m。

2．配套设施

配套设施包括电动卷被机、上下卷膜开窗系统、照明设备、环境控制系统和灌溉系统。配套设施也可增配外遮阳系统和湿帘风机系统，但会使整体建设成本增加。

3．特点及适用范围

日光温室的特点是结构简单、造价低廉，同时具有较好的保温性能、高效节能，保证作物越冬生产，提高产量。适用于寒冷地区的冬季不加温越冬种植。

（五）露地栽培保护设施

1．避雨栽培设施

避雨栽培是介于温室栽培和露地栽培之间的一种集约化栽培方式。这是针对葡萄、樱桃等作物在花期及果实生长期遇高温多湿气候条件及降雨等不良天气导致病害严重、产量低、品质差而诞生的一种栽培技术。避雨栽培设施主要是在作物（如葡萄）的生长季节，在作物冠部搭建骨架覆盖塑料薄膜，使植株枝蔓、花果处于避雨状态，以减轻因雨水冲刷造成多种病害侵染，提高作物（如葡萄）质量。

避雨栽培设施多为水泥柱墩加竹木结构或钢管结构，复杂一点的顶部还具有卷膜开

图3-9　避雨栽培

图3-10　网室

窗功能，在不下雨的时候可以使设施内更好地通风（图3-9）。避雨栽培设施一般根据作物株行距设计，规模及布置方式比较灵活，建造也方便快捷。

2. 网室

网室也是一种用于改善露地栽培条件的简单的生产设施，主要用于防虫和防鸟啄（图3-10）。其结构简单、形式多样，可根据项目地实际情况进行定制设计，覆盖材料多为防虫网或遮阳网。长度与宽度均可根据需要定制，高度一般控制在4m以内，也可根据实际需要定制。

网室顶部可增加由电机控制的外遮阳系统，在必要时进行遮阳降温。

网室结构简单、建设成本低；能防止作物受暴雨、冰雹、大风等极端天气造成的损伤。顶部配遮阳网具有遮阳降温的作用，可解决夏秋高温季节叶菜生产问题并可防病虫害，果树防鸟啄。

（六）其他

活动屋面温室，屋面采用高强度塑料薄膜或遮阳网，配自动控制拉幕系统，根据室外条件的变化适时启动拉幕系统。活动屋面温室适用于气候温和、无雪地区使用。以拉幕系统代替屋面覆盖，需要时可将屋面全部敞开，可充分利用自然能源、降低成本，提高生产效益。屋面可设计为单层或双层，兼顾覆盖和遮阳功能。

随着世界温室行业的发展，生产者更加重视生产成本和适用性之间的平衡。温室是为生产服务的农业设施，与温室形式的选择与项目的规划、定位，种植的品种和产量目标，及项目地的自然气候情况都有密切的关系，需要综合考虑，以实现效益最大化。

三、温室设计荷载

温室结构设计的第一步就是要得到温室所受荷载的情况。依据温室所受荷载的实际情况，科学设计，合理用钢，才能确保项目的经济性和温室结构的稳定性。温室结构荷载可分为恒载和活载两大类。

1. 恒载

恒载是指温室使用过程中，其值不随时间变化或变化可以忽略不计的荷载，主要包括温室结构、透光覆盖材料及永久设备（加热、通风、降温、补光、遮阳、灌溉等）的自重。

（1）建筑结构自重　建筑结构自重可根据用材种类和选取的构件截面积乘以材料自重计算，温室中最常用的钢材其自重约为78.5kN/m^2。

（2）透光覆盖材料自重　根据覆盖材料种类及其相应自重计算。温室常用5mm单层玻璃自重125N/m^2，双层中空玻璃自重250N/m^2，8mm中空PC板自重15N/m^2，0.2mm厚塑料薄膜自重2N/m^2。

（3）永久设备荷载　加热系统和灌溉系统中需要固定于温室结构上的供回水主管的荷载取水管装满水的自重。

遮阳、保温、侧卷系统的荷载按材料自重计算竖直荷载，并按压/托幕线或驱动线数量计算水平拉力。压/托幕线水平方向作用力最小按500N/根考虑，驱动线水平方向作用力最小按1000N/根考虑。

其他固定设备如行走喷灌机、湿帘、风机、环流风机、补光灯等均按供货商提供的重量进行计算。

如果使用吊挂方式安装栽培槽，那边栽培槽包括其中含水基质的重量也应计入永久设备荷载。

2. 活载

活载则指温室使用过程中其数值随时间变化不可忽略的荷载，主要包括风荷载、雪荷载、作物荷载、移动设备荷载（屋面清洗车、室内吊车等）、竖向集中荷载（工作人员维修）。

（1）风荷载　风荷载的计算需从《建筑结构荷载规范》（GB 50009—2012）中根据项目地点和温室类型得到基本风压，再乘以相关系数。

（2）雪荷载　雪荷载的计算也是需要从《建筑结构荷载规范》（GB 50009—2012）中查到项目地基本雪压，然后乘以加热影响系数和屋面积雪分布系数得到雪荷载。

（3）作物荷载　作物荷载是指由结构悬挂的作物所产生的荷载，一般番茄、黄瓜等作物均可按0.15kN/m^2进行计算。

（4）移动设备荷载　移动设备荷载主要包括屋面清洗车、室内吊挂式运输设备等，如屋面清洗车管道含水的重量会在400kg以上。

四、温室基础

设计参照《建筑地基基础设计规范》（GB 50007—2011）。温室周边采用砖混条形基础，立柱处设独立基础，基础埋深至-0.900m，先做100mm厚混凝土垫层，上砌370mm厚砖墙，设300mm厚钢筋混凝土圈梁一道，圈梁顶面预埋钢板作为上部钢柱焊接的预埋件。温室室内立柱采用360mm×360mm的钢筋混凝土独立基础，基础埋深至-0.900m，顶面预埋钢板作为上部钢柱焊接的预埋件。温室四周待主体骨架完工后，砌1000mm高的裙墙。为保证雨季及时有效地排水，可在温室四周设有600mm宽的C_{15}混凝土散水。

五、温室骨架

温室结构属于超轻型钢结构，结构用钢要求必须是冷轧钢材，屈服强度235MPa以上。

1. 骨架结构的主要受力构件

连栋温室骨架结构的主要受力构件有立柱、边柱、抗风柱、天沟、纵梁、横梁、拱杆和下弦杆等。骨架结构的主要受力构件必须进行受力计算，以保证构件具有足够的强度、刚度和稳定性。

2. 骨架材料

温室主骨架采用国产热镀锌钢管和钢板，采用定型模具生产，热浸镀锌处理，镀锌质量符合国家标准。承载力强，抗风能力强，整体性好，使用寿命长，在高温高潮湿环境中不生锈。钢结构外表面进行白色喷涂可增加结构表面反光，改善温室内光环境。

铝合金天沟可大大减少室内遮阴面积，以增加屋面顶部排雨量。温室顶部冷凝水自动回收至天沟空腔内，可通过排水管排到室外，更好地降低湿度，有利于作物生长，防止病虫害。

所有钢构件均工厂化生产，现场组装。主体结构柱焊接在地基预埋件上，除少量配装件外，其他上部结构零部件的连接均采用螺栓或铆钉。

以上所有钢构件均按照《金属覆盖层—钢铁制品热镀锌层技术要求及试验方法》（GB/T 13912—2002）进行热浸镀锌处理，镀锌层厚度不小于65μm，工厂化生产，现场组装。主体结构柱焊装在地基预埋铁件上，除少量配装件外，其他温室上部结构零部件的连接均可采用螺栓或自钻自攻钉直接安装。所有钢材均由国内知名公司提供。钢材质量符合《碳素结构钢》（GB/T 700—2006）标准中有关规定，骨架质保期为15年，实际使用寿命大于20年。

3. 骨架结构的连接件

连栋温室骨架的连接结构件应采用专用扣件、专用螺栓和标准螺栓。所有连接件的设计和选用必须满足使用强度的要求。表面应进行热镀锌处理，镀锌层厚度不得小于0.01mm。

连接件多用碳素钢制造，其冲切边不应有明显的毛刺，表面不得有明显的压伤和划痕。

板件与骨架构件的连接，允许使用符合《十字槽盘头自攻螺钉》（GB/T 845—2017）的十字槽盘头自攻螺钉、《六角头自攻螺钉》（GB/T 5285—2017）的六角头自攻螺钉。自攻螺钉的直径和间距要满足连接强度要求，也可以使用符合《封闭型平圆头抽芯铆钉》(GB/T 12615—2004)的封闭型扁圆头抽芯铆钉，用拉铆枪进行连接。铆钉的规格和间距应与被连接件匹配，满足连接强度要求。

4. 门

专门给操作人员进出的门，高度不低于1.8m，宽度不小于1.2m。设备进出口的高度一般不低于2.2m，宽度应比所通过的最大设备的宽度大于0.4m以上。

5. 骨架结构的安装要求

在每个结构平面(如侧墙、端墙、每排立柱和屋面等)内，为防止平行四边形变形，必须加装适当的斜支撑或拉锁。

天沟用镀锌钢板压制成型，接头部位的接缝和铆钉孔或螺钉孔均需涂密封胶，不得有地漏现象。天沟槽可通过桤梁固定于立柱上。对于有桤梁的天沟槽，槽板厚度不得小于0.7mm。如果不用桤梁，可将天沟直接支承在立柱间，槽板厚度不得小于1.5mm。天沟的端面大小和安装坡度应根据当地降暴雨的强度和天沟的长度具体确定。

连栋温室骨架安装后，整体结构应紧凑、整齐。各立柱在纵横两个方向的垂直度误差不大于30mm，横梁的直线度误差不大于50mm，垂直吊杆的相对位置度误差不大于50mm。

6. 铝合金型材

铝合金作为玻璃温室主要镶嵌和覆盖支撑构件，其主要功能有：与橡胶密封件配合，作为玻璃温室覆盖物密封系统的一部分；单独使用，作为温室屋面支撑构件和密封构件；作为天沟使用。

设计要求：主体部分主要满足强度和刚度方面的要求；支座部分作为玻璃的支撑主要预留一些通长支撑槽或镶嵌槽；镶嵌部分位于玻璃外侧的部分需设有专门用于安装橡胶密封的凹槽，可用于固定橡胶密封件，也可与小型铝合金或不锈钢件配合固定玻璃。

六、温室覆盖材料

温室是以采光覆盖材料为围护结构的，辅以温度调节、通风换气、自动灌溉、湿度调节等环境调控设施设备，以及苗床、灌溉、施肥、照明灯栽培种植设施设备，在冬季培育喜温植物或育苗的建筑。作为我国设施农业的重要组成部分，温室有效提高了单位土地产出，增加了农民收入，促进了农业产业结构调整，增强了农业综合生产能力和竞争力。

作为温室工程的重要配件之一，覆盖材料的主要作用是将作物与外界环境隔离，使作物处于一个相对封闭的、更适于生长的可控环境条件之中，通过覆盖材料使作物生长的室内环境与外界环境之间不断进行能量(光照、热能)和物质(水分、气体、肥料等)的流动和交换，二者相互影响、相互作用。

覆盖材料的选择直接影响温室能耗的高低，决定作物的产量和质量，也在很大程度上影响温室工程总造价、使用年限及后期维护成本。因此，在温室工程的前期设计中，应统筹考虑温室用途、外部环境、作物种类、建设投资等多方面因素，科学选用最适宜的覆盖材料。业界对于覆盖材料的评价指标主要有保温性、透光性、耐久性、防滴性、力学性能及单位成本等。

（一）玻璃

玻璃的主要透光特性：小于310nm基本不透过、330～380nm透过率为80%～90%、380～760nm透光率为90%、760～2600nm透过率>80%、2600～4000nm透过率为20%、大于4000nm基本不透过。

玻璃的耐候性在所有覆盖材料中最佳，使用寿命在25年以上。防尘、耐腐蚀、防滴（亲水性好）、保温性好。

设施生产中常用的玻璃有单层钢化玻璃、双层中空玻璃，对要求较高的温室还可采用夹胶玻璃和散射玻璃等。

1. 单层钢化玻璃

玻璃在温室上的应用大大地推动了设施农业的发展，早期采用的是单层浮法玻璃。浮法玻璃平度好、透光率高（85%～89%）、抗老化、耐腐蚀。但是玻璃易碎带来的安全问题却不容忽视，由此促成了钢化玻璃对浮法玻璃的全面替代。

钢化玻璃是通过采用化学或物理方法，在玻璃表面形成压力，使玻璃承受外力时首先抵消表层应力，从而提高玻璃的承载能力，同时可增强玻璃自身抗风压性、寒暑性、冲击性等。同等厚度的钢化玻璃抗冲击强度和抗弯强度均为普通玻璃的3～5倍，能承受的温差是普通玻璃的3倍，使用安全性大大提高。

由于钢化玻璃原片本身含有杂质，原片玻璃中含有杂质和气泡，钢化玻璃存在0.3%～3%的自爆率。生产型温室人员密集度低，内遮阳、内保温等系统长期开启，顶部玻璃小概率的自爆不会形成安全威胁。如果对安全性要求较高，可在玻璃上贴一层防爆膜，以保证玻璃破碎后也不会掉落。

单层玻璃的另外一个问题就是保温隔热性差，传热系数在6W/（m^2·K）左右，因此一般只用于屋面。

2. 双层中空玻璃

双层中空玻璃是将两片玻璃通过有效的密封材料密封和间隔材料分隔开，并在两片玻璃之间装有吸收水气的干燥剂，从而保证中空玻璃内部长时间为干燥的空气层，无水气、灰尘存在。由于空气的传热系数较低，因此大大提高了双层中空玻璃的保温性能。双层中空玻璃（5+6A+5）传热系数在4W/（m^2·K）左右。

采用双层中空玻璃做覆盖材料可降低温室的运行费用，与单层玻璃温室相比，节能30%左右，可有效地降低温室在冬季的运行成本。在保证较好保温性的同时，双层中空玻璃还具有很好的透光性。室内外温差过大，单层玻璃会出现结霜现象。中空玻璃因与室内空气接触的内层玻璃受空气隔层影响，即使外层玻璃接触温度很低，也不会因温差的原因在玻璃表面结露。中空玻璃露点可达-70℃。

3. 散射玻璃

散射玻璃通过玻璃表面特殊的花型设计，能够最大限度地将太阳光变为散射光进入温室。让温室内气候更温和，减少作物光抑制；作物底部可以吸收更多阳光，增加作物底部的光合作用；温室内部无阴影，可减少作物底部灰霉病的发生，对于不同作物可以提高产量10%左右。

散射玻璃的透光率在91%以上，使用增透减反射（AR）膜之后，透光率可增加至96%。

玻璃镀膜减反射技术是经磨边、清洗、烘干后，使用高精度镀膜机，将二氧化硅镀膜液在原片玻璃表面精确镀制生成平均厚度约120nm的超高硬度AR膜的。镀膜玻璃再经表干、加热、固化和连续钢化炉钢化成为透过率≥96%、膜层牢固、硬度高的AR膜钢化玻璃，玻璃的衰减度极低。

散射玻璃常见厚度为4和5mm，可打孔，可钢化，可制作成中空玻璃。玻璃表面不形成水滴，无滴露，具有自清洁功能。

4. 夹胶玻璃

夹胶玻璃又称作夹层玻璃，是一种性能优良的安全玻璃，它是由两片或多片玻璃用透明的聚乙烯醇缩丁醛（PVB）胶片牢固黏合而成，具有透明、高机械强度、耐光耐热、耐寒等性能，玻璃和中间层的牢固黏合，使夹层玻璃具有良好的抗冲击性能和破碎时的安全性。当夹层玻璃受到冲击破碎时，碎片粘在中间PVB膜上，不会有玻璃碎片飞溅伤人，玻璃上只形成辐射状的裂纹，并能保持原来的形状和可见度。在一定的时间内，不会漏雨，可继续使用，同时具有不老化、不燃烧的特点。

夹层安全玻璃可阻断紫外线光的透射，但对室内的花卉等作物的生长均无副作用。事实上，使用夹层安全玻璃反而有利于保护作物的叶、茎、花、果，可促进作物茂盛生长。

（二）聚碳酸酯板（PC板）

PC板也称作阳光板。聚碳酸酯板（PC）材料是一种质轻、透明、难燃、韧性较好、耐冲击的树脂材料。PC板与玻璃相比，其突出的优点在于安全性和保温性。PC板的抗冲击力是玻璃40倍，是其他塑料板材抗冲击力的5～20倍，作为人流量较大的温室的屋顶覆盖材料，安全系数高。PC板重量轻（1.2g/cm^3），阻燃性好，保温性好，几乎不透过长波红外辐射，其传热系数等于或低于双层中空玻璃。但由于其几乎不透过紫外光（<380nm），不利于某些花果着色，也妨碍蜜蜂授粉。

PC板的产品结构形式主要有单层的耐力板或波浪板、双层中空板和多层中空板。其中，最常用的就是8～12mm厚度的双层或三层中空板。一般来说，PC板厚度越厚，层数越多，保温性越好。

PC板的透光率在90%左右，随时间衰减较快。单纯的PC材料不耐紫外线，置于阳光下数月即发生明显的黄化，所以农用PC板朝向阳光的一面必须涂有或共挤一层足够厚度的抗紫外线层。质量较好的PC板也可保证在10年内透光率和黄化指数变化非常小。

PC板内侧由于温室内外温度差，易形成滴露。为了消除或减轻滴露现象，还需在板材的内层涂上或共挤一层足够厚度的防滴露层。

防尘性较差，中空板边开口封闭不严时，易进水气和尘埃，降低透光率。

因PC板的这些涂层既不耐酸，也不耐碱，所以只能用清水或中性清洁剂清洗。PC板还怕强氧化剂，多数温室消毒剂如硫黄、甲醛、高锰酸钾、漂白水均属此列。在风沙大的地区，PC板会在几年内被风沙划伤，从而降低透光率，减短使用寿命。PC板怕高热，热膨胀率也比较大，设计时需要考虑膨胀系数。

（三）农用薄膜

我国设施应用的覆盖材料，以普通棚膜应用最早、分布最广、用量最大。常用的塑料薄膜主要包含聚氯乙烯膜（PVC）、聚乙烯膜（PE）、乙烯–醋酸乙烯多功能复合膜（EVA），三种薄膜透光性比较如下。

紫外区透光率：PE > EVA > PVC。

光合有效辐射区透光率：PVC > EVA > PE。

长波红外辐射区透过率：PE > EVA > PVC。

此外，还有长寿保温透明无滴三层共济大棚膜（PEP利得膜）、聚烯烃农膜（PO）、乙烯–四氟乙烯共聚物薄膜（F–Clean膜）等性能更好的新材料。

1. 聚氯乙烯膜（PVC）

PVC膜组成：聚氯乙烯树脂+增塑剂、稳定剂、填充剂等助剂，高温压延而成用于大棚生产，厚度为0.10～0.15mm。

（1）外线透过率低，耐老化，可见光透光率高，远红外线透光率低，保温性差。

（2）耐酸、碱、盐，耐农药。

（3）易黏合，破损的修补容易。

（4）易吸尘，薄膜中增塑剂析出等使透光率降低。透光率降低速率高于PE膜。有实验证明新膜使用一年后，透光率降低30%，低于同样使用期的PE膜。但经防尘处理的PVC膜，其透光率一直优于PE膜和EVA膜，使用寿命可达2～3年。

（5）密度较大（1.4g/cm^3），单位重量薄膜覆盖面积相对较小，费用较大，与PE膜相比，费用高出50%左右。

（6）20～30℃时热胀性大，易产生夜紧昼松现象，松弛时遇大风易因振荡而损坏。

2. 聚乙烯膜（PE）

PE膜组成：由低密度聚乙烯（LDPE）树脂或线型低密度聚乙烯（LLDPE）树脂制成，厚度为0.05～0.20mm，国内采用最多。

（1）质地柔软，低温下不会变硬、变脆（脆化温度为–70℃）。

（2）耐酸、碱、盐。

（3）防尘性优于PVC膜。

（4）密度小，单位重量覆盖面积大，费用省；幅面宽（最大约17m），大面积覆盖时减少接缝。

（5）对紫外线透光率高，抗老化性差，普通PE膜寿命仅数月，对远红外透过率高，保温性差。

3. 乙烯–醋酸乙烯多功能复合膜（EVA）

EVA膜组成：以乙烯–醋酸乙烯共聚物（EVA）树脂为主体，三层复合结构。

（1）具有与PE膜相似的耐寒、量轻、幅宽、无毒、化学稳定性等优点。

（2）材料结晶性降低，透光性良好，400～700nm透光率高于PE膜，接近PVC膜。

（3）对红外线阻隔率优于PE膜，保温性好，但比PVC膜较差。

（4）耐低温、耐冲击、不易开裂、抗静电、防尘性好。

（5）伸缩性小，不易因温度变化发生薄膜张紧的变化。

4. 长寿保温透明无滴三层共济大棚膜（PEP利得膜）

PEP利得膜由PVC和PE材料，采用三层共挤压技术制成。其主要特点如下所述。

（1）抗紫外线及防尘　所有聚合物材质暴晒在紫外线照射下会产生退化，PEP利得膜表面添加了紫外线抑制剂与吸收剂，可增强农膜的稳定性，使用年限最长可达5年。同时其表层又加强了泼水性处理，可减少积尘及长青苔的情况，保持透光性。

（2）反辐射能力及高折射率　PEP利得膜含有光扩散添加剂，其作用是将部分光线反射回去，同时使53%的折射光，以柔和的光线进入温室，可增加全天光线到达作物表面的总量，促进光合作用的同时可有效防止作物晒伤。

（3）保温功能　PEP利得膜中间层是一种吸收红外线的材质，能吸收700～1500nm波长的红外线，可阻止温室内热能的流失，并可降低晚上温度的下降速度。

（4）防尘处理及防雾滴　由于温室内外温度差异，温室内侧膜表面会有一层水雾，并形成水滴。PEP利得膜里层含有特殊的化学物质，可降低农膜表面张力，使其无法结成水滴，水雾会由上至下流向温室边缘。

（5）病虫害防治功能　PEP利得膜有多种病虫害控制膜，能有效降低农药、杀虫剂的使用量。但是这种膜并不适用于所有作物。

5. 聚烯烃农膜（PO）

PO膜是采用高级烯烃的原材料及其他助剂，采用外喷涂烘干工艺而产出的一种新型农膜，具有很好的透明度，雾度低。其主要特点如下所述。

（1）透明性　100μm厚度的PO膜透光率91%，150μm厚度的PO膜透光率90%。早晨光线透过率高，散射率低，因此早晨温室内会升温迅速。PO膜的透光性能好，有助于温室内作物做光合作用，温室内温度高，作物产量自然就高。

普通薄膜的紫外线透过率很低，PO膜有适度的紫外线透过，使棚内近似大田种植环境。种植的作物果实着色鲜艳、均匀，口感好。

（2）持续消雾、流滴能力　采用消雾流滴剂涂布干燥处理，可以抑制雾气产生，消雾流滴期可达到与农膜使用寿命相同。

（3）保温性能 薄膜内部采用高科技特制有机保温剂，使棚内向外辐射的红外线大部分被反射回来，有效地控制了热量散失，保证了作物夜间的生长温度，缩短了作物的成熟期。PO膜可有效防止夜间温度骤降对作物造成的冻害。

（4）使用寿命长 采用高科技抗氧剂及光稳定剂，极大地延长了农膜的使用寿命，正常使用可达到3年以上。

（5）强拉伸强度 原材料具有超强的拉伸强度及抗撕裂强度。

（6）防静电、不黏尘 采用纳米技术，四层结构。表面防静电处理。无析出物，不易吸附灰尘，可达到长久保持高透光的效果。

6. 乙烯－四氟乙烯共聚物薄膜（F-Clean膜）

高性能氟树脂薄膜——F-Clean膜是一种高透光性、高耐候性的新型覆盖材料，具有以下特点。

（1）高透光性 F-Clean膜具有高光线透过率，对于任何一种入射角的光线，均能发挥优异的采光性。F-Clean膜可以在大棚内采集大约94%的太阳光，包括大量紫外线，可以在温室内创造出自然光照环境。不同型号的产品有紫外线以及近红外线等特定波长光线的不同透过率，适用于不同的种植。磨砂系列还具有光线散射功能，能够在不减少光量的前提下，调整大棚内的光线质量。

（2）超强耐候性 F-Clean膜基本不会因紫外线的照射而损伤，并且能够长时间保持其原有的超高光线透过率和机械强度。在极寒地区和热带地区都可以使用，使用寿命长。F-Clean膜经过耐光测试仪15000h的耐候加速试验，依然几乎未见老化，这相当于室外30年的实际使用期。

（3）高强度 F-Clean膜是一种在抗拉强度、拉伸延展度、撕裂度等方面具有平衡性的材料，在抗冲击力和弯曲性方面具有优异特性。

（4）耐药品性 几乎不会受到强酸性以及强碱性化学物质的侵蚀，具有优异的耐受性。

（5）非附着性 利用氟树脂的低表面张力，可方便地通过雨雪等清除污垢，积雪易滑落，避免由于屋面积雪过多造成的巨大雪荷载。

根据温室的用途选用不同透光性能的覆盖材料。随着覆盖材料使用时间的增长，材料逐渐老化，材料表面出现尘埃污染、结露，从而导致温室透光性能降低。因此，除选用一些防尘、防结露、防老化的覆盖材料以外，还应注意定期清洗、保养，以减少透光因素的影响。

（四）防虫网

防虫网是一种轻量化、高强度、耐老化的新型农用覆盖材料，在发达国家和地区的夏秋蔬菜生产中早已被广泛应用。近年来，在我国南方开始采用防虫网全封闭栽培速生叶菜，能够有效地防止虫害的发生和蔓延，实现基本不用农药的生产，深受广大消费者喜爱。

网室质量控制应以确保安全、防灾为主。农业设施很容易受灾害性天气如狂风、暴雨、冰雹、雪压等破坏。所以，防虫网室一定要有适量的立柱，以防顶棚垮塌。防虫网本身重量很轻，立柱的材料可以因地制宜，竹柱、水泥柱、钢管等都可被使用。水泥柱、钢管的使用寿命更长。大型防虫网室因顶部加固比较困难，所以不提倡越大越好，一般网室以1000～3000m^2为宜。为了预防10级以上大风的破坏，顶部和四周防虫网应分别覆盖，以便在大风来临时，可以迅速将顶网取下。商品防虫网的幅宽最大为3.6m，大中型防虫网室所用的防虫网是由若干块防虫网拼接起来的，为了保证拼接质量，应由防虫网的生产厂家根据在建防虫网室的规格具体要求拼接后出厂，不要在安装现场拼接。

网的规格：防虫网网眼过大，起不到应有的防虫效果；网眼过小，不仅增加防虫网成本，而且在夏秋季节会造成室内通风不畅和气温过高。选择目数应以最小的害虫大小为依据，一般蚜虫的体长为2.3～2.6mm、体宽为1～1.5mm，因此应选用孔径小于蚜虫体宽的纱网为宜。目前，生产上推荐的防虫网适宜目数为20～30目，以白色为主，如果能采用有驱避蚜虫效果的特殊颜色防虫网，防虫效果更好。

（五）遮阳网

遮阳网（也称寒冷纱）是用聚烯烃加入耐老化助剂拉伸后编织而成，有白色和黑色两种，特点有强度好、重量轻、使用方便等，可代替传统芦苇帘。遮阳网有遮阳、降温、防雨、防虫等功效，是蔬菜栽培和育苗中不可缺少的覆盖材料，可作临时性保温防寒材料。用作遮光时，黑色的遮阳网还可以用来作短日照处理。遮阳网主要用于南方的蔬菜、花卉、茶叶、果树的栽培和育苗。近年来，遮阳网在北方蔬菜、花卉生产上的使用量明显增加。

（六）无纺布

无纺布由聚乙烯、聚丙烯、维尼龙等纤维材料，不经纺织，而是通过热压、黏压而成的一种轻型覆盖材料，多用于设施内双层保温帘或浮面覆盖栽培。发展较慢，至今未能推广普及，应用面积大约在4000hm^2，现在有扩大示范推广的趋势。

第二节 温室采暖设计

一、温室采暖热负荷

为了实现周年生产，对抗低温环境对作物生长的不利影响，温室冬季生产需要消耗大量能源来提供足够的热量。有研究指出，温室生产的燃油消耗量和温室生产的蔬菜干物质之比是5：1甚至10：1。在日本，每生产10kg黄瓜需消耗5L石油，比粮食生产消耗的能量高50～60倍。全世界农业生产中一年的耗能量有35%用于温室加温，温室能源消耗的费用占温室生产总费用的15%～40%。

我国幅员辽阔，北方大部分地区属于大陆性气候，南方属于季风性气候，气候差异极大。除热带地区的温室冬季生产不需要加温外，大部分地区冬季都比较寒冷，有的地区严寒期甚至长达120～200d。要保证作物的正常生长和发育，都必须配置加温系统，人工补充热量。根据所在地区不同，温室加温的时间也长短不一，东北地区加温时间需要5～6个月，华北地区需要3～5个月。我国南方地区的连栋温室，尤其是花卉生产温室和育苗温室，在冬季生产过程也需要进行加温或临时加温。

一般连栋温室加温年耗煤量为90～150kg/m^2，燃煤成本占整个生产成本的30%～50%。设计不合理的温室或地处严寒地区的温室，加温耗煤可能会远远超出上述指标，如沈阳市1996年引进的荷兰大型连栋温室，冬季种植花卉耗煤达2300t/hm^2，相当于耗煤230kg/m^2。因此，能量消耗大是影响大型温室经济效益的重要因素之一。目前，我国建设的大型温室，北纬35°左右地区，冬季加温耗能费约占总成本的30%～40%；北纬40°左右地区占40%～50%；北纬43°及以上地区占60%～70%。为降低温室运行成本，提高产品生产效益，在温室规划设计中必须对加温系统的设计给予高度重视。

（一）温室采暖热负荷概念

温室是生产性建筑，对供暖系统的设计应该满足以下要求：首先供暖系统要有足够的供热能力，能够在室外设计温度下保持室内所需要的温度，可保证温室内作物的正常生长；其次是采暖系统的一次性投资和日常运行费用要经济合理，可保证正常生产能够盈利；最后是要求温室内温度均匀，散热设备遮阳少，占用空间小，设备运行安全可靠。

1. 温室加温原理

自然界中温度分布是随着时间和空间的变化而变化的，在时间上温度会随着四季和昼夜交替而出现周期性变化，在空间上温度随着纬度和海拔的升高而降低。温度的这些变化，对植物的生长和发育的各个方面都有着不同的影响。

根据植物学原理，植物在整个生命周期中所发生的一切生物化学变化，都必须在一定的环境温度条件下进行。每种植物都对应一个最低生长温度、最高生长温度和最适宜生长温度，即三基点温度。环境温度低于最低生长温度或高于最高生长温度时，植物将停止生长，而环境温度在最适宜温度时，植物的生长发育最快。从植物生命的角度讲，每种植物还有一个生命极限温度指标，当植物生存环境温度超过这个温度范围时，植物的生命系统将遭受到破坏，导致植物死亡。即使环境温度再恢复到三基点温度内，植物也不能继续生长。不同种类的植物的生命极限和三基点温度不同，在我国北方大部分地区，冬天室外温度较低，温度不能始终保持在作物生命极限的最低温度之上，因此露地作物不能进行生产。

根据热力学定律，只要存在温度差，热量就会从温度高的地方流向温度低的地方。温室生产的室内温度一般都要高于室外温度，因此时刻都在向室外散发着热量。冬季白天由于太阳辐射和室外较高温度的共同作用，温室内温度基本可以维持在作物生长的最低温度以上。但夜间，由于没有了太阳辐射，室外温度又偏低，大量热量可通过温室围护结构传向室外，如果没有额外热量补充，室内温度往往会低于作物生长的最低温度，甚至低于作物的生命极限最低温度。在这种情况下，温室必须配置采暖系统，以补充室内热量。在一定的室外温度条件下，维持温室温度保持在某一值时所需要向温室补充的热量称为采暖热负荷。采暖热负荷是温室采暖设计中最基本的参数，其值计算的正确与否，将直接影响供暖设备的大小、供暖方案的选择和制定以及供暖系统的使用效果。

2. 温室的热量平衡

温室是利用主体骨架和围护结构将某一空间与露地隔离开的一种设施。我们把围护结构内包含的所有物质（包括空气、作物、设备、土壤等）作为一个系统，这个系统与其周围环境时刻都在以辐射、对流和传导等方式进行着热量交换。设进入温室的热量为Q，传出温室的热量为U，由此引起温室内能的变化量为ΔE，根据能量平衡原理，可得到温室的能量变化方程如式（3-1）所示。

$$\Delta E = Q - U \tag{3-1}$$

当Q大于U时，则ΔE大于0，多余的热量蓄积于温室系统内，使其温度相应提高。而温室内温度越高，向外传出的热量越多，使Q和U向着反方向变化，直至两者相等，反之亦然。温室系统的内环境一直处于这样一种动态平衡的状态。因此只要增大传入温室的热量或者减小温室传出的热量，就能使温室的温度维持在一个较高的水平，反之只要减小温室传入的热量或者增大温室传出的热量，就能使温室的温度维持在一个较低的水平。因此，对不同的地区，不同的季节，不同用途的温室可以在某些特定的保温、加温或降温的工程条件下，通过控制与外界产生的物质与能量的交换数量，来维持不同的温度和湿度环境。

正常条件下温室的热量损失如下所述。

（1）经过屋顶、地面、墙、门窗等围护结构传导和辐射出的热量，设为U_1。

（2）加热经过门、窗、围护结构缝隙渗入空气所需的热量，设为U_2。

（3）加热进入温室内冷物料所需要的热量，设为U_3。

（4）因温室内水分蒸发所消耗的热量，设为U_4。

（5）通风耗热量，设为U_5。

（6）作物生理生化转化交换的能量，设为U_6。

在正常条件下温室得到的热量如下所述。

（1）太阳辐射热量，设为Q_1。

（2）人体、照明、设备运行的发热量，设为Q_2。

（3）进入温室内热物体的散热量，设为Q_3。

（4）加温系统的供热量，设为Q_4。

根据温室能量变化方程可得到式（3–2）

$$\Delta E = Q_1+Q_2+Q_3+Q_4-U_1-U_2-U_2-U_3-U_4-U_5-U_6 \tag{3–2}$$

如果维持温室温度不变，则要求$\Delta E=0$，如式（3–3）所示。

$$Q_1+Q_2+Q_3+Q_4-U_1-U_2-U_2-U_3-U_4-U_5-U_6=0 \tag{3–3}$$

温室的加热系统供热量如式（3–4）所示。

$$Q=U_1+U_2+U_3+U_4+U_5+U_6-Q_1-Q_2-Q_3 \tag{3–4}$$

由上分析，得到了温室加热量的动态计算公式，它与温室内外的温差、温室的外表面积、温室围护结构的传热系数、温室的密闭性能、温室的冬季通风换气量等有关，还与温室覆盖材料的透光性能、太阳辐射强度等有关。

3. 温室设计采暖热负荷

在实际工程中，由于室外的温度、风速、风向、光照等都是在不断地变化的，所以热量的损失也是随时间变化的。对于供暖工程设计来讲，不是计算温室每一刻时间内需要补充的热量，而是选择一个最不利的条件，计算其需要补充的热量。如果温室满足了在这个条件下需要补充的热量，即可满足实际生产中其他绝大部分条件下温室的加温需要。

因此在供暖工程设计中，首先要确定一些设计条件（如采暖室外设计温度、室内设计温度、室外风速等），根据选定的设计条件计算得出的供热量，此热量被称为采暖设计热负荷。采暖设计热负荷是温室加温的主要参数，是温室采暖设计的基础。此数值也是设计时选择散热设备和供热设备的主要依据。显然这个数值如果过大，会使初始投资增加，造成浪费；如果过小，则不能满足使用要求，使生产有可能遭受严重损失。

实际工程中，由于室外环境最低温度一般出现于后半夜至凌晨，此时的供热量要求最大，因此温室设计一般用此刻的供热量作为采暖设计热负荷。本书以室外最低温度出现时段为基础，进行温室热平衡的分析。此时温室的传入热量几乎没有，因此只考虑传出热量即可。而热量传出的主要途径为围护结构热损失、冷风渗透损伤和地面传热损伤。

（二）温室采暖热负荷计算

1. 温室采暖的室内外设计温度

根据传热学原理，温室散热量的大小与室内外温差成正比，温差越大，散热量越多。因此，合理选择温室的采暖室内外设计温度，对于确定温室的合理供热负荷有至关重要的作用，是进行供热计算中首先要确定的参数。

（1）温室采暖的室内设计温度　温室采暖的室内设计温度是在采暖条件下温室内应该保证达到的最低温度。

温室采暖系统不同于民用建筑的舒适性采暖系统，是为了保证作物正常生产而配备的，属于生产工艺配置，必须满足生产工艺的要求。不同种类、不同生长阶段的植物，对环境温度都有不同的要求。室内设计温度需要根据温室内种植的作物品种来确定，可参照表3-1选取，也可咨询种植栽培专家或专业服务机构。如果没有特定种植品种的计划，采暖室内设计温度应该以喜温作物为设计对象。典型的喜温蔬菜，如黄瓜和番茄，其最低生长发育温度为12～16℃，有些品种可能要求温度为18℃，一般可将室内设计温度设定为15℃，比较适宜。花卉品种对温度的要求范围较宽，从10～22℃不等，一般应为15～18℃。

同时还应根据当地燃料价格、加热成本和作物产品市场情况和销售价格，经过经济效益核算来确定。此外，温室的使用目不同，室内设计温度的选取也不同。如育苗温室对于温度的要求可能高于生产温室。

表3-1　温室常见果菜的适宜温度范围　　单位：℃

种类	白天气温		夜间气温		100mm深土温		
	最高	适宜	适宜	最低	最高	适宜	最低
番茄	35	20～25	8～13	5	25	15～18	13
茄子	35	23～28	13～18	10	25	18～20	13
青椒	35	25～30	15～20	12	25	18～20	13
黄瓜	35	23～28	10～15	8	25	18～20	13
西瓜	35	23～28	13～18	10	25	18～20	13
甜瓜	35	25～30	18～23	15	25	18～20	13

注：《温室加热系统设计规范》（JB/T 10297—2014）。

（2）温室采暖的室外设计温度　任何地区的气象环境都是时刻变化的，但室外设计温度需要选择一个确定的数值。若取极端低值，会使供暖设备容量在多数时间内有节余，造成初投资的浪费；而简单地采用均值，又满足不了极端条件下的使用要求。

温室与普通民用建筑不同，普通建筑材料（砖、钢筋混凝土等）的热惰性比较大，在环境气温变化时，根据其热惰性不同，一般需要几个小时，才能将热量传到室内，且波动幅度也较小。民用建筑热工设计规程是按多年最低温度的平均值和极端最低温度的加权平均值来计算的，是根据建筑的热惰性指标来确定采暖室外设计温度的。一般计算按近30年气象资料统计确定，如果气象资料不足，至少也应有近10年的气象数据。

作为温室透光覆盖材料的玻璃、塑料薄膜或PC板等材料的热惰性都很小，保温能力较差，当室外温度发生变化时，室内温度跟随其波动响应的时间很短（如玻璃仅几分钟），基本没有滞后，温度波动幅度与室外温度变化相当。因此，温室的室外设计温度不能简单地按照民用建筑的方法确定，应充分研究当地多年气象数据，根据项目地实际情况结合经验方法进行确定。因在确定室内采暖设计温度时已考虑到一定的安全度，所以即使外界气温下降到极端最低温度时，室内温度也不致下降太大，况且极端最低温度的持续时间不会太长，因此不至于严重影响室内温度。

我国机械行业标准《温室加热系统设计规范》（JB/T 10297—2014）中建议采用近20年最冷日温度的平均值作为室外设计温度推荐值（表3-2）。

表3-2 室外设计温度推荐值 单位：℃

城市	推荐值	城市	推荐值	城市	推荐值	城市	推荐值	城市	推荐值
哈尔滨	−29	吉林	−29	沈阳	−21	锦州	−17	乌鲁木齐	−26
克拉玛依	−24	兰州	−23	银川	−18	西安	−8	北京	−12
石家庄	−12	天津	−11	济南	−10	连云港	−7	青岛	−9
徐州	−8	郑州	−7	洛阳	−8	太原	−14		

注：《温室加热系统设计规范》（JB/T 10297—2014）。

2. 通过维护结构传热计算

温室围护结构的传热量包括基本传热量和附加传热量两部分。基本传热量是通过温室各部分围护结构（屋面、墙体等）根据室内外空气的温度差从室内传向室外的热量。附加传热量是由于温室结构材料、风力、气象条件等的不同，对基本传热量的修正。

对于单一材料的围护结构，材料的传热系数K可直接从相关手册中查取。表3-3列出了温室围护常用透光覆盖材料传热系数。对于特殊温室透光覆盖材料，应咨询生产厂家。

表3-3 温室围护结构常用材料传热系数K 单位：W/（m^2·K）

材料名称	传热系数K	材料名称	传热系数K
单层玻璃	6.4	FRP瓦楞板	6.8
双层玻璃	4.0	双层中空PC板，16mm厚	3.3
单层塑料膜	6.8	三层中空PC板，16mm厚	3.1
双层充气塑料膜	4.0	双层中空PC板，10mm厚	3.7
单层玻璃上覆盖单层塑料膜	4.8	三层中空PC板，8mm厚	4.1
单层玻璃上覆盖双层塑料膜	3.4		

注：纤维增强复合材料，简称FRP。

3. 冷风渗透热损失

冬季，室外冷空气经常会通过镶嵌透光覆盖材料的缝隙、门窗缝隙，或由于开门、开窗进入室内。这部分冷空气从室外温度加热到室内温度所需的热量称为冷风渗透热损失。此数值主要与室内外空气交换率、温室内部体积及空气容重质量等特性有关。

4. 地面热损失

温室地面的传热情况与墙、屋面有很大区别。通过分析温室空气向土壤的传热温度场发现，加温期间温室地面温度稳定过接近室内空气温度，温室中部向土壤深层的传热量很小，只有在靠近温室外墙地面的局部传热较大，而且越靠近外墙，温度场变化越大，传热量也越多，这部分热量主要是通过温室外墙传向室外的。

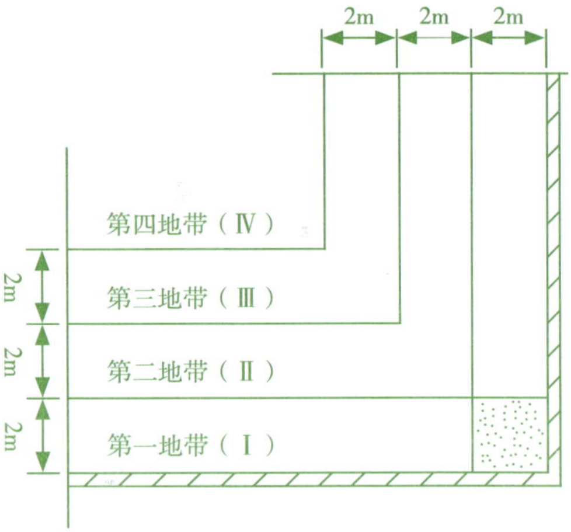

图3-11 室内地面传热面的划分

鉴于外界气温对地面各段传热影响不同，地面传热系数也各异。靠近外墙的地面，由于热流经过的路程较短，热阻小，传热系数就大，而距外墙较远的地方传热系数就小。根据实验知道，在距外墙内边面6m以内的地面，其传热量与距外墙的距离有较显著的关系，6m以外则几乎与距离无关。因此，在工程中一般采用近似计算，将距外墙内边面8m以内的地段分为每2m宽为一地带（图3-11）。在地面无保温层的条件下，各带的传热系数如表3-4所示。

表3-4 地面分段及假定传热系数 单位：W/（m^2·℃）

地面分段	Ⅰ	Ⅱ	Ⅲ	Ⅳ
距外墙内边面距离	0～2m区域	2～4m区域	4～6m区域	大于6m区域
假定传热系数	0.47	0.23	0.12	0.07

5. 温室采暖热负荷

温室采暖热负荷按式（3-5）计算：

$$Q=\alpha_1\alpha_2Q_1+Q_2+Q_3 \qquad (3\text{-}5)$$

式中 Q——温室采暖热负荷，W

α_1——结构附加系数

α_2——风力附加系数

Q_1——温室的基本传热量，W

Q_2——温室的冷风渗透热负荷，W

Q_3——温室的地面传热量，W

二、温室采暖系统与供暖形式

温室采暖就是选择适当的供热设备以满足温室采暖负荷要求的。在算得温室采暖负荷后，选择什么样的采暖方式是采暖设计中第二个需要解决的问题。采暖系统一般由热源、室内散热设备和热媒输送系统组成。目前，用于温室的采暖方式主要有热水采暖、蒸汽采暖、热风采暖、电热采暖和辐射采暖等。实际应用中应根据温室建设当地的气候特点、温室的采暖负荷、当地燃料的供应情况和投资与管理水平等因素经过综合考虑来选定。

1. 热水采暖

以热水为热媒的采暖系统，由提供热源的锅炉、热水输送管道、循环水泵、散热器以及各种控制和调节阀门等组成。该系统由于供热热媒的热惰性较大，温度调节可达到较高的稳定性和均匀性，与热风和蒸汽采暖相比，虽一次性投资较多，循环动力较大，但热损失较小，运行较为经济。一般冬季室外采暖设计温度在-10℃以下且加温时间超过3个月者，常采用热水采暖系统。我国北方地区大都采用热水采暖。对面积较大的温室群供暖，应采用热水供暖，这在我国长江流域有时也是经济的。

2. 蒸汽采暖

以蒸汽为热媒的采暖系统。其组成与热水采暖系统相近，但由于热媒为蒸汽，温度一般为100～110℃，要求输送热媒的管道和散热器必须耐高压、耐高温、耐腐蚀、密封性好。由于温度高、压力大，蒸汽采暖相比热水采暖系统，散热器面积小，采暖系统的一次性投资相对较低，但对管理的要求比热水采暖更严格。一般在有蒸汽资源的条件下或有大面积连片温室群供暖时，为了节约投资，才选用蒸汽采暖系统。

3. 热风采暖

热风采暖是通过热交换器将加热空气直接送入温室的加热方式。这种加热方式由于是强制加热空气，一般加温的热效率较高。热风采暖可以是热水或蒸汽通过换热器换热后由风机将热风吹入室内的，也可以是加热炉直接燃烧加热空气的，前者称为热风机，后者称为热风炉。

热风机有电热热风机、热水热风机、蒸汽热风机，根据加热热媒的不同而有区别。热风炉也有燃煤热风炉、燃油热风炉和燃气热风炉，根据燃烧的燃料不同而分类。输送热空气的方法有采用管道输送和不采用管道输送两种方式。前者在输送管道上开设均匀送风孔，室内气温比较均匀，输送管道的材料可以是塑料薄膜筒或帆布缝制的筒。输送管道的布置可以在空中，也可以在栽培床下，根据种植需要来确定。

热风采暖系统由于是热风干燥，温室内相对湿度较低，此外由于空气的热惰性较小，加温时室内温度上升速度较快。但在停止加温后，室内温度下降也比较快，易形成作物叶面积水的现象，加温效果不及热水或蒸汽采暖系统稳定。由于加温筒内的空气温度较高，在风筒出风口附近容易出现高温，影响作物生长，设计中应控制风筒出风口温度，减小对作物的伤害。

相比热水加温系统，热风加温运行费用较高，但其一次性投资小，安装简单。热风采暖系统主要使用在室外采暖设计温度较高（–10 ~ –5℃），冬季采暖时间短的地区，尤其适合于小面积单栋温室。在我国主要使用在长江流域以南地区。

4. 电热采暖

电热采暖是利用电流通过电阻大的导体将电能转变为热能进行空气或土壤加温的加温方式。加温设施主要为电加热线。温室中使用的电加热线有空气加热线和地热加热线两种。加热线的长度是采暖设计的主要参数。其值取决于采暖负荷的大小，由加温面积、加热线规格（材料、截面面积和电阻率大小）以及所用电源和电压等情况来确定。

采用电热采暖不受季节、地区限制，可根据种植作物的要求和天气条件控制加温的强度和加温时间，具有升温快、温度分布均匀且稳定、操作灵便等优点。缺点是耗电量大、运行费用高。电热采暖多用于育苗温室的基质加温和实验温室的空气加温等。

5. 辐射采暖

温室辐射采暖技术是利用辐射加热器释放的红外线直接对温室内空气、土壤和作物加热的方法。其加温原理就像白天太阳照射进温室一样，红外线在照射到所遇到的物体后光能转换为热能并使物体表面温度升高，进而通过对流和传导将物体及周围空气温度提高。辐射加温管可以是电加热的，也可以是燃烧天然气加热的。辐射源的温度可高达420 ~ 870℃。其优点是升温快（直接加热到作物和地面的表面）、效率高（不用加热整个温室空间）、设备运行费用低、温室内种植作物叶面不易结露，有利于病虫害的防治，对直接调节作物体温、光合作用及呼吸、蒸腾作用有明显效果。但设备要求较高，设计中必须详细计算辐射的均匀性，对反射罩及其特性材料要慎重选择。对单栋温室来说，侧墙辐射损失较大，使用不经济。目前，我国还没有专门的厂家生产温室专用的辐射采暖器。

三、热水采暖系统

1. 热媒的基本性质

在采暖工程中，热水采暖和蒸汽采暖都是以水（H_2O）作为采暖热媒的，只是水的状态不同。水在加热过程中，自身的温度会随着吸热量的增加不断提高，单位质量的水在很大的温度范围内，每升高1℃所需要的热量几乎是相等的，因此水作为输热载体在计量和计算方面都很方便。质量1kg的水吸收4.1868kJ/（kg · ℃）热量，温度升高1℃，反之质量1kg的水放出4.1868kJ/（kg · ℃）热量，温度降低1℃。

在采暖系统总热负荷确定的条件下，热媒循环量的大小取决于供、回水温度差。对同一设计热负荷而言，供、回水温度差越大，所需热媒循环量越小。从理论上讲，温差大时，循环量小，可以缩小热媒输送管路断面尺寸，减少维持系统循环所需的动力并可缩小水泵的容量。一般在实际工程中，由于受许多条件限制，不可能随意选择。在一般热水采暖系统中取供回水温度为95℃/70℃。如果采用余热、地热等热源，供回水温度应根据热源具体条件确定。

2. 采暖散热器

散热器是安装在温室中的散热设备，热水从锅炉通过管道输送到散热器中，散热器把热量以辐射和对流的方式传递给空气，以补偿温室的热损失，从而达到稳定室内温度的目的。

对散热器的基本要求有：①换热系数高，供暖时作物生长区内温度均匀适宜；②使用寿命长，经济性能好；③规格齐全，可方便地组成，所需的散热面积、占地面积小；④具有足够的机械强度，可承受一定的压力；⑤尽量减少遮光，不影响温室内种植作业。

选定合适的散热器形式后，要根据所需的热量算出所要安装的散热器数量。数量和散热器的形式、规格、安装方式、材质等均有关系。

3. 采暖系统的布置

（1）散热器的布置　温室供暖的目的是使温室维持在适宜的温度以满足作物的生长需要，因此散热器的安装要考虑能使温室内温度均匀，同时还要尽量避免遮挡太阳光照。为了达到这些要求，散热器常常布置在温室内柱间和温室四周。

圆翼散热器和光管散热器混合布置是温室采暖系统常见的做法。将圆翼散热器布置在沿温室开间方向的柱间和温室周边，而将光管散热器布置在室内种植作物的垄间和冠层顶部，且冠层顶部散热器应设计为活动式，可根据作物的生长高度调节安装高度，使散热器始终能最接近作物冠层，从而最大限度地发挥散热器的散热效率。布置在作物垄间的光管散热器还可以同时兼作室内作业车辆的交通轨道。

温室中散热器的布置，不宜按温室面积平均分配布置。从温室的散热情况分析，主要的散热部位为温室的屋面及四周围护结构，因此需要在温室的四周布置足够的散热器，以平衡四周围护结构的散热消耗，尤其是温室的西北面，如果考虑不当，容易造成温室西北部温度相对偏低的情况。我国大部分地区的冬季主导风向为西北风，在风力较大、超过室外平均设计风速时，围护结构散热量的风力附加部分和冷风渗透部分，应主要加在温室的西北侧，这一点应该在散热器布置上加以注意。

室内种植作物农艺比较复杂，要求室内空间空旷的温室，加温系统采用的光管散热器可悬挂在空中。空中加热管道可兼作温室灌溉系统、光照系统以及作物或花盆悬挂的支撑结构。但空中加热系统会使大量热量集聚在温室上部，不利于提高温室的加热效率，此外，加热管在温室中会造成阴影，影响作物的采光。

光管散热器除了布置在室内加热空气外，还可以布置在地下加热地面上，起到直接加热作物根部、提高作物根区温度的作用。值得提出的是采用地面加热后散热器的传热系数将有别于加热空气的传热系数。

（2）加温供水系统的布置　要保证温室加温的均匀性，除要求均匀布置散热器外，对供热热水的流向也必须作出相应的考虑。因为随着热水在散热器内的流动，管道内热水的温度在不断下降，实际的传热温差也在不断下降，散热器传热系数也在下降，结果会使其实际散热量减少。如果水力组织不合理，将使温室进水口处温度偏高，而出水口处温度偏低。为此在供热设计上，应该尽量考虑热水的循环布置，即一供一回，从而减少由于供水温度的沿程变化，而造成温室温度的失衡。如果由于条件限制不能做到循环布置时，应该由温室的北侧向南侧、西侧向东侧或双侧向中间安排供水方向。

温室采暖散热器双排或多排布置时，光管散热器的间距应该大于200mm，圆翼散热器间距应该大于25mm，为减少散热器间的互相影响，应该将供水管道布置在上方，回水管道布置在下方，形成上供下回的形式，从而减小供热动力的消耗。

（3）融雪管布置　在冬季降雪量较大的北方地区，为了减小雪荷载对温室主体结构的压力、不影响室内作物采光，温室一般要单独设计融雪系统。融雪系统常采用光管散热器，沿温室天沟方向布置在紧贴天沟的位置。融雪管一般根据经验设计：降雪量较小的地区，每个天沟下设单根化雪管，布置在天沟正下方；降雪量较大的地区，多采用双根化雪管，布置在天沟的两侧。

融雪管供热系统要求与温室采暖系统在供暖首部分开处理，且融雪管的供热量也不得计入温室的采暖负荷。对融雪管供热控制常采用手动控制，对有室外降雪传感器的温室也可采用自动控制。融雪管的供热负荷应按其实际长度另行计算，并考虑在温室锅炉设计的热负荷中。温室融雪系统也有采用电加热系统的，采用特制的电热线布置在天沟外，在下雪时进行加热。

四、自动控制热量循环

温室供暖首部由三通/四通混合阀及执行器、循环泵、蝶阀、温度传感器等组成。可根据室内设定温度阈值调节阀门，从而调节供回水流量，达到温度控制的目的。例如，室外温度为5℃，室内设计温度为15℃，当室内温度低于15℃时，供水主管道的热水可通过四通阀进入温室内部循环系统进行供热循环；当室内温度达到15℃以后，供水主管道的热水一部分进入温室内部循环系统，一部分直接回到主管道内不参与该温室内部的热量循环。而温室内的回水一部分进入回水主管道，剩下的部分继续进入温室内部循环系统与主管道来的热水混流后再次循环。这样就减少了对该温室的供热量，实现了热量的节约。该系统与环境智能控制系统相连，即可实现对每个气候控制区内的供暖温度进行自动节能控制和实时调整。

五、温室保温设计

简述温室围护结构及覆盖材料的传热特性，温室保温系统具有结构密闭性，包括内保温系统、侧卷膜保温系统等。

1. 内保温系统

由于单层玻璃散热量较大，温室内需设置内保温系统，且在系统间通过密封网兜进行密封。这样可有效地阻止热量散失，最大程度地降低运行成本。

冬季夜间，内遮阳保温幕可以有效地阻止红外线外逸，减少地面辐射热流失，减少加热能源消耗，大大降低温室运行成本。同时，该系统开起时，可减少种苗及基质水分的蒸发，减少微喷用水量，间接达到节水效果，为生产者获取较高经济效益。

图3-12 侧卷膜系统

2. 侧卷膜系统

四周侧卷膜系统可以用于强日照辐射下的立面遮光和温室的夜间保温。侧卷驱动系统选用电动卷膜器，侧卷幕帘选用JP-N-NBW1-0.2型侧卷保温幕帘，材料传热系数为2.099，节能率为72.02%，具有极佳的保温性能，可有效降低温室冬季采暖负荷（图3-12）。

六、能源解决方案

温室是生产性建筑，对供暖系统的设计应该满足以下要求：首先供暖系统要有足够的供热能力，能够在室外设计温度下保持室内所需要的温度，保证温室内作物的正常生长；其次是采暖系统的一次性投入和日常运行费用要经济合理，以保证正常生产能够盈利；三是要求温室内温度均匀，散热设备遮阳少，占用空间小，设备运行安全可靠。温室是一种高速发展的产业。到目前为止，人们已经开发了各种技术方法去创造适宜作物生长的最佳温度环境。现代温室的经营者拥有比以前任何时候都更多的加热方式选择。以下将介绍几种新的热源解决方案，如地源热泵、深层地热、热电联产等。

（一）地源热泵

地源热泵系统是以大地为热源，通过地下的埋管换热系统与大地进行热量交换的空调系统，主要由室外地能换热系统、水源热泵机组系统和室内采暖空调末端系统三大部分组成。由于地热源温度较为恒定，常年维持在18℃左右，可在夏季提供相对较高的冷凝温度和在冬季提供相对较高的蒸发温度。在此过程中，热泵主机消耗1份能量单元，能够得到3～5份的能量单元，其能耗比系数可达3.5～5.0，对于温室，达到同样的适宜温度所需要的能量，锅炉供热只能将90%以上的电能或70%～90%的燃料内能转化为热量以供温室使用。因此，地源热泵系统要比电锅炉节省2/3以上的能耗，比燃料锅炉节省1/2以上的能耗。此外，地源热泵系统中的换热系统一般在地下运行，减小了对地面空气的热及噪声的污染，同时它不向外界排放任何废气废水和废渣，因此地源热泵系统是一种理想的绿色技术，符合当前可持续发展的要求，也是近年来世界范围内发展迅速和研究较为广泛的一项可再生能源空调工艺之一。

设施农业中，无论采用玻璃日光温室、简易塑料大棚，还是连栋塑料温室，冬季增温是基本的要求。采用有采暖设备的温室大棚，工厂化设施农业可生产出附加值高的农业产品。目前，地源热泵在生态餐厅、温室景观园艺、温室热带植物、花卉温室、水产养殖育苗、植物工厂等方面有了应用。

该系统在温室建筑中的工作原理是通过消耗部分电能或其他高品位能源驱动热泵机组运行的。冬季，该系统吸收土壤或水中的低品位能源，保证室内采暖；夏季，该系统把室内的热量取出来，释放到土壤中，达到制冷的目的。地下水地源热泵系统主要包括三个循环：地下抽水、回灌水循环；热泵机组工作循环（制冷剂工作循环）；水环系统与温室中风机盘管末端组成的循环。其工作流程（图3-13）：抽水泵开启，将地下水抽出并输送至热泵机组中的换热器（冬季为蒸发器，夏季为冷凝器）。热泵机组通过工质的作用，把换热器从地下水中提取的热（冷）量输送至另一端的换热器中（夏季为蒸发器，冬季为冷凝器），再通过水环系统把热泵机组释放的热（冷）量传输给安装在温室中的风机盘管末端（末端冬季供暖，夏季制冷）。地表水源地源热泵以及浅层土壤地源热泵系统的工作原理均与地下水地源热泵系统类似。

近些年，国家对设施农业和可再生能源等方面不断提高重视，地源热泵这项技术也将引起政府更高层次的重视。温室作为高能耗领域，也在积极探讨地源热泵技术应用的可行性，其技术也日趋成熟。地源热泵作为一种环保的新型冷热源设备，具有加温制冷的双重功能，可应用于大型温室，替代燃煤锅炉进行冬季加温和夏季降温，符合国家产业政策和发展方向，虽然在初次建设费用方面，水、地源热泵系统供暖相对于传统的燃煤热水供暖还不具有优势，但其较低的运行费用和显著的节能减排效果以及不会对温室建设地区造成污染的优点，有较好的社会意义。目前，温室地源热泵系统供暖还处于起步阶段，但可以预计，经过优化热泵系统设计，合理配置和利用温室热泵系统，以及与其他新型热源技术进行尝试性结合，通过完善相关技术，对于不同温室结构特征、不同

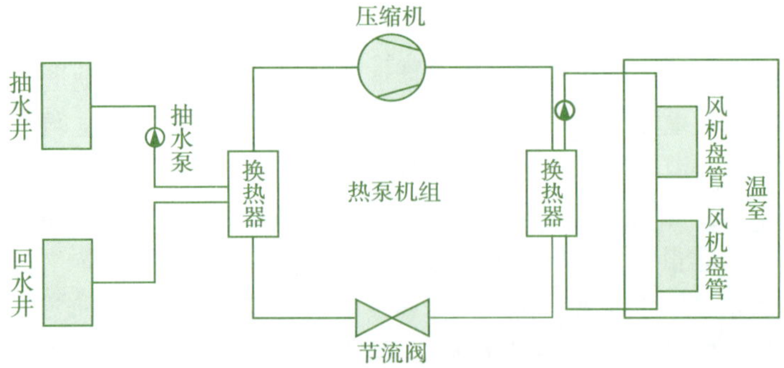

图3-13 温室地下水式地源热泵空调系统示意图

温室内环境，可减少初投资，降低运行能耗和费用。地源热泵将被广泛使用，使应用总量持续增长，其技术含量会不断提高，热源类型会不断增加，产业规模会持续扩大，市场价格也会逐渐降低，地源热泵为节能减排的贡献会不断增加，地源热泵技术在设施农业中的应用前景十分广阔。

（二）深层地热

深层地热即为地热能，包括水热型地热资源、干热岩型和地压型地热资源。目前，国内外设施农业主要利用水热型地热资源。水热型地热资源一般指距地表4000m以下，温度大于25℃的热水和蒸汽，可用于供暖、旅游疗养、种植养殖、发电和工业等方面。可用于设施农业的为25～90℃的低温地热，深层地热在我国目前多应用于华北地区和东北地区农业种植业和养殖业。

深层地热常见开发形式有热液体统、热干石系统、深层井下换热器系统。地热供热一般采用阶梯式综合利用，末端装置优先采用风机盘管、地板辐射散热等散热设备。地热资源因其在节约成本、保护环境、资源利用等方面的优势，可较好地应用于设施农业，以取得更高的收益。地热供暖具有可调温、出口水温稳定的特点，可通过换热器换热，随时准确、快速地调整温室温度，保证作物处于最适生长温度范围之内，此类加温系统尤其适合设施农业中的反季节作物生产中。

地热资源优势主要体现于以下几点。

（1）提高土壤温度，延长栽植时间，打破季节限制和作物因低温所引起的休眠，延长作物生长期，提高经济效益。

（2）充分利用地热资源，可促进突然团粒结构的形成，提高土壤肥力，有利于作物的生长发育。

（3）利用地热资源建设温室大棚，在温、湿度调控方面具有显著优越性，可解除一些作物的地域性栽培限制。

（4）调节温、湿度，可创造不利于病虫害生长的环境，抑制大多在低温下以孢子形式越冬的病原菌，增强了对病虫害的预防。

（三）热电联产

热电联产（CHP）是从同一燃料中产生热与电。CHP有很多形式，涉及诸多技术，但总体上都是基于发电与热回收的整合系统。目前可运用于设施农业的热电联产模式有天然气热电联产系统、太阳能热电联产系统和生物质热电联产系统。

1. 天然气热电联产系统

天然气热电联产系统是指以天然气为燃料，在为温室生产提供热量的同时，将剩余热量转化为电能的新型锅炉系统。目前，该加热系统在荷兰应用面积超过7000hm^2，其产生的电量占到荷兰全年电量消耗的10%以上。

天然气热电联产系统（图3-14）由锅炉、发电机、二氧化碳回收净化系统组成，工作模式为锅炉通过燃烧天然气产生热量，并带动发电机发电。产生的热量将冷水加热，产生的二氧化碳通过回收净化系统输入温室，产生的电量则通过专用设备并入国家电网。该系统白天工作，将热水储存（热水温度为94℃），在夜间温室需要加温时，再将热水输入温室管道网。与传统锅炉相比，该系统能源利用效率高，能源利用率可达到75%～90%，在我国温室建设中具有广阔推广前景。

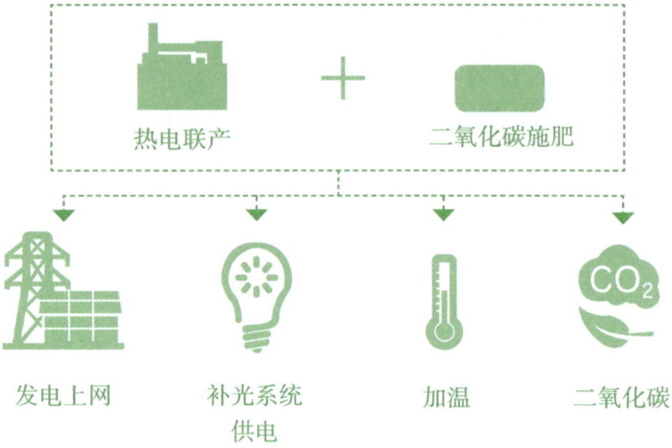

图3-14 天然气热电联产系统

2．太阳能热电联产系统

设施农业大棚及大棚间空余土地安装光伏电站，在发电的同时，可利用太阳能补光，诱虫杀虫，消毒灭菌，集热供暖，温水灌溉，进行立体化种植。

太阳能光伏低碳温室将太阳能应用与设施建造完美结合，是具有双重功效的创新型新能源生产工厂。它综合利用太阳能，实现了新能源热电联产，并实现了设施农业领域发展低碳经济、节能减排的目标。将设施农业与光伏发电系统相结合，在光伏发电总规模上不受限制，不额外占用土地，且能实现热电联产，其项目经济效益明显，前景广阔。

3．生物质热电联产系统

应用设施农业中生物反应堆工程技术的沼气池，大多是以秸秆为原料的，在生物菌剂作用下会发生腐化分解等一系列反应，生成作物生长所需要的热量、二氧化碳、酶、有机和无机养料等有益物质，可直接对现代温室进行加温和发电利用。加热方式除了沼气锅炉供热，还可用沼气灯，其燃烧产物可补充温室内的二氧化碳，光源可为作物补光，延长作物光合作用的时间。目前我国沼气发电主要应用于设施养殖。2007年，北京德青源农业科技股份有限公司健康养殖生态园2MW热电肥联产沼气工程投入运行；2008年，蒙牛乳业（集团）股份有限公司建成了全球最大的畜禽类沼气发电厂。这些发电项目不仅可满足设施生产自身电耗，多余电量还可并入国家电网，产生良好的效益。

（四）混合热源

除以上单独热源系统，一些地区还采用了改良混合热源系统，能在一些方面将不同的热源系统进行优势互补，取得更好的效益。

1．太阳能与空气能混合热源系统

系统通过太阳能加热系统及空气能加热系统对蓄热介质——水进行加热，加热后的水储存在太阳能加热回路和空气能加热回路共用的保温水箱中，之后由温室加热回路对温室进行加热。

2．地源热泵与湿帘风机混合热源系统

地源热泵系统与湿帘风机系统结合。在冬季，地源热泵系统较传统燃煤热水或者燃油燃气供暖运行费用降低30%以上，但在夏季节能和降温效果上均劣与湿帘风机系统。湿帘风机系统在耗水量和空气湿度上又有不可避免的缺陷，故可将二者结合使用，既降低了成本又解决了单一使用湿帘风机系统所导致的湿度过大的问题。湿度过大会造成病虫害并抑制蒸腾作用。

3．地源热泵与太阳能混合热源系统

地源热泵系统与太阳能加热系统的组合具有很好的互补性，太阳能加热系统的加入可弥补热负荷需求大的时候地源热泵系统制热量不足、效率低的缺陷。地源热泵系统的加入可以克服太阳能加热系统受天气影响严重的缺点，使运行更稳定。太阳能加热系统在天气情况好的季节供热量较大，但是需要热量较小；天气情况差的季节太阳能加热系统供热量较小，但是需热量较大。而地源热泵系统由于土壤温度常年稳定，其供需热量规律恰好相反。地源热泵系统因太阳能加热系统的加入，可以实现间歇运行，使土壤温度在日间得到一定程度的恢复，从而提高地源热泵系统的制热能效比（COP）。太阳能加热系统因地源热泵系统的加入，可使其在阴雨天及夜间仍能够在适宜的低温热源温度下运行，同时还可省去或减少蓄热水箱的容量或辅助热源的大小。

第三节 温室通风设计

一、温室通风换气的目的和要求

（一）温室通风换气的目的

1．排除多余的热量，抑制高温

温室采用透明覆盖材料，白天太阳辐射大量进入室内，在室外气温较高和太阳辐射强烈的春、夏、秋季，设施内气温可高于外部20℃以上，将会出现影响作物正常生长的过高气温。在完全不通风的情况下，设施内气温甚至可高达50℃以上。通风换气可有效引入设施外相对较低温度的空气，排除设施内多余热量，可防止温室中出现过高的气温。

2．引入室外新鲜空气，调控设施内的空气成分

温室设施内白天因作物光合作用吸收二氧化碳，可造成二氧化碳浓度降低。光合作用旺盛时，室内二氧化碳浓度有时会降低至不能满足作物光合作用的浓度以下。通风可以引入室外空气中的二氧化碳以补充其浓度。在北方冬季利用换气补充二氧化碳，会造

成温室大量热量损失，应考虑采用二氧化碳施肥措施。

此外，温室中可能会出现一些塑料制品及农药挥发和残留的有害气体，有害气体浓度超标也会造成对作物的伤害。通风换气可有效对环境空气进行调控，避免有害气体浓度过高。

3．排除设施内的水汽，降低空气湿度

植物的蒸腾作用受空气相对湿度的影响，正常的植物生长要求相对湿度在20%～80%。当温室处于完全密闭时，土壤水分的蒸发和植物的蒸腾作用，使室内湿度增加，夜间室内相对湿度甚至可达96%以上。温室内湿度过高会导致植株患病率增加。温室通风可以通过引入相对湿度较低的室外空气与室内空气交换，来降低温室内空气的相对湿度。

4．调节气流速度

气流速度影响作物生长的许多因素，如呼吸作用、蒸腾作用、叶面温度和二氧化碳浓度等。一般叶面周围空气速度为0.1～0.25m/s时能够促进叶面对二氧化碳的吸收，当气流速度达到0.5m/s时，二氧化碳的吸收速度将会降低，而当气流速度超过1.0m/s时，植物生长吸收二氧化碳将会受阻。

（二）温室通风换气的要求

根据农业设施通风换气的目的，其设计的基本要求是通风系统应能够提供足够的通风量，通风换气可有效调控室内气温、湿度和室内气体成分，从而满足设施内作物正常生长发育的要求。同时，农业设施通风换气的要求随作物的种类、生长发育阶段、地区和季节的不同以及一日内不同的时间、不同室外气候条件而异，因此要求通风量能够根据不同需要在一定范围内可有效、方便地进行调节。

二、温室通风基本原理与形式

按照通风系统工作动力的不同，可分为自然通风和机械通风两种形式。

1．自然通风

自然通风是借助温室内外温度差产生的热压，或者自然风力产生的风压促使空气流动的。自然通风系统投资低，不需要动力耗能，是一种非常经济的通风方式。大型连栋温室一般情况下会有自然通风和机械通风两套系统，在运营管理中往往先启用自然通风系统。但自然通风系统的通风能力有限，并且其效果会受温室地理位置、地势和室外气候条件等因素的影响。

2．机械通风

机械通风又称作强制通风，是依靠风机产生的风压促进空气流动的，其作用能力强，效果稳定，调节控制方便。通过控制风机和通风口或者送风管道组织设施内的气流，可以在空气进入温室前进行加温、降温以及除尘等处理。但风机等设备需要一定的投资和维修费用，运行需要消耗电能，成本相对较高。

三、自然通风

自然通风系统即温室开窗系统，是依靠室外风力造成的风压和温室内外空气温度差所造成的热压使空气流动的，从而达到室内外空气交换的目的。通风系统的设计原则如下所述。

（1）应设置足够的通风口面积以满足最大必要通风量的要求。

（2）进风口置于迎风面，出风口置于背风面，能获得最大的自然通风量。

（3）天窗和侧窗的中心高度差越大，热压与风压造成的自然通风效果越好。

（4）屋脊两侧天窗的启闭应分别控制，以适应不同的风向。

自然通风系统包括屋面开窗（天窗）和立面开窗（侧窗），一般二者结合能实现最佳的通风效果。

1. 屋面开窗（天窗）

屋面开窗（天窗）系统主要采用齿轮齿条驱动系统进行驱动，有排齿开窗和推杆开窗两大类。排齿开窗主要用于立面开窗和通长开窗，而推杆开窗主要用于屋面交错开窗和通长开窗。按驱动方式不同，推杆开窗又可进一步分为轨道式交错开窗、摆臂式交错开窗和轨道式双向蝶形开窗。轨道式交错开窗和摆臂式交错开窗的主要区别在于，前者的驱动齿轮、齿条安装于温室桁架弦杆上，而后者的驱动系统需要固定在两个天沟之间。当需要增大开窗面积时可以使用双向蝶形开窗或将轨道式交错开窗与摆臂式交错开窗相结合。

轨道式交错开窗如图3–15所示，轨道式交错开窗与摆臂式交错开窗组合的开窗形式如图3–16所示。

屋面全开窗（图3–17）能实现温室屋面的完全打开，可实现温室从完全人工环境向自然环境的快速转换。屋面全开窗开启面积可达80%～93%，能快速排除温室内的热空气和湿气，能在炎热潮湿的夏季获得理想的降温除湿效果。这种开窗方式能给作物提供完整的自然光照，使作物生长更加紧凑、植株更加强壮。

2. 立面开窗（侧窗）

立面开窗（侧窗）系统主要有湿帘外翻窗和立面侧旋窗两种方式，均由电机驱动。湿帘外翻窗（图3–18）的开窗形式较为常见，但是系统需要外翻窗立柱支撑，会占用一定的空间，开窗角度也受到限制。侧旋窗（图3–19）开窗系统由减速电机、齿轮齿条、

图3–15 轨道式交错开窗系统

图3–16 轨道式开窗加摆臂式开窗

图3–17 屋面全开窗

图3-18 温室立面湿帘外翻窗

图3-19 温室立面侧旋窗

滚轮组件、推杆组件、窗户铰链等组成。这种开窗方式的安装和使用既不影响温室内部空间也不用单独在温室外设置开窗立柱，同时还可实现90°全开启，使窗扇与墙面垂直可达到最大通风面积。

第四节 温室降温设计

一、遮阳降温

遮阳降温的主要原理是通过遮阳材料降低进入温室内的太阳辐射强度或者减少温室的太阳辐射时间。无论是通风降温还是蒸发降温，与遮阳降温系统配合使用都能获得更好的降温效果。遮阳降温的形式则包括幕帘系统、喷涂遮阳涂料和覆盖材料等。

1. 幕帘系统

用于遮阳降温的幕帘系统主要分为外遮阳和内遮阳。外遮阳系统（图3-20）安装在温室外部，可以通过调节光照强度来改善温室内的生态环境，能从根本上减少进入温室的太阳辐射热量和太阳光线，保护作物免受强光灼伤，遮阳降温效果最好。

内遮阳系统（图3-21）安装在温室内部，主要与外遮阳配合使用，防止强光灼伤作物，单独使用不能起到降温效果，但夜间可用于保温。冬季夜间，内遮阳保温幕可以有效地阻止红外线外逸，减少地面辐射热流失，减少加热能源的消耗，大大降低温室运行成本。同时，该系统开起时，可减少种苗及基质水分的蒸发，减少微喷用量，间接达到节水效果，使生产者获取较高经济效益。

从幕布的材质上分，常见的遮阳幕布主要有黑色针织遮阳幕、铝箔遮阳幕和黑白双面遮阳幕。

图3-20 外遮阳系统

图3-21 内遮阳系统

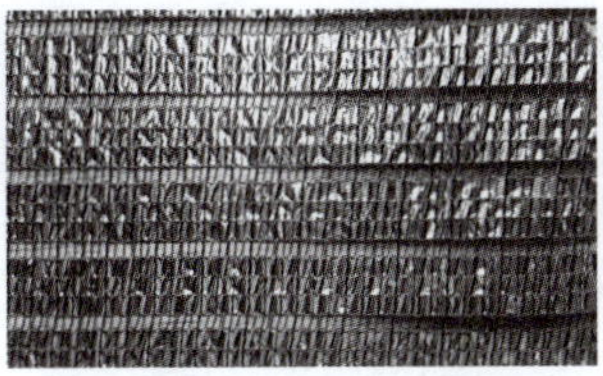
图3-22 铝箔遮阳幕

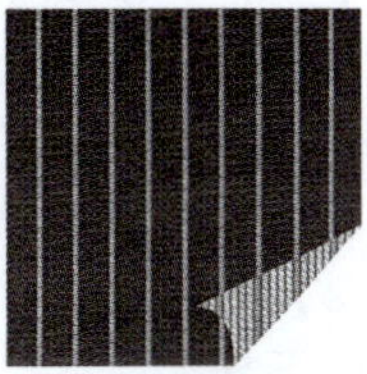
图3-23 黑白双面遮阳幕

黑色针织遮阳幕作为外遮阳幕布在我国被广泛采用。其具有经济、轻便耐用的特点，但其遮阳率不准确，强太阳辐射下遮阳降温效果欠佳。

铝箔遮阳幕（图3-22）是由编织线将铝箔条编结为开孔的结构，此结构可反射掉不需要的太阳辐射，可明显降低室内温度。由于铝箔具有较好的热辐射反射特性，该类型的遮阳幕更多地被用于内遮阳保温幕，兼具白天遮阳与夜间保温的双重功能。

黑白双面遮阳幕（图3-23）由编织线和上表面白色、下表面黑色的聚烯烃薄膜编织而成。用于外遮阳时，白色上表面可反射光照和热量，可有效降低进入温室的热辐射；黑色下表面可阻挡多余的光照，同时可透过部分有效光。该类型遮阳幕在太阳辐射强的广西玉林地区的连栋温室上使用，起到了很好的遮阳降温效果。

从幕布的安装方式上，内、外遮阳系统一般都采用A型齿轮齿条拉幕形式驱动，系统主要由遮阳幕、传动机构与动力装置、系统支撑件和其他固定件组成。

除了常见的托/压幕线系统外，还有仅需要一层幕线的折叠式外遮阳幕，即遮阳幕本身具有折叠性，安装时可利用挂钩将其挂在幕线下。这种安装方式使幕布具有更好的抗风性，且收拢体积小，整齐美观，适用于我国西北、沿海等易受大风影响且对外遮阳系统需求较大的地区。

内、外遮阳系统在为温室带来一定遮阳降温效果的同时也存在一些问题。首先，每一层幕帘系统都需要一套专门的驱动和控制系统。外遮阳系统还需要专门的外遮阳骨架，这不仅增加了建设成本和施工复杂程度，还削弱了温室的抗风性能。其次，为了保证降温效果，可能导致温室内光照强度已无法满足作物正常生长需求。因此，在高效栽培温室中，为了满足作物采光需求，可考虑不安装外遮阳系统，利用其他降温系统进行降温。

2. 喷涂遮阳涂料

作为幕帘系统的替代方案，在屋面甚至温室侧墙喷涂遮阳涂料可应对夏季高温季节的遮阳降温问题。有试验证明，涂料覆盖相比遮阳网覆盖更有助于改善中午强光下作物的光合作用。

在荷兰，喷涂遮阳涂料是夏季普遍采用的一种降温方式。涂料形态有液态和粉剂，部分性能也不尽相同。有的产品可随时间均匀消退，有的具有一定的抗风化性能；有的产品仅起到遮光作用，有的不仅能反射热辐射，还能提供散射光。

遮阳降温涂料一般在夏季高温季节来临前喷涂，遮阳率可通过配比不同的施用浓度来灵活调整，预期寿命从1～6个月不等。遮光季节结束后再用专门的清洗剂清洗或待其自然消退。荷兰的连栋温室由于没有外遮阳系统，连片规模也较大，常用屋面清洗车或无人机进行大面积喷涂。清洗时使用屋面清洗车进行清洗。

我国的连栋温室普遍配置有外遮阳系统，因此该类遮阳涂料在我国的应用目前还多限于日光温室和单栋拱棚，仅有一些花卉生产连栋温室在应用。喷涂方法为手动或自动喷雾机喷雾为主。

3. 覆盖材料

连栋温室的覆盖材料主要有薄膜、PC板和玻璃，大多都不具备遮阳降温功能。但是目前市场上也出现了一些新产品。

如沙伯基础创新塑料PC板材系列产品中有一种隔热板，它在没有抗紫外线（UV）涂层的一面有特殊的隔热涂层，可选择性地阻挡红外光波长，而对可见光保持较高的透过率。由于太阳辐射的热量主要集中在红外线谱带，因此能产生隔热效果。

此外，美国V-Kool公司推出的V-Kool70无色玻璃贴膜也应用类似的原理。贴在温室玻璃上不会影响玻璃的清晰度，在不影响可见光进入温室的前提下，将太阳能和紫外线辐射阻挡在外，从而起到降温效果。这种贴膜的使用寿命长达20年。

以上两种新的覆盖材料均能在不影响温室光照强度的情况下降低室内温度，且不需要额外增加任何系统，安装完成后也不需要再进行任何操作，可以说是连栋温室夏季降温的最佳选择。但是由于这些新材料生产成本较高、目前还未被市场接受，降温效果尚未经实践检验。同时，其对热辐射的阻隔性能可能会对温室冬季生产带来一些不利影响。

二、蒸发降温

蒸发降温是现代温室夏季生产环境调控中应用最为广泛和有效的降温技术之一。蒸发降温系统主要包括湿帘-风机降温系统、高压喷雾降温系统和屋顶喷淋降温系统。

蒸发降温的降温效果与空气的干燥程度有关，即与空气的湿球温度与干球温度之差有关。空气的干湿球温度不仅会随地理位置和季节变化，而且一天之中也发生改变。尽管一天之中干球温度的变化可能高达14℃，但湿球温度的变化幅度大约只有干球的1/3。因此，在高湿地区的中午时分，蒸发系统仍然能够降温，这也正是温室所需要的。

为了提高南方高温高湿地区蒸发降温的效果，可采取除湿降温系统处理，再经湿帘-风机降温系统来获得更大的降温幅度。除湿的方法从原理上分为升温除湿、通风除湿、冷凝除湿、溶液除湿、固体除湿和干式除湿。其中，除湿量较大、适用于降温除湿的主要有冷凝除湿和溶液除湿。

冷凝除湿的原理主要用于家用和工业用除湿机，由风扇将潮湿空气抽入机内，通过热交换器，可将空气中的水分冷凝为水珠，干燥的空气排出机外，如此循环可使室内湿度降低。这种方式的设备初期投入和运行费用较高，难以在大面积温室生产中推广。

赵纯清等提出了一种加装在湿帘进风前端的除湿降温系统，利用45%的氯化钙溶液作为除湿剂，可将空气相对湿度从80%降低到50%左右，该系统比湿帘风机系统降温幅度提高3℃左右。但除湿剂需要热源进行再生处理，系统日常运行管理要求较高，目前还未在实际生产中推广。

（一）湿帘-风机降温系统

湿帘-风机降温系统具有结构简单、成本低廉、能耗低、制冷量大、运行可靠等优点。设备费仅为空调的1/7，运行费仅为空调的1/10。湿帘风机系统以其经济节能和环保性能在我国农业生产温室中被大量采用，按其工作方式不同可分为负压通风降温与正压通风降温两种。

负压通风降温即将风机和湿帘分别安装在温室相对的两面墙上（图3-24、图3-25），工作时风机将温室内的空气抽出，形成负压区，迫使外部空气从湿帘面进入，流经多孔湿润的湿帘表面，经过水分蒸发吸热，使进入温室内的空气温度降低。这种方式对温室密封性要求较高，且系统运行时在气流方向上会形成温度梯度。湿帘面和风机面之间的距离有一定限制。

正压通风降温的常用设备为湿帘冷风机，一般多用于畜禽舍的降温。风机运行时，冷风机腔内产生负压，机外空气可通过机体上的三个湿帘面进入腔内，经降温后的冷风从出风口吹出送入室内，驱赶室内的热空气，使其从门窗等通风口排出室外，从而降低室内温度。由于风机、湿帘组合在一个机体中，使用安装比较灵活，用于小区域或局部区域的降温，可获得良好的降温效果。由于该形式在设施种植中不常用，因此在本书中将不再讨论。

湿帘采用特种高分子材料与木浆纤维分子间双重空间关联，并用高耐水、耐候性材料胶结而成，降温效率高、使用寿命长、阻力损失小。它既保证了足够的湿度、高耐水性能，又具有较大的蒸发比表面积和较低的过流阻力损失。

湿帘只安装在特制的铝合金或塑料框架中。湿帘尺寸的选择应使湿帘系统达到最好的效果。一般来说，10cm厚的纤维纸质湿帘，在通过湿帘的空气速度为1.2～1.3m/s时运行效果最好。15cm厚的纸质湿帘则要求空气速度为2m/s。

图3-24 温室风机面

图3-25 温室湿帘面

对于设计良好的蒸发降温系统，通过湿帘后的空气干球温度应该大约可以降低至原来湿球温度的85%。空气从湿帘面出来后运行至风机出风口处，温度大约上升4℃。

湿帘应尽可能采用连续进风口，并且进风口尺寸越大越好。进风口尺寸过小会增加静压，从而大大降低风机效率，增加耗电量。

由于利用蒸发降温的原理，湿帘-风机降温系统只能将温室内的干球温度降低至略高于室外湿球温度1～2℃的水平。而在实际运行中，受空气流速、湿帘换热效率等因素影响，湿帘的蒸发降温效率一般在60%～80%。这一特性就决定了该系统在我国北方干燥气候环境下降温效果显著，而在南方高温高湿环境下降温效果略显不足。湿帘-风机降温系统在北方地区的有效降温距离一般为48m；在南方地区根据实际温湿度情况，降温距离会有所变化。同济大学的赵成在上海地区的实验研究表明，室外气温每升高1℃，有效降温区域长度将减少7.8m；相对湿度每升高1%，温室有效降温区域可缩短1m。但在高温高湿条件下，湿帘-风机降温系统至少能提供25m左右的有效降温区域。

湿帘-风机降温系统维护：为使风机工作效率最高，用电量最少，需对风机进行维护。传动皮带要张紧，避免打滑。风机上传动装置打滑不仅会减少风机的输出风量，还会增加电机耗电量（可使用自动张紧装置）。另外，要确保运行时温室其他部位的开口关闭，这样才能使湿帘达到最高效率。由于温室其他部位漏风而使室外空气不经湿帘进入，可能会使温室内温度比设定的温度高2～6℃。要确保湿帘给水系统正常工作，所有的湿帘都应保持湿润，还要使用化学药剂控制湿帘上藻类的滋生。冬季应保证湿帘保温窗和风机百叶窗关闭严密，以防止冷空气侵入温室，减少热损失。

（二）高压喷雾降温系统

高压喷雾降温系统的原理与湿帘-风机降温系统相同，不同的是用于降温的水的效率。对湿帘-风机降温系统而言，水浸润在湿帘上，降温作用会全部集中在湿帘的一个位置，水的利用率可以达到85%左右。高压喷雾降温系统的水蒸气通过温室均匀布置的喷雾管线可分布到整个温室。由于水雾的迅速蒸发，高压喷雾降温系统的水利用率可以达到100%。在设施园艺技术较为发达的日本，其推广面积约是湿帘-风机降温系统的5倍。

在高压喷雾降温系统中，水经过滤系统后进入高压泵，在高压（4MPa以上）下通过管路流过孔径非常小的喷嘴（直径为15μm）形成直径为20μm以下的微细雾滴。雾滴弥漫整个温室与空气混合，利用水的蒸发潜热，大量吸收空气中的热量，从而达到降温目的。

典型的湿帘-风机降温系统，风机面和湿帘面的温差可达4～6℃。采用高压雾喷降温系统的温室内其空气温差只有0.6℃。高压雾喷降温系统可安装在任何形式的温室中，如自然通风或机械通风温室、遮阳室或网室中。

但是高压雾喷降温系统需要非常高的压力泵和孔径极细的喷嘴，因此对水质要求高、系统正确维护也非常重要。高压雾喷降温系统的设计与采用需要考虑环境气候条件、温室结构、通风方式、作物种类、期望的降温幅度和作物需求的湿度水平等。确定了降温目标后，可以用焓湿图来确定降温的需水量。需水量除以喷嘴流量即可确定温室需要安装喷头的数量。

高压喷雾降温系统的喷嘴一般均布于温室上部，能够形成空间上比较均一的温、湿度分布。系统理论上最大降温极限为室内湿球温度，与通风系统配合能够降低室温3～8℃。

但该系统需要配置高压雾化喷头和管网，对水质和过滤系统、喷嘴、加压设备要求较高。若造成温室内部湿度过高，作物易受病菌感染。

（三）屋顶喷淋降温系统

屋顶喷淋降温系统一般用于北方灰尘较大及南方潮湿地区玻璃连栋温室屋面的清洗。借助该套系统还可以在夏季高温时期，通过屋顶喷水蒸发实现降温目的。不同于其他蒸发降温系统，屋顶喷淋降温系统不会造成温室内部湿度的增加，只能降低温室顶部的空气温度。有试验研究表明，采用自然通风并结合外遮阳、室外屋顶喷淋措施可明显降低室内温度，最大温差为4.4℃，且不会造成温室内湿度的显著增加。

目前常用的给水管材在长时间紫外线和高温条件下老化程度加快，系统运行一年两后就容易出现问题。成为制约屋顶喷淋系统的最大限制因素。

三、新能源空调系统

为形成规模化效应，用于作物高效栽培的连栋温室都要求有一定的体量，以提高灌溉系统利用率和土地利用率，便于机械化操作和自动化管理，从而提高单位面积产量。而我国普遍采用的湿帘-风机降温系统，由于其具有有效降温距离的限制，在大型化连栋温室中不再适用。

目前，荷兰的连栋温室大量采用类似于空调系统的空气处理单元（ATU）及配套冷源来解决这一问题。空气处理单元包括制冷模块、加热模块、变频控制风扇、进风口、出风口和风管。为了降低温室的运行成本，在冷源的选用上引入了地源热泵技术、含水层储能技术、回灌技术等新能源技术。由于我国独特的气候条件，温室运行的能源消耗比欧洲或日本要高出1/2～3/4，因此对新能源技术的需求更为迫切。地源热泵、含水层储能和热电联产等技术的综合使用，可大大提高一次能源的利用效率，降低温室运行成本和温室气体排放，改善温室内环境，提高产品品质和产量。

（一）地源热泵

地源热泵技术是利用浅层土壤（200m以内）或地下水作为空调热源或冷源，通过输入少量高品位能源（如电能）来实现低品位能源向高品位能源的转移。冬季，热泵将土壤或水源中的热量送入至温室内；夏季，温室内的热量被热泵转移到土壤或水中，以实现夏季降温，而地下获得的能量将在冬季得到利用，如此周而复始。

地源热泵技术能源利用率高，排放低，且具有加温制冷双重功能，已被广泛用于各种建筑物的制冷供暖系统中。在温室生产中地源热泵技术也有了一些探索性的应用。马承伟等使用地源热泵技术对日光温室冬季加温，试验数据显示地源热泵加温系统COP最低为3.36，最高为7.52，平均为5.83。棚内气温和浅层地温均有明显提高，可满足严寒冬季蔬菜生产的温度要求。北京市西三旗生态温室餐厅、宽沟温室餐厅均已采用地源热泵空调系统。北京国际鲜花港采用的也是地源热泵辅助天然气供暖系统。

总体来看，由于地源热泵空调系统初期设备投入成本较高，目前应用较少。如能针对温室特点，优化设计，完善相关技术，减少初期投资，地源热空调系统在温室生产中的应用前景将更加广阔。

（二）含水层储能

含水层储能（ATES）技术是利用地下水在含水层中流速慢和水温变化小的特点，用管井回灌的方法，将大气环境中冬季的"冷"和夏季的"热"季节性地储存在地下含水层中，需要时再抽取使用，实现冬季供热和夏季供冷的技术（图3–26）。这项可再生能源新技术可比常规地源热泵节能20%～30%，具有能效高、环保性能好、一机多用等特点。

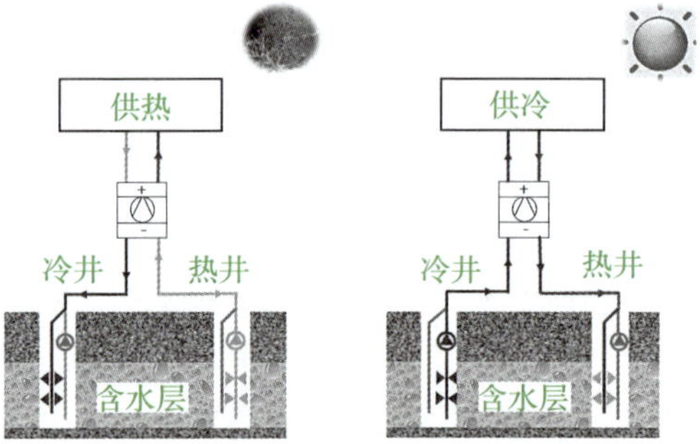

图3–26　含水层储能技术原理

含水层储能技术可广泛应用于工艺冷却、办公楼及大型建筑、热电厂等能源需求量较大的领域，可降低生产成本和维护费用。荷兰已有2000多个地下含水层储能系统在运行，第一个项目至今已有20年历史。我国在20世纪60年代曾大规模的应用含水层储能技术来解决上海地区纺织厂的供冷问题，后来该技术推广到全国十多个城市，但由于国家水资源政策的调整和技术本身的局限性，从20世纪90年代开始，这项技术的应用又逐渐萎缩。

2014年1月正式运营的国家设施农业工程技术研究中心崇明农业示范基地的空调系统采用了原装进口的荷兰含水层储能系统和水蓄冷技术，并将这一技术成功地应用到了温室生产当中。实现了地下水100%对井回灌，含水层储能（ATES）系统节能率达到80%。这一案例无疑为该技术在我国温室行业的应用推广打开了一扇大门。

四、半封闭温室

半封闭温室是指可以减少自然通风的温室，主要利用温室能源系统进行室内气候环境的调节（图3–27）。与传统温室相比，半封闭温室可以更精确地控制温度、湿度和二氧化碳浓度，可以同时实现冬季加温和夏季降温。

图3-27 半封闭温室

半封闭温室能源系统包括地下水源（热水井和冷水井，配对使用）、地下水换热系统（高效板式换热器）、热泵机组、末端系统［温室内通风管道和空气处理单元（ATU）］和储能系统（储热罐和储冷罐，配对使用）。通过采用“冬灌夏用”和“夏灌冬用”配对使用的长季节地下含水层储能技术、缓冲罐短期储能技术，并通过地源热泵将低品位能源提升为高品位能源加以利用，从而大大减少化石能源的使用和温室气体的排放，改善了温室内的环境。

半封闭温室的主要技术特点如下所述。

（1）温室内部保持20Pa左右的正压，由于温室内压力高于温室外，这有利于阻挡外部病虫害进入温室。

（2）采用栽培槽下通风管道送风，可实现温室内部环境条件的高均匀性，解决了湿帘风机负压降温系统在温室内形成的温度梯度问题，打破了开间方向长度限制。

（3）常规Venlo型温室的自然通风率要求在20%～30%才能实现降温效果，而半封闭温室的自然通风率在10%左右即可满足要求，从而减少屋面开窗系统。

（4）温室内环境相对封闭，提高了二氧化碳和热能的利用率，新能源系统的使用更加提高了温室的节能环保性。

如果温室建设地没有使用地下水源及热泵机组的条件，可以利用湿帘-风机正压通风降温系统实现类似功能。即将经过湿帘降温的外部新鲜空气通过栽培槽底部通风管道以正压送风的形式将新鲜空气送入温室内，并优先对作物根区进行降温。解决了传统湿帘-风机负压降温系统在气流方向上存在温度梯度的问题。由于该系统采用的是优先保证根区降温的局部降温方式，因此在极端高温气候条件下也能保障作物的正常生长。结合环境控制系统和温室内循环系统及混风系统的设计可使系统低负荷甚至间断运行，在保证降温效果的同时，可有效降低运行能耗。

五、讨论

不同的降温技术受降温原理限制，均有一定的局限性，单纯的采用某种降温方式很难达到理想的降温效果和温室运行的各方面需求。降温技术的采用需要根据地区气候条件、种植作物类型和温室系统性能等因素综合考虑。

首先，根据不同地区的气候资源，选择适用的降温技术对于保障温室生产的正常运行、降低建设和运行成本有着重要意义。我国西北及东北大部分地区夏季日平均温度不高，高温天气持续时间较短，夏季降温以自然通风为主，辅以高压喷雾、屋顶喷淋和环流风机降温。华北、黄淮、江汉、江淮、江南及华南部分地区夏季需降温日数在80d左右，最高温度较高，夏季高温时段降温需开启幕帘系统配合湿帘-风机降温系统、空气内循环系统等。而华南的广东和广西部分地区及海南地区日平均温度高，高温天气持续时间长，空气湿度大，是降温难度最大的地区，夏季降温采取通风、蒸发、遮阳等手段都难以取得理想的降温效果，建议配备新能源空调系统或除湿设备。

其次，根据温室用途和作物的生长特性制定合理的降温策略也是必要的。如育苗温室、实验温室等对温度调控的要求较高，因此需配套较完善的降温系统，以便灵活组合使用，以达到预期降温效果。高效栽培温室，由于作物自身的蒸腾降温，温室降温需求相对较小，可根据当地气候条件和种植作物对高温的耐受性选择部分降温手段，以尽量降低温室的建设和运行成本。由于夏季蔬菜价格偏低，设施生产没有市场竞争优势，因此可以考虑在夏季高温月份安排换茬、休棚和消毒，省去强制降温的运行成本。

第五节
温室光照调控

光照作为生长的基本条件，是植物进行光合作用等基本生理活动的能量源，也是花芽分化、开花结构等形态建成和控制生长过程的信息源，因此光照是园艺设施中极其重要的环境因素。

温室内的光照环境要素包括光照强度、光周期、光谱分布等。在自然光照下，光照状况随着温室所在的地理温室、季节、时间、气候、温室结构形式、覆盖材料透光性等因素的变化而变化。当自然光照环境的某要素不能满足作物生长发育要求时，需要进行人工调控。

1. 光质对植物的影响

（1）植物光合有效辐射　绿色植物对辐射具有选择性的吸收特性。一般在300～400nm与670～680nm两处呈吸收高峰，对550nm一段吸收率较低。另外，对700～2500nm的一段近红外线，由于植物避免高温的保护性反应几乎不吸收，而对大于2500nm的远红外辐射，其吸收率又很高。

（2）植物对光谱的不同需求　光质对植物生长发育有很重要的影响，尤其是400～500nm的蓝紫光和600～700nm的红橙光。光质影响植物生长中的干物质积累，同时对光合作用产物也产生直接影响：红光，有利于碳水化合物的合成；蓝光，有利于蛋白质的合成，对植物叶片和根茎生长极其重要；青紫光，抑制作物伸长可形成矮小形态，并促进花青素和叶绿素的形成；紫外光，抑制作物徒长，促进果实成熟，提高蛋白质和维生素的含量，同时促进花果着色。

2．光强度对植物的影响

植物光合作用在对光强度的要求上有两个关键节点，光补偿点和光饱和点。光合作用产生的物质正好抵偿呼吸作用的消耗，植物吸收的二氧化碳与放出的二氧化碳相等，这时的光强度量值称为光补偿点。光合作用随光强增加而增加，当光强达到一定数值时，净光合作用达到最大值不再增加，这时的光强量值称为光饱和点。常见温室蔬菜所需的光照条件如表3–5所示。

表3–5　常见温室蔬菜的光照条件数据表

蔬菜种类	光照时长/h	光照强度饱和点/klx	光照补偿点/klx
黄瓜	—	60	1.5
茄子	强光照9～12	40	2
青椒	好光作物，对光照要求不严格	30	1.5
番茄	喜光11～13	70，一般在30～35以上	>4

常用的光照单位有以下两种。

光合有效辐射电子流量（PPF PAR）：太阳辐射中对植物光合作用有效的光谱成分称为光合有效辐射，波长范围为380～710nm，该波长范围内的量子流密度作为评价光辐射的物理量，单位为μmol/（m^2·s），可通过光合有效辐射传感器测量。

光照强度（*E*v）：指单位面积上所接受的可见光的光通量，单位为lx，可通过照度计测量。

一、自然光照调控

（一）温室方位、结构与形式

温室的方位、结构与形式影响室外光照的透过率和光照在温室内的空间分布情况，尤其对直接辐射影响较大，对散射辐射影响较小。

1．屋面倾角对温室透光的影响

温室屋面倾角的大小主要影响光线的入射角，从而影响透光率（图3–28）。以东西向温室为例，东西向温室南坡屋面正午时日光入射角，如式（3–6）所示。

$$\theta = 90° - \beta - \alpha \quad (3\text{–}6)$$

为保证具有较高的透光率，要求$\theta=90°-\beta-\alpha\leqslant 40°$，则有式（3–7）：

$$\beta \geqslant 50° - \alpha \quad (3\text{–}7)$$

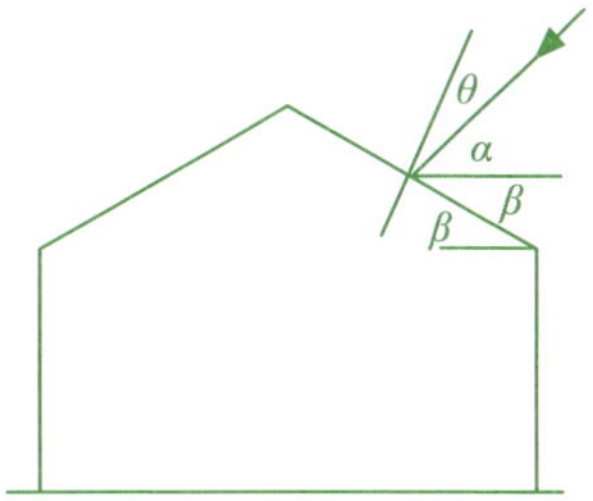

图3–28　东西向温室正午时刻屋面日光入射图

（冬至日正午太阳高度角$=90°-L-23.5°=66.5°-L$。L为当地地理纬度。）

北京地区（北纬40°），冬季正午太阳高度角为26.5°，为满足上述要求的屋面倾角$\beta \geqslant 23.5°$。为保证冬季每日都有一定时间段透光率较高，则屋面倾角还需加大，理想的情况应为$\beta \geqslant 30°$。一般东西向温室直接辐射，平均透过率会随着屋顶倾角的增大而增大，然而温室内散射辐射透过率会随屋面倾角的增大而减小，但变化幅度不大。

对于连栋温室，屋面倾角不宜过大，若屋面倾角过大，会导致屋脊高度过高，前面的（南）屋面对后面的（北）屋面产生遮荫，可降低温室总体的直接辐射透过率。

对于南北向温室而言，其透光率低于东西向温室，但在室内光照均匀性上，南北向温室优于东西向温室。

2. 温室方位对光照分布的影响

东西向连栋温室的直接辐射平均透过率的横向分布不均匀，屋脊结构处会有阴影弱光带，透过率差异接近40%。南北向连栋温室的光照分布较均匀，一般中央位置的透光率高，东西侧面略低10%左右。

3. 温室结构、设备的遮光

温室的结构形式、结构尺寸、温室内布置的设施和设备等，会在温室内形成遮挡，造成阴影，使得温室内光照强度下降，因此在设计中应尽可能减小构件遮光面积。

（二）覆盖材料的透光性

覆盖材料的透光性影响温室内的光质、光照强度和光照分布。对于采光面的固定覆盖材料，要求有较高的透光率。

常用的覆盖材料主要包括：玻璃、聚碳酸酯板（PC板）、塑料薄膜几大类，各类型覆盖材料的透光性能如表3-6所示。

表3-6　光辐射波长、作用及覆盖材料透光要求

波长范围	作用	理想覆盖材料透光要求
300nm以下	对多数植物具有杀伤性，导致植物气孔关闭；加速覆盖材料老化	低透过
300～400nm	有利于植物成形；抑制徒长，花果着色，维生素C、维生素D形成	高透过
300～720nm	植物光合作用（400～510nm蓝紫光、610～720nm红橙光）；提供辐射热量	高透过
720～1000nm	影响植物生长，对光周期和种子形成有重要作用，并控制开花及果实颜色	高透过
1000～3000nm	提供太阳辐射热量	高透过（室内降温要求时，低透过）
3000～100000nm	常温物体的热辐射，散失温室内热量	低透过

图3-29 温室外遮阳

图3-30 温室内遮阳

（三）幕帘系统

光作为作物生长的必要条件，也并非光照强度越高越好，当光照强度过大时，需要进行遮光，避免作物被直接灼伤。遮光的目的是削弱部分光热辐射，温室内仍需保持具有保证作物正常光合作用的光照强度。

温室中常用的遮阳材料有黑色双面遮阳幕、铝箔遮阳幕、白色聚乙烯纱网、屋面涂料（白色）等类型。

黑白遮阳幕通常用于外遮阳系统，幕布表面反射太阳光辐射，黑色和白色幕布相间，可调整两种颜色幕布的比例，从而达到调整温室幕布遮阳率的效果，遮阳率为55%～95%（图3-29）。遮阳幕布采用高分子材料薄膜条经高强度的单长丝纤维编织而成，能够抗紫外线，可经久使用。

铝箔遮阳幕布通常用于内遮阳系统，通过铝箔和透明高分子材料的反射和透射，遮阳率为35%～85%（图3-30）。

根据室外光照的强度情况，内外遮阳配合使用的。在中午光照强度最高的情况下，可打开外遮阳幕布，遮光能力较强；当光照强度不是最强烈时，可打开内遮阳，保证光线的透过率，保证作物的生长。

二、人工光源调控

自然光虽然具备作物生长发育需要的光谱和光照强度，但由于受地理位置、季节和气象条件等因素的影响，很难得到准确的调控。对于生产类型的温室来说，自然光不能满足生产的需求，需要进行人工光源调控。

荷兰和以色列等设施农业发达的国家，已经大面积推广和使用补光技术。使用这一新技术可使茄果类作物成熟期提前7～10d，产量增加20%～30%，可使作物生长更加茁壮，作物有更强的免疫和抗病能力，从而可减少农药的用量。合理的补光策略能使作物品质优良，瓜果着色好，大小均匀，畸形果少，含糖量提高，维生素增加。补光技术尤其对育苗有特殊的效果，可使幼苗生长健壮，根系发达，茎秆粗实，叶片肥厚，植株健壮，在恶劣条件下不易徒长。

人工补光的效果除取决于光照强度外，还取决于补光光源的生理辐射特性。所谓生理辐射是指在辐射光谱中，能被植物叶片吸收而进行光合作用的那部分辐射光能。不同的补光光源，其生理辐射特性不同。

对人工光源的要求。

①光谱性能：富含400～500nm蓝紫光和600～700nm橙红光；适当的红光、蓝光比例；适当的红光（600～700nm）和远红光（700～800nm），以及其他具有其他特定要求的光谱。

②效率：发出的光合有效辐射量与消耗功率之比，分别为可视光效率（光效率）、光合有效辐射效率（辐射效率）、光合有效光量子效率（光量子效率）。

③其他：使用寿命、价格等。

（一）人工光源的类型

常用的人工光源包括三大类型：热辐射光源（白炽灯、卤钨灯）、气体放电光源（荧光灯、高压水印荧光灯、金属卤化灯、高压钠灯、低压钠灯）、半导体光源［发光二极管（LED）］。如图3-31、图3-32、表3-7、表3-8所示。

图3-31　高压钠灯

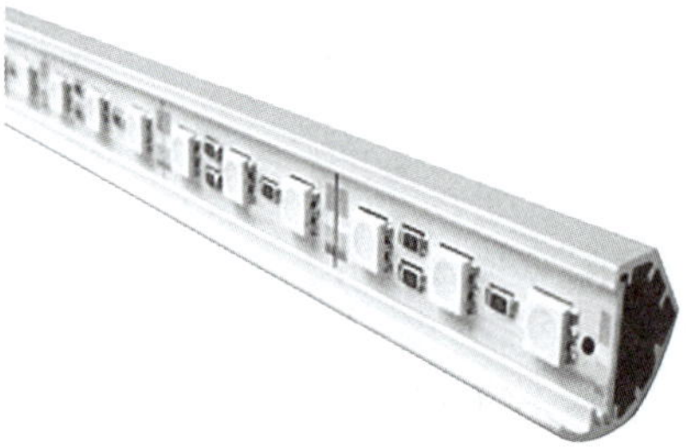

图3-32　LED灯

表3-7　几种常用人工光源特性及应用范围

光源种类	特征	应用范围
白炽灯	可见光比例小，发光效率低，红光偏多，蓝光偏少，寿命短（1000h），成本低	可作为光周期补光光源，用于菊花、百合和康乃馨的开化控制，草莓的休眠抑制
荧光灯	光谱范围350～750nm，发光效率高，寿命长（12000h），发热少，成本低	园艺设施使用较多，组培室、人工气候室
金属卤化灯	不同金属卤化物科技法有不同波长辐射，改善光色，发光效率高，功率大，寿命较高（6000h左右）	可用于光质补光，科研温室

续表

光源种类	特征	应用范围
高压钠灯	光谱分布较窄，以黄橙光为主，发光下率高，功率大，寿命高（12000~20000h）	生产性园艺设施使用
LED灯	单色性，辐射效率和光量子效率高，可组合不同单色光满足植物光合作用的需求，发热小，寿命高（5万h以上），价格高	科研温室、组培室、人工气候室

表3-8 几种常用人工光源光效率

参数	日光	白炽灯	白色荧光灯	金属卤灯	高压钠灯	红色LED
光效率/（lm/W）	100	17	70	87	106	20~40
辐射效率/（lx/W）	420	68	190	270	300	480~960
光量子效率/（μmol/W）	1.68	0.34	0.87	1.24	1.48	2.64~5.3

目前，园艺设施中使用最多是高压钠灯，部分使用荧光灯。LED灯常用于科研温室中，近几年不断被开发和研究，成本逐渐下降，逐步在生产性温室中被局部使用。

（二）补光策略

根据不同作物在不同生长时期对光照的不同需求，需要采取不同的补光策略，才能达到最佳的补光效果，实现生产效益的最大化。补光策略主要有营养补光、光周期补充和光质补光。

而补光技术在设施生产中的应用也不仅仅是装上补光灯而已。首先需要生产者提出补光目标，来综合分析项目地各月份光照情况、种植作物不同生长发育期对光照的需求情况和目标产量。在得到详细补光需求的基础上进行补光系统的设计，选择合适的光源类型和科学的布置方式至关重要。有了初步的设计方案后，还需要对成本和效益进行分析，补光系统的初期投入和运行成本都相当可观，因此需要有一个合理的投资回收期才能保证技术方案的经济可行性。

1. 营养补光

当温室内光照强度不足，不能满足光合作用要求时，需采用人工光源补光调节，以促进作物生长。营养补光是根据选用的灯具光源的技术性能参数，以及作物对光照强度的需求，进行补光灯配置的，应合理分布。营养补光要求提供较高的光照强度，消耗功率大，宜选用发光效率较高的光源。

在营养补光的技术方案中，如果能做到按需补光，实现总补光量的控制，则能大大降低运行能耗，实现更好的投资回报效益。按需补光，即分析项目所在地区的日照量和生产作物的光照需求，在时间轴上列出实际的补光需求。在日照量能够满足作物生产需求的月份不补光，在日照量不能满足作物生产需求的月份进行补光，差多少补多少。

在补光过程中，应根据冠部温度、湿度、日照、二氧化碳浓度实现光总量控制。补光强度可根据环境光照强度进行调节，且补光量达到目标值后，系统会自动关闭，以提高补光效率、减少电能消耗，延长补光灯实际使用寿命。

2. 光周期补光

作物生长、开花结果除了光合作用以外，还会受到光照周期的影响。对于不同作物、相同作物不同的生长阶段，光周期也会略有不同。光周期补光对光质要求不高，一般照度大于22lx，光谱在660～665nm范围即可。在选用补光灯时，可根据费用，选择价格略便宜的灯具。常用的补光方式可分为整夜连续补光、早晚延长补光、夜间间断补光。

3. 光质补光

对于自然光的光质调节，可通过改变覆盖材料的透光性，在覆盖材料中添加不同的辅助剂，来改变透光性，透过为作物生长有利的光线，阻挡不利的光线。对于光质的调控，研究比较多的是红光、蓝光和远红光。调节红光和蓝光比例、红光和远红光的比例，可促进作物的生长。研究表明，多数作物红光/蓝光＝1.5∶1～2.5∶1，红光/远红光比值较小时，可促进作物的生长。

4. 补光灯布置

常用的补光等布置方式分为顶部补光、植株间补光两种。

（1）顶部补光　一般采用高压钠灯，发光效率达到130lm/W，比普通白炽灯高10%的光输出，可加快作物的生长；对光谱调整使蓝光部分增加30%，为作物的生长提供了所需的红波能量和蓝波能量，并使其达到平衡（图3-33）。采用顶部补光可使作物的生长周期缩短25%，产量提高20%，水果和蔬菜颜色更润泽，形态更优雅。为提高作物生长速度与质量，温室可配备补光灯系统以提高温室在夜间或冬季的光合作用速率。

（2）植株间补光　采用LED补光带，具有白光、红光、蓝光及远红外光多种组合，可根据不同作物在不同生长期的需求自由组合采用（图3-34）。其中，红光和蓝光是作物生长最重要的光谱选择，而远红外光能影响作物的特定性状发育。

图3-33　高压钠灯顶部补光

图3-34　LED株间补光

随着智能系统的发展，补光灯系统也加入了智能控制，采用多功能集中器可以实现局域网（LAN）通信，可以与电脑连接控制补光灯起停及补光灯的功率大小，也可手机远程控制操作；连接多种传感参量，有实现定时及阴暗环境自动开启、光亮环境自动熄灭等功能。

第六节 电气系统

一、供配电方案

温室工程电气系统设计前，需先制定温室工程的供配电方案，包括：①确定用电单位的计算负荷及需要的供电容量；②根据负荷性质及重要程度确定负荷等级；③确定供电电压等级；④决定变压器的容量和台数。

其中，负荷计算是为了得到项目的实际用电负荷，并以此来确定供电容量的，这是最重要的步骤。温室工程中通常采用需要系数法来进行计算，即利用一个需要系数乘以设备容量来得到设备组的有功功率。

变压器的选择需要考虑：用电设备需要的容量，即计算负荷的大小；变压器正常运行负荷率和过负荷运行条件；变压器台数；负荷发展的空间；变压器的运行条件，如安装条件、保护条件等；变压器规格、参数的标准化。从经济运行角度考虑，变压器运行负荷率在70%左右时，为最佳经济运行点，此时变压器效率最高。此外，应考虑生产的季节性负荷变化，从而选定变压器台数。如冬季补光用电负荷较大，而夏季则完全没有这部分用电负荷，因此大规模的项目可考虑为补光系统增加一台单独的变压器。

二、电气系统包括的主要内容

每个温室内都配有一套独立的强电控制系统，常规强电控制系统可通过人工操作实现对外遮阳系统、内遮阳系统、内保温系统、湿帘-风机降温系统、顶部开窗系统、环流风机、照明、补光灯等设备的集中控制。温室电气系统设计范围包括220V/380V配电系统、照明插座系统、补光系统、动力设备系统、配套操作间配电系统、建筑物防雷接地系统及安全措施。

（一）配电系统

工程采用220V/380V、50Hz三相无线电源供电，进线由甲方从变电所电缆埋地引入，控制柜采用落地安装。供电系统接地形式采用三相五线制供电接地系统（TN–S），三相配电干线的各项负荷宜分配平衡，其最大相负荷不宜超过三相负荷平均值的110%，其最小相负荷不宜小于三相负荷平均值的90%。从变电所引来的供电电源被送至温室动力（AP）配电控制柜。所有动力设备的启停和照明灯具的控制装置均应安装在温室配电控制柜上。配电系统如图3–35所示。

图3–35 配电系统

（二）照明插座

温室的照明灯具采用防水防潮灯，每个灯为50W，作为夜间温室临时照明，一般不会经常被使用，安装时灯具的金属外壳均与PE线可靠连接，以防止高空作业时不小心触电。

温室中插座选用密闭单项五孔带接地的明装插座，每个回路最大不超过4kW。插座距地1.4m，每个插座带有防溅盒，防止水滴溅入。照明、插座支路配电线选用铜芯聚氯乙烯绝缘聚氯乙烯护套软电线（RVV）穿PVC管明敷设。

（三）线路敷设

电力电缆由变电所引至AP柜并进行埋地敷设（埋深自然地坪下0.8m，电缆上下各铺100mm厚细砂或软土，盖保护板保护。电缆在沟内波状敷设，预留1.5%的余量。电缆在过马路和进出建筑物的地面时应穿钢管保护）。室内布线采用镀锌板线槽、PVC传线管，导线采用RVV塑料护套线，信号线均为铜芯聚氯乙烯绝缘屏蔽聚氯乙烯护套软电缆（RVVP）屏蔽线。

（四）防雷接地系统

连栋温室为三类防雷建筑物，基础建筑物为金属结构，所以防直击雷可利用建筑物的金属屋面作为接闪器，轻钢柱为引下线，以30mm×3mm热镀锌扁铁作为接地装置，焊接处应涂防腐漆，在腐蚀性较强的土壤中应适当加大截面或采取其他措施。沿建筑物外面四周敷设成闭合环状的水平接地体，可埋在建筑物散水以外的基础槽边。接地极埋设深度为1m，接地极应远离由于高温使土壤电阻率升高的地方。其接地电阻值应≤4Ω。

为防止跨步电压，防直击雷的人工接地网距建筑物入口处及人行道不宜小于3m，当小于3m时，应采取下列措施之一。

（1）水平接地极局部深埋不小于1m。

（2）水平接地极局部应包以绝缘物。

（3）宜采用沥青碎石地面或在接地网敷设50～80mm沥青层，其宽度不宜小于接地网两侧各2m。

温室工程防雷接地与电气设备共用接地装置，其接地装置的电阻实测值不满足要求时，可增加接地极或添加降阻剂，直到满足要求为止。

接地体的连接应牢固可靠，应用搭接焊接，接地体采用扁钢时，其搭接长度为扁钢宽度的2倍，并有3个邻边施焊。焊接处焊缝应饱满并有足够的机械强度，不得有夹渣、咬肉、裂纹、虚焊、气孔等缺陷，焊缝处的药皮敲净后，应做防腐处理，接地体连接完毕后，应测试接地电阻。其接地电阻值应≤1Ω。

（五）安全措施

低压配电系统接地形式采用TN-S系统：中性线和保护地线（PE）在接地点后要严格分开，凡正常带电而绝缘破坏、有可能呈现电压的一切电气设备金属外壳均应可靠接地；防雷接地及电气设备保护接地等应共用统一的接地装置；要求接地电阻小于4Ω。

金属线槽（电缆桥架）及其支架接地连接可靠，其全长应不少于两处与接地（PE）干线相连接；非镀锌金属线槽（电缆桥架）间连接板的两端跨接铜芯接地线，其最小允许截面应不小于4mm^2；镀锌线槽（电缆桥架）间连接板的两端可不跨接接地线，但连接板两端应有不少于两个的有防松螺帽或防松垫圈的螺栓进行连接固定。

三、备用电源系统

传统温室工程用电负荷一般为三级，属于可间断供电负荷，对供电可靠性要求较低。但产业集群项目规模大、自动化程度高，温室内的设施设备均由环境控制系统自动控制。如果发生供电中断，所有的系统都无法手动工作。为了保证生产的顺利进行，避免供电中断对温室环境调控造成的不利影响，应考虑备用电源系统。

备用电源系统主要有不间断电源（UPS）和柴油/汽油发电机。

（一）不间断电源（UPS）

不间断电源（UPS）主要用于给单台计算机、计算机网络系统或其他电力电子设备如电磁阀、压力变送器等提供稳定、不间断的电力供应。它是将蓄电池（多为铅酸免维护蓄电池）与主机相连接，是通过主机逆变器等模块电路将直流电转换成市电的系统设备（图3-36）。

当市电输入正常时，UPS将市电稳压后供应给负载使用，此时的UPS就是一台交流市电稳压器，同时它还向机内电池充电；当市电中断（事故停电）时，UPS立即将电池的直流电能，通过逆变零切换转换的方法向负载继续供应220V交流电，使负载维持正常工作并保护负载软、硬件不受损坏。UPS设备通常在电压过高或电压过低时都能对软、硬件提供保护。

图3-36 不间断电源（UPS）

不间断电源的主要优点在于它有不间断供电的能力。在市电交流输入正常时，UPS把交流电整流成直流电，然后再把直流电逆变成稳定无杂质的交流电，以供给后级负载使用。一旦市电交流输入异常，比如欠压、停电、频率异常等，那么UPS会启用备用能源蓄电池。UPS的整流电路会关断，相应的，系统会把蓄电池的直流电逆变成稳定无杂质的交流电，继续供给后级负载使用。这就是UPS不间断供电能力的由来。

当然，UPS的不间断供电时间不是无限的，这个时间受制于蓄电池自身储存能量的大小。如果发生交流停电，那么在UPS的蓄电池供电的宝贵时间内，需要做的是赶紧恢复交流电，如启用备用交流电回路、启用油机发电；否则，应紧急存盘，保存劳动成果，等待交流电恢复正常后再继续工作。

（二）柴油发电机

传统发电机有柴油发电机和汽油发电机两种，是由柴油机或汽油机为原动机带动发电机发电的动力机械。它们虽然都属于应急发电装置，但是焚烧装置与燃油体系却有很大不同。柴油发电机是压燃式内燃机，它运用一个喷油泵以及若干个喷油嘴；而汽油发电机有一个汽化器、一个分配器以及若干个火花塞。柴油发电机功率、体积较大，但是省油，一般用于大型公共场合；汽油发电机功率小，便于移动，一般只能满足家用。在产业集群项目中应配备合适功率的柴油发电机，以满足供电中断时的电机、水泵等用电设备的用电需求。

柴油发电机整套机组一般由柴油机、发电机、控制箱、燃油箱、起动和控制用蓄电瓶、保护装置、应急柜等部件组成（图3-37）。整体可以固定在基础上，定位使用，亦可装在拖车上，供移动使用。柴油发电机组属非连续运行发电设备，若连续运行超过12h，其输出功率将低于额定功率约90%。

图3-37　柴油发电机

第七节
环境控制系统

一、环境控制系统概述

温室环境控制系统是一项综合性的系统工程，它是当代农业生物学、环境工程、自动控制、计算机网络、管理科学等多种技术的综合应用系统，旨在为作物创造最佳的生长条件，避免外界四季变化和恶劣气候的影响，以达到调节产期，促进生长发育，防治病虫害及提高作物质量、产量、产值等目的。

温室环境控制系统是设施农业生产的关键技术之一。作物的生长发育，一方面决定于作物本身的遗传特性，另一方面决定于外界环境条件。设施生产是在不适宜露地栽培作物的季节或地区，利用温室设施创造出适合于作物生长发育的人工小气候环境，从而达到增产增收目的的一项现代化农业技术。其中，对温室环境的调节控制是温室农业核心工作之一。

温室环境控制系统是现代农业技术研究的重要内容，更是温室生产走向产业化和自动化的必由之路。性能优越、运行可靠的智能环境控制系统，可通过对温室内外环境因子（温度、湿度、光照度、二氧化碳浓度等）监测数据的分析，结合作物生长模型，及时对相关设备发出动作指令，来实现对温室环境要素的实时调控，从而达到作物优质、高产，提高生产效率的目的。该系统还可进一步对植物的生长状况（生长时间、根茎叶果的成长形态、生理指标等）进行监测，可通过综合分析环境数据和作物生理指标，及时调整环控及灌溉方案，使得温室内作物能按一个最佳的生长轨迹成长。

二、温室环境控制的主要内容

连栋温室大面积的工厂化蔬菜生产方式相比传统农业的优势，不仅仅是打破了栽培时间与地域的限制，更重要的是通过机械化和自动化作业手段实现了单位面积产出率的提高。随着我国温室工程技术的发展，如何进行温室的群管理，降低运行成本，提高效率，实现环境的精确、智能控制已经成为目前设施农业研究的关键问题。

智能环境控制系统在结构上主要由远程控制器、Internet网络、现场监视器、智能控制软件、模数转换卡、传感器模块、输出及驱动装置几大部分组成，远程智能控制系统软件设计主要包括远程控制部分、智能控制部分。

温室环境控制的硬件由主控微机、温室机和室外气象站三大部分组成。计算机控制主机房，可对整个系统进行统一管理。主控计算机用于完成各种系统参数的设置，测试数据的记录、查询、打印，控制算法的实现以及控制命令的生成等功能。每一个独立的温室放置一台温室机（可监测温室内空气温湿度、土壤和叶面温度、含水量、光照强度、二氧化碳浓度，并进行统计分析）、控制设备以及摄像镜头，可实现对温室灌溉、施肥、农药喷施、通风换气等过程的智能决策和远程分布式调控。将温室内作物生长状况传输到办公现场，同时可以通过电话线、数字信号传输线及Internet等将监测的室内外环境条件和作物生长状况传输到农业专家的计算机屏幕上，以便他们可以根据提供的信息进行生产指导，实现对温室环境的检测控制。

温室智能环境控制的优点，如下所述。

（1）利用网络的高效率管理，实现分散控制功能，使环境匀化、节能，实现精确控制。

（2）降低设备成本，节省人力。

（3）实现温室的群管理。

温室环境智能控制系统从控制对象和控制方法策略实现的层次有以下三个：第一层次，温室气候的控制简化为仅仅维持各项气候指标的设定值；第二层次，除了满足第一层次所具有的功能外，温室气候各指标值的设定还应考虑植物的生长状况（植物生长的静态状况，如生长时间、根茎叶果的成长形态等），使得温室内植物能按一个最佳的生长轨迹成长，即依据作物生长模型及作物生长状态信息进行温室环境智能控制；第三层次，除了满足第一、第二层目标外，设定作物生长轨迹时，还要考虑温室生产的经济指标，以期获得最大利润（一般通过节能、减少投入、提高输出产量和质量来实现）。

三、温室环境控制系统组成及功能实现

（一）温室环境控制系统的典型组成形式

温室环境控制系统一般分为四个部分：数据采集（感知层）、数据输入（传输层）、信息处理（分析层）、环境控制执行（应用层）。系统通过传感器采集各种环境数据和环境控制设备运行状态，根据预定的算法和控制目标，提出具体操作措施，并通过功率放大、隔离等方法控制各种环境控制设备的运行，干预环境要素，使之不断趋于控制目标。由于环境要素的不断变化和环境控制设备的运行、控制目标设置的影响，环境要素不可能始终与控制目标保持一致，因此这个控制过程是周而复始、不断进行的。

（二）数据采集–感知层

数据采集在温室环境控制中普遍使用的是传感技术，通过不同功能的传感设备采集所需要的数据。温室中环境数据采集主要是以下几种。

1. 光照强度

光照是作物进行光合作用的能量来源，是叶绿体发育和叶绿素合成的必要条件，光能调节作物体内某些酶的活性，因此光照强度的监测是农业生产调控的重要技术指标。

实时监测温室内光照强度，便于管理者判断光照环境是否满足作物生长的最基本需要或是否达到作物的最佳生长状态。如与二氧化碳传感器配合使用，可为何时增施气肥提供参考。

光照度传感器普遍以lx为单位，有效范围在200～200000lx，适于高温高湿的设施农业生产环境。光探测器需要余弦修正。在实际生产实践中，一般选用光扩散性较好的材料制成的光照小球，置于光电传感器受光面作为光照度传感器的余弦修整器，不仅价格低廉，校正效果也比较好（图3–38）。

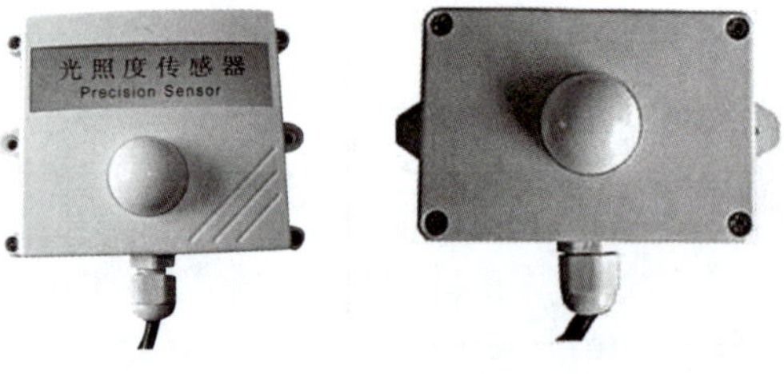

图3–38　光照度传感器

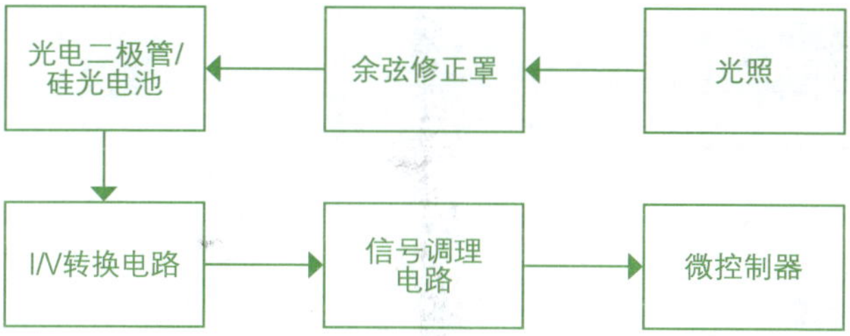

图3-39 光照传感器工作原理

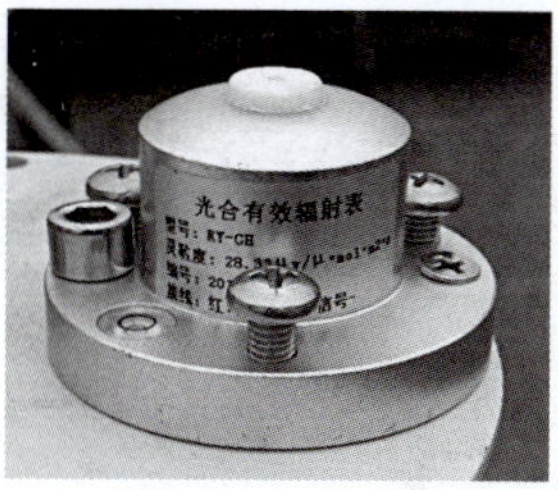

图3-40 光合有效辐射传感器

光电式照度计系统在测量时，光源首先通过余弦修正罩被光电接收器件接收，将光信号转换成电信号，然后经过信号调理电路对其进行滤波及放大，最终输出到微控制器的数字信号（AD）采集端（图3-39）。

另一种常用于设施生产的光传感器是光合有效辐射传感器，主要用来测量400~700nm波长范围内的太阳光的光合有效辐射波段（图3-40）。传感器原理采用硅光探测器，通过高标准光学滤光器来检测。当有光照时，可产生一个与入射辐射强度成正比的电压信号，且其灵敏度与入射光的直射角度的余弦成正比。每台光合有效辐射表都有固定的灵敏度，并可以直接输出单位为μmol/（m^2·s）的数值。

2. 空气温湿度

作物的生长对于温湿度要求极为严格，不当的温湿度下，植物会被病害侵害、停止生长，甚至死亡。空气温湿度作为主要的参考数据，对这些数据信号的采集是整个环境调控系统中的重要部分。

通常空气温湿度的测量大多采用集成感知器件。一般使用的有效温度范围在-20~60℃，有效相对湿度范围在0%~100%，可实时检测农业生产中空气环境的温湿度。

温湿度传感器的安装，需随着植株的增高随时调整，应在作物顶部生长点附近悬挂。

湿度传感器是非密封性的，为保证测量的准确度和稳定性，应尽量避免在酸性、碱性及含有机溶剂的空气及粉尘较大的环境中使用。为正确反映被测空间的湿度，还应避免将传感器安放在离墙壁太近或空气不流通的死角处。如果被测的空间太大，就应放置多个传感器。温湿度传感器如图3-41所示。

3. 二氧化碳

温室中二氧化碳的含量直接影响着作物的生长发育和作物产量。二氧化碳充足能保证蔬菜植株生长健壮、落花落果少、果品端正，上市早，产量高。因此为了获得更高的产量需要在温室中补充适量的二氧化碳。为了控制温室内的二氧化碳含量，适时补充二氧化碳或通风换气，可以使用二氧化碳传感器实时检测生产环境中的二氧化碳含量（图3-42）。

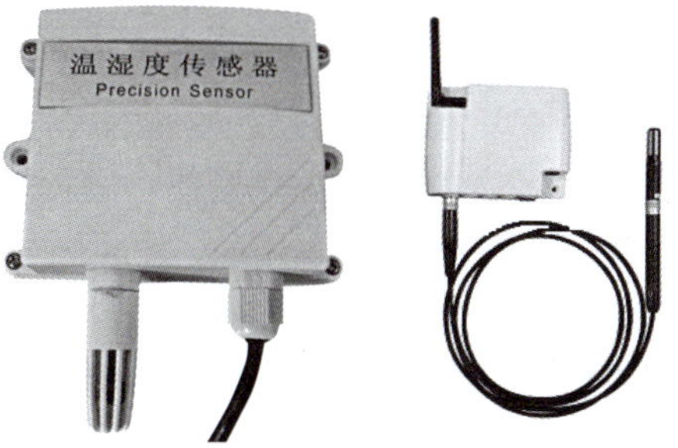

图3-41 空气温湿度传感器

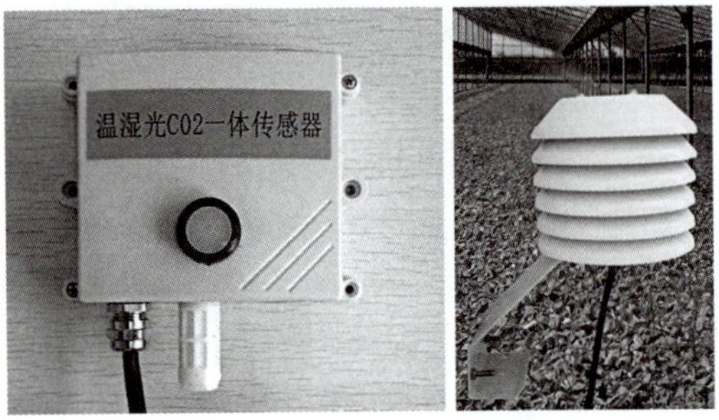

图3-42　二氧化碳传感器

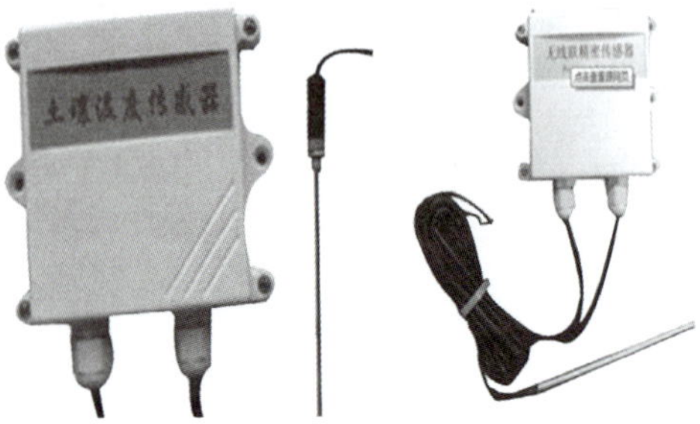

图3-43　土壤温度传感器

温室中主要检测在有光照的情况下二氧化碳含量是否低于作物光合作用的最佳浓度。

（1）传感技术说明　检测气体浓度主要依赖于气体检测变送器，传感器是其核心部分，一般可分为三类：半导体传感器、电解式气体传感器和红外线吸收散射式气体传感器。

（2）工作环境要求　农业高温高湿的环境，对二氧化碳传感器的安装环境提出了苛刻的要求。农业专用二氧化碳传感器是一种被专门用于农业等多种高湿场所使用的产品。产品采用多重防护，以确保内部传感器不受外界高湿等环境的影响，确保传感器传输数据的可靠稳定。

（3）通信说明　产品采用标准Modbus-RTU通讯协议，产品上电后，设置好串行通讯端口（COM），通过RS232、RS485或无线输出设备进行数据的上传。

4. 土壤温度

土壤温度的测量和研究是小气候观测和农业气象观测中的一项重要内容。土壤温度的高低，与作物的生长发育、肥料的分解和有机物的积聚等有着密切的关系，是农业生产中重要的环境因子。

专业用于测量土壤温度的传感器，测量范围大都在-40～120℃。通常接在模拟采集器上。土壤温度传感器的输出信号分为电阻信号、电压信号、电流信号。通常埋于土壤表层，也可分层测量。土壤温度传感器如图3-43所示。

5. 土壤含水量

土壤含水量传感器主要用来测量土壤容积含水量，必须埋设在温室内有代表性的地点进行土壤水分的测量，监测站的通讯网关应安装在有人看护的安全区域，土壤水分传感器采用ZigBee无线的方式向网关发送监测数据，网关收集的数据再由有线或无线的方式传输至数据管理中心，就可以通过网络平台实时查看到了。土壤含水量传感器如图3-44所示。

6. 土壤电导率

土壤电导率用于直接测量土壤、营养液和灌溉用水的电导率值，主要是用来测定营养液浓度。

利用土壤电导率速测仪，通过多功能探头与传感器来快速测定营养液中的电导率

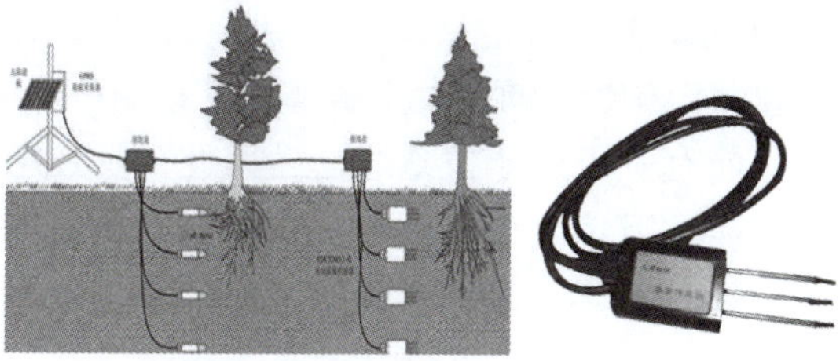

（1）土壤含水量检测图　（2）土壤含水量传感器

图3-44 土壤含水量传感器及检测示意图

（1）土壤电导率检测图　（2）土壤电导率传感器

图3-45 土壤电导率传感器及检测示意图

（EC）含量，内置数据存储器，通过软件可将数据导入到电脑中，为作物生产所必需的营养成分与生存环境提供了可靠依据（图3-45）。

上述温室环境控制系统中常用的各环境监测传感器具体的技术参数详见表3-9。

表3-9 各环境监测传感器的技术参数

传感器名称	单位	量程	精度	分辨率
空气温度传感器	℃	−20～80	±0.3	0.1
相对湿度传感器	%	0～100	±4	0.1
光照度传感器	klx	0～200	±5	—
土壤水分传感器	%	0～100	±3	0.1
土壤温度传感器	℃	−30～70	±0.2	0.1
二氧化碳传感器	0.001‰	0～5000	±2%	1
光合有效辐射传感器	μmol/（s·m^2）	0～2500	±30	1

（三）数据输入——传输层

1. RS485总线

RS485采用半双工工作方式，支持多点数据通信。RS485总线网络拓扑一般采用终端匹配的总线型结构，即采用一条总线将各个节点串接起来，不支持环形或星型网络。RS485采用平衡发送和差分接收，因此具有抑制共模干扰的能力。加上总线收发器具有高灵敏度，能检测低至200mV的电压，故传输信号能在千米以外得到恢复。有些RS485收发器可修改输入阻抗，允许将多达8倍以上的节点数连接到相同总线RS485中。最常见的应用是在工业环境下可编程逻辑控制器内部之间的通信。

在一般场合采用普通的双绞线就可以，在要求比较高的环境下可以采用带屏蔽层的同轴电缆。RS485最大传输距离约为1219m，最大传输速率为10MB/s。平衡双绞线的长度与传输速率成反比，在100kB/s速率以下，才可能使用规定最长的电缆长度。只有在很短的距离下才能获得最高速率传输。一般100m长双绞线的最大传输速率仅为1MB/s。

RS485采用半双工工作方式。任何时候只能有一点处于发送状态，因此，发送电路须由信号加以控制。RS485用于多点互联时非常方便，可以省掉许多信号线。应用RS485可以联网构成分布式系统，此系统允许最多并联32台驱动器和32台接收器。

2. 控制器局域网络（CAN）总线光纤传输

作为传输介质，光纤在抗干扰性、传输容量、速率等方面具有许多比双绞线优良的特性。因此，在某些环境恶劣、地理分布范围较广、速率要求较高的CAN总线系统中，可以在相应的支路上使用光纤传输，从而保证整个CAN网络的性能。

CAN协议支持光纤作为传输介质，但是由于CAN总线网络一般采用总线型结构，并且其总线仲裁采取的是具有优先级的非破坏性CSMA（载波侦听多路访问），而光纤信号的传输则是单向的，因此最简单实用的方法是在某些总线支路上采用光纤介质，整个CAN网络采用双绞线和光纤两种传输介质混合使用的方式（图3-46）。

3. 无线移动通信（Wi-Fi）

Wi-Fi（Wireless Fidelity）技术即IEEE802.11协议，在无线局域网通信技术中，Wi-Fi是目前最普及、应用最广泛的无线标准。无线接入和高速传输是Wi-Fi的主要技术优点。其中，IEEE802.11b最高速度为11MB/s，IEEE802.11a与IEEE802.11g的最高速度为54MB/s。现在多用的IEEE802.11b与IEEE802.11g设备使用的频段为2.4～2.4835GHz的免许可频段，使用成本低廉。

Wi-Fi无线网络是由网络桥接器或接入点（AP）和无线网卡组成的无线网络，组网方式较为简单。任何一个装有无线网卡的终端（现在主要的终端是笔记本电脑和带Wi-Fi功能的智能手机进入）Wi-Fi覆盖区域均可以通过AP来无线高速接入Internet（图3-47）。

其主要优点如下所述：

①架设方便，免去了现场长工期的布线安装工程。

②覆盖范围广，Wi-Fi的半径可达100m。一般只需安装一个或多个AP设备，就可以解决现场的网络通信问题，根据实际测得的经验，现场一般间隔30m安装一个AP。

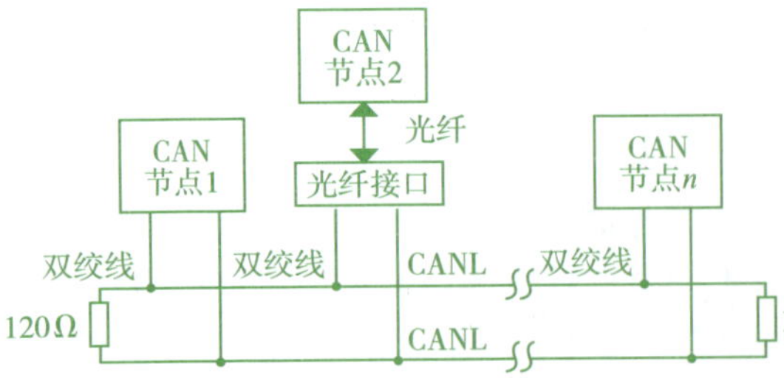

（1）光纤通信传输示意图

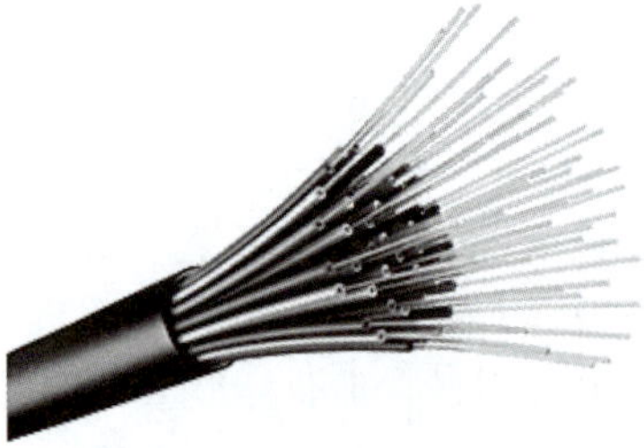

（2）光纤

图3-46 光纤通信传输技术

图3-47 Wi-Fi通信传输技术

③组建方法简单，一般架设无线网络的基本配备就是无线网卡及一台AP，如此便能以无线的模式，配合既有的有线架构来分享网络资源了。架设费用和复杂程序远远低于传统的有线网络。

④投资经济。有线网络的固有缺点就是缺乏灵活性，在有线接入网规划中，考虑到未来的发展，大量的超前投资往往会出现线路利用率低的情况。而Wi-Fi的规划就可以随着用户的增加而逐步扩展，而不需要重新布线，具有较强的经济性。

⑤传输速度快，最高可达到54MB/s，能够完全满足视频传输的需求。

4. 蓝牙（2.4GHz）

蓝牙是一种短距离无线通信技术，蓝牙的标准是IEEE802.15，工作在2.4GHz频带，传输范围为10～100m，传输速度可以达到1MB/s。温室环境信息采集系统由无线传感器、采集模块和监控中心组成，温室中布置温、湿度等各类传感器，它们可通过蓝牙无线通道来实现与采集模块的数据通信。各温室采集模块通过RS485总线与监控中心进行数据交换，接收监控中心命令并根据需要向中心传送数据。

同时，几个蓝牙设备可以连接成一个微微网（Piconet），其中只有一个主设备，其余的均为从设备，一个主设备最多只能同时支持7个从设备。微微网是蓝牙最基本的一种网络形式，最简单的微微网是一个主设备和一个从设备组成的点对点通信连接（图3-48）。

5. 紫蜂（ZigBee）

ZigBee技术是一种最近发展起来的近距离、低复杂度、低功耗、低数据速率、低成本的双向无线通信技术。其工作频带范围是2.4～2.485GHz，采用IEEE802.15.14规范要求的直接序列扩频方式，数据速率达250kB/s。目前，ZigBee技术已应用于农业中，选用ZigBee芯片和单片机组成低成本的无线农业传感器信息传输模块。在ZigBee无线网络中，各种农业传感器可通过无线传输模块与主机系统进行通信，同时主机也可提供决策支持和进行数据库管理（图3-49）。

ZigBee具备时延短、安全和可靠性好等特点，可与无线传感器网络完美地结合在一起，基于zigBee的无线传感器，网络技术在现代农业中的信息采集及远程监控领域有着

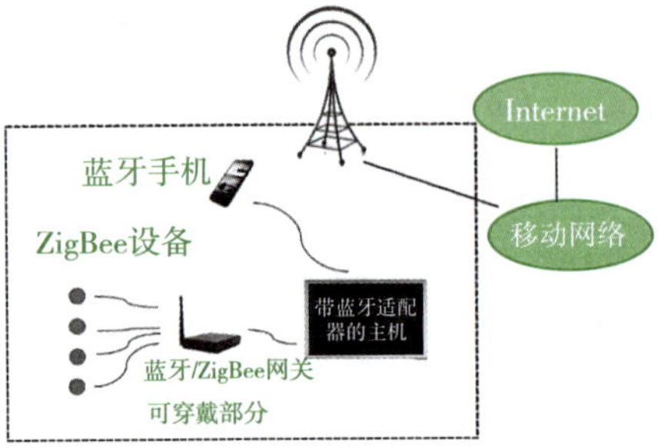

图3-48 基于蓝牙技术的信息采集系统

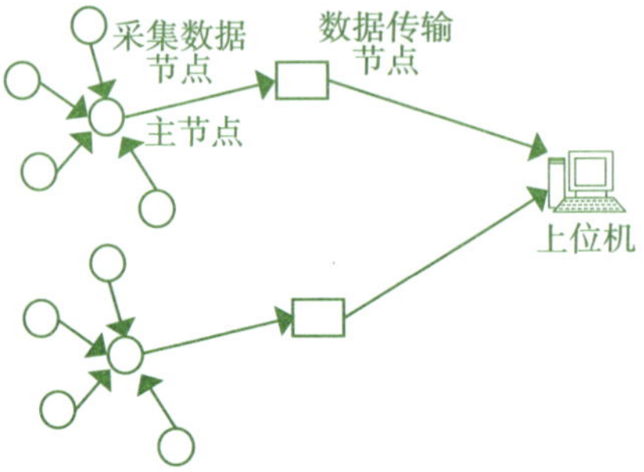

图3-49 ZigBee传输技术

广泛的应用。自动组网，网络容量大。模块功耗低，成本低，可满足低速率数据传输的应用要求。

（四）信息处理——分析层

1. 数据存储技术

农业生产过程的监测与管理会产生大量的数据，如果不及时存储、统计、查询和分析利用，就会造成极大的浪费。

数据库是按照数据结构来组织、存储和管理数据的仓库，是计算机数据处理与信息管理系统的一个核心技术。数据库技术研究和管理的对象是数据，具体内容包括：通过对数据的统一组织和管理，按照指定的结构建立相应的数据库和数据仓库，利用数据库管理系统和数据挖掘系统设计出能够实现对数据库中的数据进行添加、修改、删除、处理、分析、理解、报表和打印等多种功能的数据管理和数据挖掘的应用系统。

2. 文件存储技术

文件系统方式，文件保存在固定的路径下，在数据库中存取文件路径和名称［通常情况下用字符型Varchar（或nVarchar）字段表示］，这样可以节省数据库数据空间，避免数据库过分膨胀。但图像文件必须在指定的目录下，不能丢失，且同一目录下文件不能重名。重名会对文件的管理造成一定的不便。此方式的数据共享性、安全性相对较差。

3. 视频存储技术

为节约存储空间，对二维图像数据存储地址中的行、列地址不进行独立生成，而是将图像以行优先的顺序进行线性化处理，使之成为一维的数据，即第二行的图像数据紧接着第一行的数据，接下来是第三行的数据，依次类推，形成统一的像素地址。对于经过顺序化处理的图像数据，根据每一帧的帧起始地址以及每一像素出现的先后顺序，为每一像素生成一个唯一的存储器地址。该地址由两部分组成：该帧图像在存储空间中的起始位置，称之为帧起始地址；该像素在对应的一帧图像中的出现的顺序位置（其宽度根据图像的大小而定），称之为像素偏移地址。在实际应用中，根据存储像素、外设数量和存储时间来选用不同容量的硬盘。

（五）环境控制执行——应用层

1. 环境监测系统

环境物联网环境监测主要包括土壤、气象、光照和二氧化碳等，实现对温室的温、光、水、气、肥等进行实时调控与记录，保证温室内的有机蔬菜和花卉生产在良好环境中。

一般情况下，在温室内部通过无线终端，实现实时远程监控温室环境和作物长势情况。通过局域网、无线GPRS或短信的方式，监测各组传感网络所采集的信息，通过中继网关和远程服务器双向通信，做进一步决策分析，全局掌控部署在不同位点的环境参数情况，对灌溉等设备提供管控依据。

2. 环境控制系统

随着国内农业的发展，设施农业特别是连栋温室的应用越来越多。连栋温室作为温室的一种升级，控制系统是其重要的组成部分。连栋温室控制主要是通过无线温室智能控制器采集下辖温室内的无线温室环境信息采集传感器数据的。室外气象站采集室外环境信息，根据主控中心的需求，将数据通过无线局域网实时上传至机房服务器中。温室控制的软件平台接收到服务器存储的数据后，对数据进行处理分析，通过页面红字来报警通知温室管理人员注意超限指标。温室控制设备涉及内外遮阳、顶开窗、风机、湿帘、灌溉、补光灯、照明、营养液等。

连栋温室自动控制系统的优势如下所述。

①充分利用温度资源，提高果菜品质和质量，控制系统可按照作物最佳生长环境参数进行设定，使作物营养生长和生殖生长更合理，积温和养分同化达到最佳效果。

②减少生理病害，从长远的角度考虑，降低生产成本，取得更大的经济效益。

③实时的读取、记录、存储温室的环境数据，存储的数据可以用来分析作物的生长状况，进而形成作物生长模型，为今后的生产提供科学依据。

④节省劳动力，不必到温室内进行操作即可改变温室环境，了解作物生长情况，技术员管理的温室数量增加，工作效率可得到提高。

⑤通过合理调整温室内的环境参数，可提高植物的产量和品质。

连栋温室自动控制系统分为数字式控制仪控制系统、控制器控制系统和计算机控制系统，如图3-50～图3-53所示。

①数字式控制仪控制系统：这种控制系统只对温室内的某一环境因子进行控制。控制仪用传感器监测温室内的某一环境因子，并对其设定上限值和下限值。然后控制仪自动对驱动设备进行开启或关闭，从而使温室的该环境因子控制在设定的范围内。该系统由于成本较低，对运行要求不是很高，一般使用于日光温室。

②控制器控制系统：数字式控制仪采用单因子控制，在控制过程中只对某一要素进行控制，不考虑其他要素的影响和变化，局限性非常大。

③计算机控制系统；计算机控制系统有两类，一类由控制器控制系统与计算机系统构成，这类系统的控制器可以独立运行。

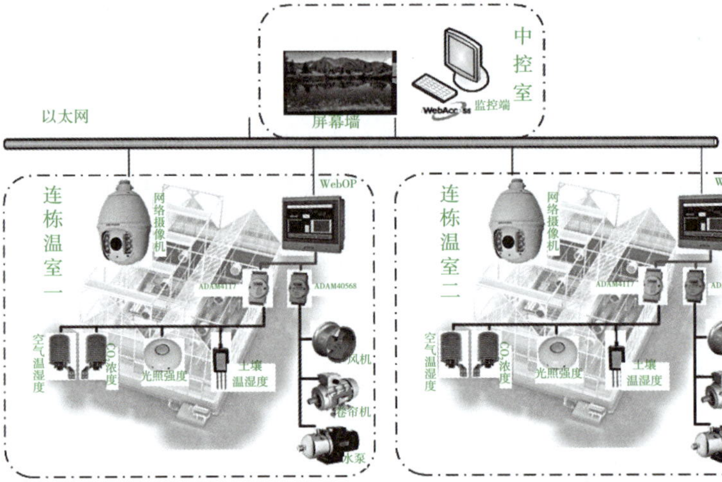

图3-50　连栋温室控制拓扑图

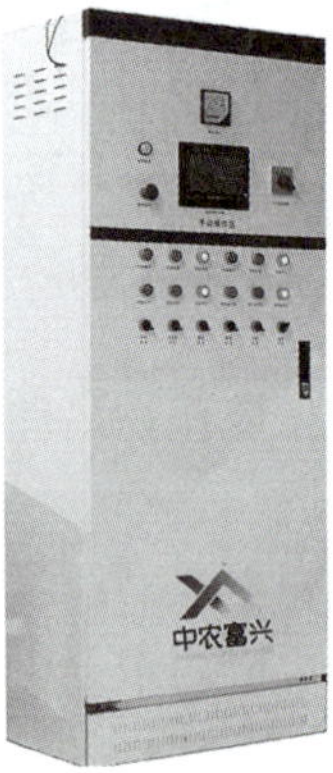

图3-51　控制柜

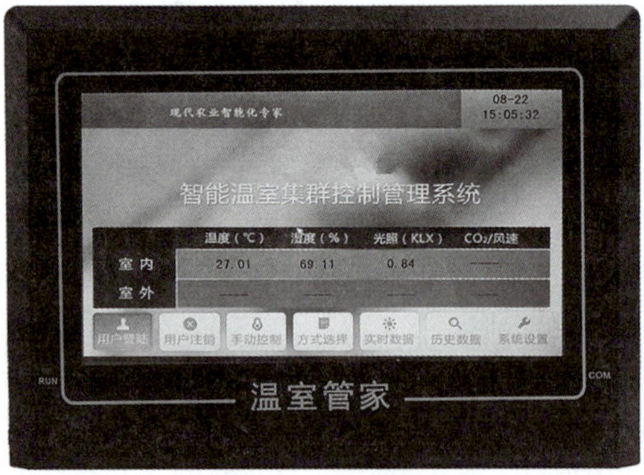

图3-52　触摸屏

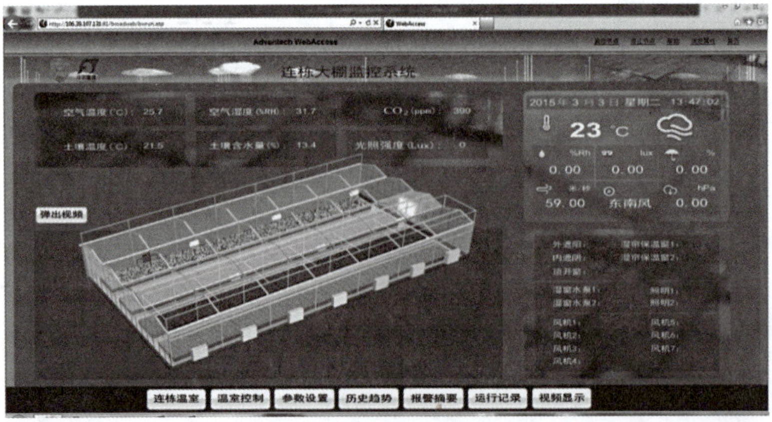

图3-53　软件界面示例

第八节
清洗维护系统

一、屋面清洗设备

连栋温室作为采光建筑，主要靠收集太阳辐射来保证室内的光照、温度、湿度，以满足作物光合作用的需求。因此，更佳的透光性是温室设计建造者不断追求的目标。温室透光性受覆盖材料自身透光率和温室骨架阴影率的影响，会随不同季节太阳辐射角不同而随时变化。此外，屋面积尘也是影响温室采光性的重要因素，特别是在我国北方地区。屋面积尘可使透光率降低20%～30%，使温室内光照度明显下降，从而影响作物光合作用，降低产量。对于大规模高效栽培项目来说，屋面积尘导致的温室透光性下降带来的减产是不容忽视的。而人工清洗不但费时费力、清洁效果不理想，对清洁人员来说更是高危作业。因此，大规模高效生产项目必须配备屋面清洗设备，定期对屋面积尘进行清洗，保持较高的温室透光性。

目前，我国市场上尚无成熟的屋面清洗设备，相关研究也较少。而荷兰设施产业发达，且当地日照时数较短，温室使用者对温室透光性的关注度较高，市场化的屋面清洗设备也较为成熟。其全自动或半自动的屋面清洗机，利用行走在天沟里的行走装置带动覆盖屋面的辊状毛刷、天沟与屋面玻璃连接处的盘刷和用于清洗天沟的天沟刷对温室屋面进行全面清洗。该类型的屋面清洗机工作效率高、清洁效果明显，本书中将以此为例进行介绍（图3-54、图3-55）。

塑料大棚也有相应的清洗设备，天沟行走装置带左右两排悬架。悬架下是适应拱形屋面的毛刷机构，行走时一边喷水，一边由旋转的毛刷对屋面清洗清洗。一次行程可清洗左右两边的半个屋面。

图3-54 Venlo型连栋温室屋面清洗机

图3-55 塑料连栋拱棚屋面清洗机

此外，以色列科研工作者还设计了一种干燥式屋面清洗机，但产品未进入市场。其工作原理是利用旋转毛刷使屋面灰尘等附着物脱离，再用类似吸尘器的装置将其吸走。

（一）屋面清洗机适用范围

屋面清洗机主要适用于Venlo型玻璃连栋温室，工作幅宽为3.2或4.8m。钢天沟和铝合金天沟均可适用，但是要求无外遮阳系统。单行程最大长度受机器上电缆和水管长度限制，最长的可达300m。

（二）屋面清洗机主要工作性能

屋面清洗车的清洗速度最大可达20m/min，也就是不到3min就能完成开间方向长度为52m的一个尖顶屋面的清洗，3h左右就可以完成一栋10000m^{2}的温室屋面的清洗工作。屋面清洗机除了可以进行屋面清洗，装配喷涂机构和喷涂泵组之后还能进行遮阳涂料的喷涂和清洗，最大喷涂能力可达12500m^3/h。

（三）屋面清洗机主要构成

屋面清洗机主要由主体和转运平台两大部分组成。

1. 屋面清洗机主体

清洗机主体包括机架、行走机构、水管卷筒、电缆卷筒、毛刷辊、圆盘刷、天沟刷、毛刷辊护罩及安全保护措施。安全保护措施有开窗检测传感器，可检测前方窗户是否开启。如果发现窗户开启可立刻后退停机，待窗户关闭后方重新启动。此外，还有轮前传感器控制机器在温室末端可自动停止，滚筒传感器检测滚筒是否旋转，急停开关等。

2. 转运平台

屋面清洗车进入转运平台后，可在温室端面移动，操作方式可以手动也可以自动。屋面清洗车接收手动的启动信号后，清洗车和平台就可以按照设定全自动的方式的移动，触屏可显示实时状态，屋面清洗车开始工作前可设定清洗范围等参数。平台三面装有护栏，侧面有安全梯，工作人员可以从安全梯上至平台。转运平台下方有电动折叠的起落架，平台上有多个经校核的固定点和起吊点，以便于将屋面清洗车及平台由吊车吊下入库。

3. 屋面清洗机使用维护

屋面清洗车需在温室外预留水电口，预留口最好在工作端面的中部。

屋面清洗机主体及转运平台重量较大，若从一个温室转移到另一个温室，需用吊车。

屋面清洗车最低工作温度为0.5℃，长时间不使用（特别是冬季）应入库存放。

二、屋面维修设备

由于缺乏相应的保护措施，危险性高、作业条件差，屋面玻璃的更换和设备检修，

图3-56 屋面维修穿梭车

一直都是困扰温室使用者的一大难题。现在，荷兰厂商推出来一种屋面维修穿梭车。工作人员可以站在穿梭车平台上，自行移动到需要维修或更换玻璃的地方，车上的安全带可以将工作人员固定于穿梭车上（图3-56）。用于安装的玻璃放在带有吸盘的专用架上，可方便地从架子移动至需要安装玻璃的框架处。由于玻璃在安装好之前一直由吸盘吸住，因此规避了突然掉落的风险。这也避免了工作人员在天沟上行走的不便。

屋面穿梭车可以利用屋面清洗车的转运平台在温室端面移动。还有专门的玻璃提升器，可以将玻璃从地面搬运至穿梭车上。

三、室内拉秧清扫设备

高效栽培作物拉秧后秸秆量较大，为了快速完成温室内的废弃秸秆清理工作，可以使用相应的清扫设备。

（一）集秧设备

集秧设备主要用于落秧后的秸秆捆束，最大工作长度为120m，工作效率可达1000m^2/h。人工落秧后，可将秸秆归拢至采摘车轨道中部，工作人员驾驶集秧设备行走在采摘车轨道上，集秧设备在行走的过程中会先将落在地上的秸秆用绳子捆在一起，然后卷成一团堆在轨道一端，便于清运车装载并将其运出温室（图3-57）。

图3-57 集秧设备

图3-58 秸秆粉碎机

图3-59 真空扫叶车

（二）秸秆粉碎机

温室内专用秸秆粉碎机，可在温室内一次性完成秸秆的收集粉碎工作，可减少20%的堆放空间。机器工作效率为2500～5000m^2/h。工作过程：先在栽培行间铺上专用地布，然后由人工拉秧，植株残体会落在地布上。秸秆粉碎机位于行间端部道路上，要先由人工辅助将端部地布卷收，然后再由机器自动完成地布卷收。在地布卷收过程中，地布上的植株残体由横向的螺旋输送器送入机体内，由粉碎机进行粉碎。粉碎后的秸秆再由输送器装入配套运输车内（图3-58）。

（三）真空扫叶车

真空扫叶车可以在采摘车轨道上运行，用于清扫行间地面残叶、残枝，工作速度从0～8km/h可调，工作宽度为500～1600mm。吸入口高度可以通过液压系统进行调节，以保证最佳的吸入效果。工作效率比人工清扫高2～3倍。吸入口两侧配侧刷，可将轨道下方的残叶扫至轨道中部，便于机器将残叶吸入收集箱。残叶收集箱卸载方式为底部卸载，需借助叉车等完成，这样可保证收集箱内完全卸空。真空扫叶车如图3-59所示。

第九节 生产配套系统

一、风淋消毒系统

由于设施高效栽培内作物种植面积大，一旦有植株感染病害就会快速大面积传播。因此，必须采用物理方式有效地阻隔病菌携带体的进入。风淋室安装于温室入口，所有进入温室的人员必须经过风淋室。风淋室通过高速吹淋气流的吹扫带走人的衣物和毛发上所携带的尘土病菌，并通过内部过滤器过滤，将空气变成清洁空气后形成内部循环，起到除尘净化、隔绝缓冲的作用。

（一）风淋室的结构形式

风淋室通常由箱体、风机、过滤器、电器控制部分组成。其分类大致有以下几种。

（1）按箱体材料分类　风淋室可分为不锈钢风淋室、钢板风淋室、壁板风淋室等。其中，不锈钢风淋室成本最高，适用于对洁净度要求较高的地方。

（2）按结构形式分类　风淋室可分为双侧吹淋、单侧吹淋、L形吹淋等。其中，双侧吹淋效果较好，但出于布局局限性或经济上的考虑，也可以采用单侧和L形风淋室。

（3）按用途分类　风淋室可分为人用风淋室及货用风淋室。人用风淋室有底盘，内部空间较小；货用风淋室内部空间较大，无底盘设计，适合无障碍搬运货物。

（4）按控制方式分类　风淋室可分为手动控制吹淋、自动联锁感应吹淋、自动门吹淋。目前，一般都采用自动控制方式。

（5）按使用人数分类　风淋室可分为单、双、三联风淋室，还有一种风淋隧道。员工只要在里面走过，不需要停留，就能达到需要的吹淋效果，适用于员工数量较多的洁净车间。

（二）风淋室的性能

（1）风速　因风淋室处于洁净区与非洁净区之间，且使用频繁，过滤器阻力会上升较快，所以新的风淋室初始风速不应低于25m/s，最好能超过30m/s，这样方能保证在使用一段时间后，实际使用的风速仍能保持在20m/s左右，以实现最佳的除尘效果。

（2）吹淋时间　风淋室的吹淋时间可以自由设定，最高可设置到99s，一般推荐吹淋时间不低于30s。

（3）吹淋角度　气体吹淋时，需引起衣料不断振动，才能使间隙里的尘埃被清除。因此气流角度在30°～60°最佳。

（4）喷嘴形式及布置　目前市场上的风淋室一般都将喷嘴均匀布置在吹淋区域两侧，喷嘴方向可调。

（5）噪声　风淋室噪声大小与箱体材质关系较大，一般壁板式风淋室噪声最低。

（三）风淋室杀菌消毒

风淋室本身应具体有自净和消毒功能，强化对温室的保护作用。目前，风淋室常用的杀菌消毒方法有紫外线、臭氧及动态杀菌（NICOLER）消毒技术。它们都可以用于空间环境的杀菌消毒。

（1）内部安装嵌入式紫外线杀菌灯，通过紫外波长为254nm的光波对室内的微生物细菌进行杀菌，从而抑制细菌的增长和繁殖。因紫外线对人体有一定的伤害，故人员在室内的时候不适合杀菌。一般采用定时装置，在无人员的情况下进行杀菌。在控制系统里面安装定时计时装置，自动启动杀菌系统。

（2）内置微型臭氧灭菌装置。由于紫外线杀菌有一定的局限性及死角，其风淋静压厢内部的杀菌效果较差，因此可在风淋内部嵌入微型臭氧发生器，同样采用在控制系统里面安装定时计时装置，可自动启动杀菌系统。

（3）采用风机高低挡转速要求对内部空气进行自动循环自净。当有人员进入风淋内部时，风淋风机启动，风速一般在25～28m/s，当人员走出风淋通道后，风淋风机低速运转，在设定时间到达后停止。这样的反复自净，将内部空气不断循环更新，以保证室内空气的新鲜度及洁净度。

（四）风淋室的使用

（1）人员进入风淋室之前　首先更衣、换鞋、洗手消毒后，再进入风淋室。人员可通过风淋室视窗及指示灯确认风淋室是否处于闲置状态，若风淋室处于工作状态，切勿强行打开风淋室门，这样会导致风淋室门锁损坏，待风淋室工作完毕后，室内人员可离开，2s左右后，方可进入。

（2）进入风淋室后　径直通过光电感应器，吹淋开始，人员最好能够举起手臂，并转动身体，然后不停拍打全身衣物，并停留规定时间。

（3）吹淋完毕　风淋室风机停止运行2s后才打开出口门。人员在风淋过程中，风淋室的前后门皆处于锁定状态，内部人员不要强行开启，以免损坏互锁装置及门锁。若遇到紧急情况，请按下急停开关，风淋室将工作停止，此时进出门任意开启可供通行。在待用闲置期间，风淋室进出门处于电子互锁状态。只能打开进出门中的一面，请不要强行开启。

（五）风淋室的保养

风淋室在产品出厂时已经过严格的检测，在安装调试的过程中已确定了各种使用参数，所以我们平时只要按使用说明书操作和维护保养即可。遇到风淋室发生故障时，应迅速按下急停开关，关掉电源，然后电话通知风淋室厂家派人来检查。

（1）根据环境的洁净度，定期（初效一般为1～3个月，初效可以清洗；高效一般为6～12个月）更换过滤器。

（2）定期（一般每两个月一次）用尘埃粒子计数器测定本产品实施净化的洁净度区域的洁净度，当实测的洁净度与要求的洁净度不符时，应查明原因（是否有泄漏、高效过滤器是否有失效等）。若高效过滤器已失效，则应更换新的高效过滤器。

（3）更换高效过滤器及初效过滤器时应停机进行更换。

（4）风淋室内外的黏尘垫需及时更换，每天在员工进入车间前更换一次，一天更换四次左右。

二、快速卷帘门

快速卷帘门，是指运行速度超过0.6m/s的门，是快速升降的无障碍隔离门。主要作用是快速隔离，从而保证车间空气质量的无尘等级。快速卷帘门具有保温、保冷、防虫、防风、防尘、隔音、防火、防异味、采光等多项功能，并广泛用于食品、化学、纺织、电子、超市、冷冻、物流、仓储等多种场所中，可极高地满足高性能物流及洁净场所的需要，并可节省能源，可高速自动关闭，提高作业效率，创造更佳的作业环境。

1. 门体尺寸

快速卷帘门常规制作尺寸最大为6100mm × 8000mm（宽 × 高），超过此范围可根据现场情况特殊制作加工。

2. 启闭速度

开启速度为0.5 ~ 1.5m/s；关闭速度为0.6 ~ 1.6m/s。

3. 门框材质

门框材质为2.0mm厚的宝钢产优质冷轧板结构，采用优质烤漆、氟碳粉末喷涂工艺处理，或用2.0mm厚不锈钢或3.5mm厚经抗氧化处理的优质铝合金作为立柱。

4. 结构

快速卷帘门可满足高性能物流及洁净车间等场所的需要。主要作用是快速隔离空气对流，从而保证车间空气质量的无尘等级，具有保温、保湿、防尘、防风、隔音、防异味等作用。随着我国对产品质量要求的提高，快速卷帘门成为了工业门行业的重要支柱产业，以浙江理想门业为代表。该企业累积了28项专利并可承接高难度工程，能够提供全套三维设计方案以配合场地的要求和建筑风格。

（1）顶部结构　快速软帘门（快速卷帘门）的传动机构安装在门洞顶部机箱内，机箱由厚2mm厚镀锌钢板制作而成，两端由厚6mm钢板制作而成。在端板上设有安装卷轴轴承，可驱动电机，可平衡系统构件的安装座和安装孔。钢板表面经喷塑处理可形成客户要求的色彩。卷轴安装于机箱内，由卷筒、轴端、轴承座等组成。卷筒尺寸可根据门的高、宽尺寸，选择合理尺寸。

（2）导槽箱　导槽箱由厚2mm镀锌钢板制作而成，立于门洞两侧固定于墙面。机箱则置于导槽箱顶部，通过螺栓与导槽箱及墙面固定。导槽箱导槽两侧固定有密封毛条，以保证一定的密封要求，在导槽箱的底部离地约1m高位置，应预留有红外线监测器的安装位置。导槽箱经喷塑处理，与机箱同色。导槽内部的毛刷可抵住帘布，以限制帘布不会脱离导槽，这样当车子撞到门的时候，门帘会脱离导槽，从而避免门体被损坏。

（3）帘布　帘布分段制作，每段高度约700mm，各段帘布可通过特制的铝质抗风条连接成一个整体帘布，帘布厚1.2mm，具有强度高、抗冲击、不易刺穿等优点。还可选用$\delta=2$mm的透明PVC材料制作帘布或部分选用透明PVC材料制作帘布，以便观察软帘门两侧的情况。在帘布，的底部设有铝质底梁及防撞软袋帘布，其顶部通过螺钉和压条固定在卷筒上。

（4）驱动装置　通过减速马达直接驱动软帘门转轴。根据提升速度的要求选用不同速比的减速器，可达到所要求的提升速度，最快速度可达到80cm/s以上。控制线路采用变频控制，可使帘布运行时达到缓起动缓停止的效果，并可使帘布到位自停，及在运行过程中停止运动。

（5）控制　软帘门设有控制箱，可在控制箱操作“开”“停”“关”，并可在控制箱的另一侧墙面设控制按钮“开”“停”“关”。可根据需要，选配遥控操作器和雷达探测器或地磁感应自动开关门。在门洞两侧可设有红外线监测装置，当门体运动时有障碍物穿越门洞时，帘布运动将停止，或恢复到开门状态。

5. 注意事项

（1）快速卷帘门是公共场所防火分区和防火隔断的重要消防举措措施。它是结合机械与电器综合机能的消防产品，因此对安装好的防火卷帘应使其始终处于正常状态。

（2）快速卷帘门在使用过程中，专用设备应有专人使用和保管。专人应具有一定电工及机械基础知识。

（3）快速卷帘门在操纵使用过程中，操纵职员不得擅自离开操纵地点，应紧密地留意其启闭情况和执行情况。在启闭卷帘门时，卷帘下面不准有人站立、走动，以防行程开关失灵，卷帘卡死，电机受阻或发生其他事故。

（4）快速卷帘门应建立按期保养机制，并做好每樘卷帘的保养记录工作，存案存档。

（5）长期不启闭的卷帘半年必须保养一次，保养内容为消除尘圾、涂刷油漆、对传动部分的链轮滚子加润滑油等。

（6）快速卷帘门在使用过程中一旦发现异常情况应立刻采取紧急措施，排除故障。

第四章

栽培方案设计

第一节 产业集群育苗系统

随着科技的进步，农业的发展，蔬菜工厂化育苗逐渐进入了农业工作者的视野。工厂化育苗，又称快速育苗，是运用一定设备，人为控制种子发芽出苗、成苗、炼苗等各阶段的育苗环境，严格按照育苗流程，在短时间内培育出适龄壮苗的一种育苗方法。随着科学技术的进步，蔬菜工厂化育苗可作为蔬菜规模化、标准化生产的前提，为蔬菜现代化产业的发展、提高农民收益提供保障。

蔬菜生产的效益一般低于花卉生产效益，用于蔬菜生产相关装备开发的投资相对较少，因此蔬菜生产自动化水平也落后于花卉生产。但是，随着荷兰花卉园艺生产装备技术的不断提高和日趋成熟，近年花卉自动化生产技术也在向蔬菜生产方向转移，带动了蔬菜生产的自动化水平，一些园艺自动装备生产公司在开发花卉自动化生产装备的基础上，也开发出了许多蔬菜育苗专用生产线。

在欧美各大园艺装备生产公司开发出现被广泛使用的播种生产线后，针对岩棉块生产蔬菜种苗的工艺要求，荷兰一些大型园艺装备生产企业又开发出采用岩棉块进行蔬菜育苗的自动化生产线。这种生产线可实现整包岩棉块自动解垛、岩棉块充水、精量播种、种子覆土、幼苗移栽和支撑签插入等一系列自动作业，之后利用岩棉块搬运铺放车将其搬运至温室内自动铺放，大大节省了劳动力，提高了作业生产率和作业质量。

一、产业集群育苗设备的介绍

为提高作业生产率，满足大规模生产作业量的需求并降低劳动力使用量，荷兰借助花卉自动化生产技术的快速发展，在蔬菜育苗生产中也开始了广泛采用生产效率较高的自动化生产线。根据蔬菜育苗生产的工艺特点，目前蔬菜育苗生产中主要介绍蔬菜岩棉块种苗生产线自动化生产线。

产业集群育苗所涉及的设备有催芽室、播种流水线、岩棉运输车、种苗转运架等组成。

1. 育苗生产线

育苗生产线包括运输、冲洗、播种（岩棉塞）、覆盖等环节，播种平盘规格为60cm×40cm×2.5cm，其中最大工作效率为100盘/h；使用的托盘规格为60cm×40cm，其中最大工作效率为4000～5000块/h。通过调节吸针可以播种不同规格的岩棉块、岩棉塞等。

2. 岩棉运输车

岩棉基质运输车（12条运输带）最大延展长度可以达到3m，上层甲板有12个可以分开闭合的横向传送带，用于拉开岩棉块的间距，一次最多可以运送800块岩棉（图4-1）。

3. 催芽室

催芽室属于简易人工气候室的一种，通过硬件与软件设施的科学配置，可实现对催芽室室内环境湿度、温度、光照、气流等的控制，创造理想催芽条件。催芽室的主要设备有风冷冷水机组、风机盘管、贯流式空气幕、空气压缩机、补光灯、喷头等。

（1）催芽床架规格　催芽床架的大小通常是依据育苗平盘的规格而确定的，同时还要考虑到人体操作的方便性。一般采用的平盘规格为60cm×40cm，240孔/盘。在此基础上确定催芽床架每层摆放10个平盘，横向摆放，每个催芽床为9层，设层间距为20cm，催芽床架总高为180cm，总宽为60cm，总长为420cm。

（2）催芽室规格　根据催芽床架的设定规格，在最大化利用催芽室空间以及附属设备最优化选择的前提下，确定催芽室（图4-2）的规格如下所述。

长：14m，竖向每排布置3个催芽床架。

宽：5m，沿宽度方向可布置3排。

高：3.6m，充分考虑空调设备及加湿设备对室内环境的调控。

催芽室容量：240孔×10盘×9层×9个＝194400粒。

4. 环境控制设备选择

催芽室的环境控制是一个复杂的系统，有许多参数需要被测量和控制，但影响到种子发芽的最主要因素是温度和相对湿度。

温度控制方面，催芽室采用中央空调集中控制方案，其优点是温度调节精准，可实现室内温度均匀稳定，一套机组可以实现夏季降温和冬季加热两种情况。

湿度控制方面，催芽室采用了超声波加湿器方案，其优点是安装方便，造价较低，加湿速度快，控制精准。

同时，为了催芽室内部环境更加均匀，在催芽室内需要安装两台循环风机，使环境温湿度更加均匀。

图4-1　岩棉块种苗转运车

图4-2　催芽室

二、产业集群育苗技术

蔬菜精量播种装备在中国种苗生产中应用得也较为广泛，荷兰在蔬菜精量播种生产线基础上，配合使用电动车和人力液压搬运车等搬运工具，减少育苗穴盘搬运作业中的人力消耗。荷兰大部分蔬菜种苗生产企业都以岩棉块为基质向蔬菜种植企业出售种苗，以适应后续营养液无土栽培的要求。

（一）育苗物资

工厂化育苗所需的物资包括育苗基质、营养液、肥料、种子等。

1. 育苗基质：岩棉块（塞）、草炭、椰糠等

工厂化育苗的育苗基质种类的选择，不仅决定了后期育苗的模式，而且还在一定程度决定了后期的栽培模式；另外基质的规格和质量会影响幼苗的生长速度和质量，缓苗时间，以及后期的长势，抗性，和产量。

育苗基质分为无机基质和有机基质。无机基质包括石英、河沙、珍珠岩、岩棉等，有机基质包括草炭、树皮、锯末、椰糠、菌料等。蔬菜设施产业集群栽培种常用的育苗基质主要为岩棉块、岩棉塞。在设施园艺产业集群中，岩棉由于其化学性状稳定，物理性状优良、pH稳定以及高温消毒后不携带任何病原菌等特点，被作为育苗基质的首选（表4-1）。

表4-1 岩棉块的理化性状

理化参数	容重/（kg/m^3）	孔隙度/%	吸湿率/%	pH	渣球含量（颗粒直径≥0.063mm）/%	纤维平直径/μm	有机物含量/%	游离酚/（mg/kg）	游离醛/（mg/kg）	气相（浸水后）/%	液相（浸水后）/%	固相浸水后）/%
数值	60～80	97.20	≥600	7～8	≤30	6～7	1.50	≤1.8	≤20	52.00	15.20	2.80

化合物种类	SiO_2	CaO	Al_2O_3	MgO	FeO	Na_2O	K_2O	MnO	TiO_2
含量/%	40.93	31.98	13.73	10.05	0.80	0.73	0.90	0.20	0.68

岩棉是从熔化的岩石中抽丝而制成的天然矿制品，是由60%的辉绿岩、20%石灰岩和20%的焦炭混合而成的，在1600℃的高温下熔化，喷成0.005mm的纤维，使其成为容重为77～80kg/m^3的无机固体基质，内部结构采用摆锤式加工方式，纤维紧密，呈波浪式交织在一起，纤维的分布有水平式、垂直式和立体网状结构。它是适合园艺各个领域应用的稳定的生长基质，种植者可以非常容易地调节作物根际的水气比和各个营养成分

的比例，因此岩棉栽培在世界上得到广泛的应用。采用岩棉塞、岩棉块作为育苗基质便于控制养分供给，均匀施肥；在连作地块上不需要进行土壤消毒；容易实现栽培技术标准化。另外，还可提高劳动效率，便于扩大规模，能进行企业经营；促进根系生长空间的充分利用，其水分及养分的供给更加平衡，根系更加庞大高效。常用的岩棉块的规格有100mm×100mm×65mm和75mm×75mm×65mm两种，岩棉塞的规格为20mm×27mm（图4-3）。

图4-3　岩棉块、岩棉塞

2. 营养液

营养液是将含有植物生长发育所必需的各种营养元素的化合物和少量可使某些营养元素有效性更为长久的辅助材料，按一定的数量和比例溶解于水中所配制而成的溶液。营养液的浓度混合各元素之间的比例以及营养液的管理，在很大程度上决定了高效栽培的成功与否。营养液配置所需的原料主要有水和含有营养元素的各种化合物及辅助物质。为了更有效地使用营养液，必须对营养液配置所需的水、营养物质及辅助材料理化性质有较好的了解。

（1）营养液的水质要求　高效栽培对水质的硬度、酸碱度、氯化钠含量均有很高的要求。

硬度：统一用单位体积的CaO含量来表示，即每度相当于含CaO 10mg/L，高效栽培要求水的硬度在8度以下，如表4-2所示。

酸碱度：pH 6.5～7。

氯化钠含量：≤100mg/L。

溶解氧：无严格要求，最好在未使用前O_2含量≥3mg/L。

表4-2　水的硬度划分标准

水质种类	CaO含量/（mg/L）	硬度/度
极软水	0～40	0～4
软水	40～80	4～8
中硬水	80～160	8～16
硬水	160～300	16～30
极硬水	＞300	＞30

各离子浓度标准：如表4-3所示。

表4-3　高效栽培用水各离子浓度标准

名称	标准	名称	标准
钙离子	≤2 mmol /L	镁离子	≤ 0.5 mmol /L
硫酸根	≤0.5 mmol /L	亚铁离子	≤ 5 μmol /L
锌离子	≤5 μmol /L	锰离子	≤ 10 μmol /L
铜离子	≤0.5 μmol /L	硼离子	≤ 25 μmol /L

重金属及有毒物质：含量不能超过如表4-4所示标准。

表4-4　无土栽培水中重金属及有毒物质含量标准

名称	标准/（mg/L）	名称	标准/（mg/L）	名称	标准/（mg/L）
汞（Hg）	≤0.001	镉（Cd）	≤0.005	砷（As）	≤0.05
铅（Pb）	≤0.1	硒（Se）	≤0.02	铬（Cr）	≤0.1
铜（Cu）	≤0.10	锌（Zn）	≤0.20	氟化物（F−）	≤2.0

（2）营养液的配制对水源的要求　高效栽培生产中常用井水和河水为水源。有些地方也可以通过收集温室屋面的雨水来作为水源。如果以井水作为水源，在使用前要对井水进行化验分析，复合高效栽培用水要求后才可使用。如果是通过收集雨水作为水源，首先要对水源进行过滤、澄清，之后要对雨水进行沉淀消毒。如果当地空气污染严重，雨水则不能作为水源。

（3）高效栽培供水量　保证足够的水源供应，每株每天按2.5 L计算需水量。

3. 肥料

（1）肥料的纯度选择　用于研究营养液新配方及探索营养元素缺乏症等试验时，所有化合物纯度都要求在99%以上。在高效栽培生产中，大量元素肥料采用化学纯级；微量元素肥料要选择用化学纯试剂（99%以上）。常用化合物名称及化学式如表4-5所示。

表4-5　常用化合物名称及化学式

大量肥料名称	化学式	微量肥料名称	化学式
硝酸钙	$Ca(NO_3)_2 \cdot 4H_2O$	螯合铁	EDTA-Fe
硝酸钾	KNO_3	螯合铁	EDDHA-Fe
硫酸镁	$MgSO_4 \cdot 7H_2O$	七水硫酸锌	$ZnSO_4 \cdot 7H_2O$
磷酸二氢钾	KH_2PO_4	一水硫酸锰	$MnSO_4 \cdot H_2O$
硝酸铵	NH_4NO_3	五水硫酸铜	$CuSO_4 \cdot 5H_2O$
硫酸铵	$(NH_4)_2SO_4$	二水钼酸钠	$Na_2MoO_4 \cdot 2H_2O$
硫酸钾	K_2SO_4	硼酸	H_3BO_3

（2）营养液配制组成原则　在配制营养液时要遵循营养液组成的原则。

①齐全：营养液中必须包含作物生长所必需的全部营养元素。高等作物生长所必需的元素包括氮、磷、钾、钙、镁、硫、铁、锰、锌、铜、钼、硼和氯。

②可利用：营养液中各种化合物都必须以作物可以吸收的形态存在。营养液中各化合物均要呈离子状态，能够让作物有效地吸收利用。

③合理：营养液中个营养元素的数量和比例应符合植株生长的要求，并且满足生理平衡，保证各营养元素有效性的充分发挥和作物吸收的平衡。配制营养液时，在满足作物必须元素齐全的前提下，选择的化合物种类尽量要少。

④有效：营养液中各化合物在种植过程中，能够在营养液中较长时间地保持其有效性。不会由于营养液的温度变化、根系的吸收、离子间的拮抗等使其有效性降低。

⑤适宜：营养液中各种化合物组成的总盐分浓度及其酸碱度应适宜植株正常生长的要求。

⑥稳定：营养液中各种化合物在植株生长过程中由于根系的选择吸收而表现出来的营养液总体生理酸碱反应是较为稳定的。在营养液配方中某些化合物有理酸性或生理碱性，但作为一个营养液配方中所有化合物的总体表现出来的酸碱性应比较平稳。

（3）营养液配制方法　在配制营养液时，一般要先配制浓缩母液，然后在进一步配制工作液。在配制母液时，为了防止产生沉淀，要将营养液中各化合物进行分类，相互之间不产生沉淀的化合物放在一起。因此通常配制浓缩母液时一般分为A、B、C肥三种。其中A、B肥是大量元素，C肥是微量元素。A母液是以钙为中心的，凡是不与钙盐作用而产生沉淀的化合物均可放置在一起溶解。一般包括硝酸钙、硝酸钾等。浓缩100～200倍。B母液是以磷肥为中心的，凡是不与磷盐作用而产生沉淀的化合物均可放置在一起溶解，包括磷酸二氢钾、硫酸镁等。浓缩100～200倍。C母液是由铁和微量元素合在一起配制而成的，因微量元素用量很少，所以在配制母液时可配制成1000～2000倍浓缩液。在荷兰、日本等一些高效栽培发达的国家，在进行大规模高效栽培时，在生产中通常会把C肥中的铁放在A肥中，其他微量元素放在B肥中采用A、B两母液罐。其中A肥包含钙盐和螯合铁；剩余的其他大量及微量元素加入B母液灌中。

（4）配制母液的步骤

①按照母液的体积和浓缩倍数计算出配方中各化合物的用量，依次正确称取各母液中各种化合物的量。

②配制母液时，因高效栽培生产中一次配制母液量较大，不易溶解，经常出现溶解不充分等现象，所以通常在配制母液时应选择二次溶解和加装搅拌器。先在一次溶解罐中加入1/2的水，再按照营养液配方顺序将肥料顺次加入，必须充分搅拌，静置一会儿后将上层澄清液加入对应的母液罐中。然后，继续向一次溶解罐中加水溶解，等前一种肥料充分溶解后才能加第二种肥料，待全部溶解后，加水至所需配制的体积，搅拌均匀即可。

③对于一些难溶的肥料如螯合铁、硫酸铜等，必须事先在容器中加入热水或少量酸溶解，然后再将其加入母液罐中。

（5）营养液配制的操作规程

①营养液原料的计算过程和最后结果要多次核对，以确保准确无误。

②称取各种原料时，要反复核对称取数量的准确性，并保证所称取的原料名称相符，切勿张冠李戴。特别是在称取外观上相似的化合物时更应注意。

③各种原料在分别称好之后，一起放到配制场地规定的位置上，最后核查无遗漏，才可动手配制。切勿在用料未到齐的情况下匆忙动手操作。

④建立严格的记录档案，将配制的各种原料用量、配制日期和配制人员详细记录下来，以备查验。

注意事项：为了防止母液产生沉淀，在长时间储存时，一般可加入少量硝酸或硫酸将母液罐中的pH调至5.5，同时应将配制好的浓缩液放置于阴凉避光处保存。废液经过处理消毒系统循环再利用，但是所占营养液比例不能超过30%。

4. 种子

现代农业科技示范园区设施绿色蔬菜生产基地的蔬菜种类和品种的选择，应坚持科学发展观，目的是把这个基地建设成为一个可持续发展的现代化设施绿色蔬菜生产基地；坚持以市场为导向，立足竞争，突出特色，优化结构，拓展领域；坚持以科技进步为支撑，注意单产和品质，提高农产品的竞争力。在蔬菜种类和品种的选择上遵循以下几个原则：

（1）充分发挥示范作用，带动周边地区的蔬菜生产，最终形成规模化生产、产业化经营的格局。

（2）以市场为导向，围绕秋冬季、冬春季的反季节蔬菜两大特色，实现周年生产，均衡供应，以满足市场需求。

（3）坚持蔬菜品种的结构调整，以生产高品质、高附加值、高科技含量蔬菜品种为主攻方向。

（二）育苗准备工作

1. 岩棉塞、岩棉块、基质的选择与前处理

岩棉塞的准备播种前要整齐平整摆放岩棉塞托盘，并要求用水把岩棉塞浸透。（清点数量、检查有无缺失和破损等）由于新岩棉的pH较高，在栽培初期应使营养液的pH偏高，并且岩棉在强酸碱条件下纤维会溶解，而在弱酸条件下是稳定的，所以在使用时应用EC为1.5mS/cm、pH为5.5的全营养液浇灌一次，可降低岩棉的pH。

蛭石准备播种用的覆盖蛭石要求粒径在1～2mm，并且要求蛭石清洁无菌。

种子处理包衣处理：将杀菌剂、杀虫剂、作物生长调节剂等非种子物质包裹在种子的外面，使种子成型，可提高种子抗性，加快发芽，促进出苗，增加产量，提高品质。

干热消毒：多用于番茄，先晾晒种子，然后放于70～75℃烘箱中烘烤4d，取出后催芽，能防治番茄病毒病。

2. 茬口安排

从番茄上市的市场价格和国内四季的气候特点两方面综合考虑，一年一大茬和一年两茬种植模式。一年一大茬一般选择7月中下旬播种，9月上中旬定植，12月中下旬开始采收。一年两茬选择7月中旬播种，9月上旬定植，11月中旬开始采收；以及12月上旬播种，1月中下旬定植，4月中下旬开始采收两种茬口，如表4-6所示。

表4-6　番茄高效栽培后期茬口安排时间表

种类	茬口类型	播种期	定植期	采收期
番茄	一年一大茬	7月下旬	9月中旬	12月中旬至翌年6月
	一年两茬	7月中旬/11月中旬	9月上旬/翌年1月中旬	12月上旬/翌年4月中旬

3. 品种选择与种子的处理

（1）茄果类蔬菜品种选择（番茄）

①品种选择：参考因素主要有以下几点。

a 产量：目前，市场上番茄品种从大类上来分为大果型番茄和小果型番茄两大类。就产量而言，大中果型的产量极具优势。

b 生长特性：因为是连栋温室周年生产，所以应选择无限生长型番茄品种。在抗病性方面要选择抗病毒的高抗性品种。

②番茄品种介绍

a 大中果型品种

丰收（74-560）RZ F1 杂交种：植株长势均衡，中早熟，耐寒性好，丰产性好；适合越冬长季节栽培；果实大红色，微扁圆形，中型果，单果重200g；果实硬，耐运输，耐储藏。

b 水果番茄品种

佳西娜（74-112）RZ F1：圆形，无限生长，早熟，植株健壮、开展，果实红色、鲜亮，单果重35～40g，果穗排列整齐，建议每穗留果8～10个，既可单果采收也可成串采收，口味佳；适合早春、秋冬和早秋保护地种植；抗番茄花叶病毒病、斑萎病毒病、黄化曲叶病毒病、枯萎病、黄萎病和线虫病。

福特斯：圆形樱桃番茄，植株无限生长型，早熟；适合早春、早秋和秋冬保护地种植；果实红色、鲜亮，平均单果重10～15g，果穗排列整齐，每穗10～12个果，以单果收获为主，也可以串收；果实较硬，口味极佳，商品性好；抗番茄花叶病毒病、番茄斑萎病毒病、番茄黄化曲叶病毒病、叶霉病、枯萎病、黄萎病和根结线虫病。

摩丝特：圆形樱桃番茄，无限生长，早熟，植株开展，果实红色，平均单果重15g，果穗排列整齐，既可单果采收也可成串采收，口味佳；适合于北方早春、秋冬和早秋保护地种植，也适合南方露地越冬栽培；抗番茄花叶病毒病、斑萎病毒病、黄化曲叶病毒病、叶霉病、枯萎病、黄萎病和线虫病。

（2）瓜果类蔬菜品种选择（黄瓜）

①品种选择：国外连栋温室种植的黄瓜多为无刺长黄瓜品种，在国内还没有打开市场，不适宜国内销售，但该品种抗病性强、产量高，综合栽培一行作为实验。种植黄瓜应考虑国内黄瓜市场，从密刺长黄瓜和无刺水果黄瓜中选择。

选择参考因素主要是以下几点。

产量：国内市场上黄瓜品种从大类上来分主要是密刺长黄瓜和无刺水果黄瓜两大类。就产量而言，密刺大果型的产量极具优势。

品种特性：因为是连栋温室周年生产，而黄瓜生长速度快、挂果性快，单果采收期短，所以采用一年三茬种植，两个品种，一个耐寒品种，一个耐热品种。

抗性选择：蔬菜生产的产区，积聚病菌的程度相对严重，因此选择抗病型品种作为品种选择的首要因素。尤其应选择对霜霉病抗性相对较强的品种。

②品种介绍

a 长黄瓜

喜旺：密刺长黄瓜品种，植株生长势中等，叶片中等大小；耐寒，适于北方日光温室大棚及南方大棚早春和秋冬茬种植；强雌性品种，早熟，坐果性好，产量高；瓜长35cm左右，瓜条顺直，瓜把短，皮色深绿，光泽度好；抗黄瓜花叶病毒病、黄瓜脉黄化病毒病及白粉病。

中农26：生长势强，分枝中等；主蔓结果为主，节成性好，坐果能力强，瓜条发育速度快，回头瓜较多；瓜色深绿、亮；腰瓜长30cm左右，把短，瓜粗3.3cm左右，商品瓜率高；刺瘤密，白刺，瘤小，无棱，无黄色条纹，口感好；熟性中等，从播种到始收在55d左右；丰产，持续结果能力强，亩产最高可达10000kg；综合抗病能力及耐低温弱光能力强，适宜日光温室越冬、早春、秋冬茬栽培。

津优35：植株长势较强，单性结实能力强，瓜条生长速度快；早熟性好，生长后期主蔓掐尖后侧枝兼具结瓜性且一般自封顶；抗霜霉病、白粉病、枯萎病；耐低温、弱光。

b 迷你黄瓜

夏之光：早熟品种，耐热，适合在春夏、早秋日光温室和大棚栽培，生长势中等，每节1～2个果；果实长度为16～18cm，表面光滑稍有棱，味道鲜美；抗黄瓜花叶病毒病、黄脉纹病毒病、疮痂病和白粉病。

冬之光：耐寒性好，适合于早春、早秋和秋冬日光温室栽培；产量高，孤雌生殖；果实长度为16～18cm，表面光滑，味道鲜美；抗黄瓜花叶病毒病、白粉病和疮痂病。

（3）叶菜类蔬菜品种选择（生菜）　生菜有三个变种，分别为散叶生菜、皱叶生菜、结球生菜。在水培生菜品种选择时，首先要考虑到市场的需求及消费者食用习惯。一般水培生菜以散叶生菜和结球生菜为主，其次要选择早熟、耐热、耐抽薹、结球性好的品种，如意大利生菜、美国大虎等品种。

（三）播种催芽以及消毒

机械播种：岩棉番茄播种线。使用岩棉塞育苗，特定规格泡沫装岩棉塞育苗穴盘，岩棉塞装入泡沫穴盘中，进入自动化播种流水线：卸盘放盘、浇灌岩棉塞（水可循环利用）、播种、覆盖蛭石、码盘，人工移走穴盘。催芽后带苗岩棉塞嵌入岩棉块内，用运输车运到温室内育苗。岩棉先用纯净水（水处理系统处理过）多次喷淋，直至浸透为止，最后一次用全价营养液喷淋。黄瓜播种可直接播种于岩棉块上，然后又转运车移至潮汐灌溉苗床上。生菜可采用穴盘育苗或小型岩棉块育苗。高效栽培育苗技术流程如图4-4所示。

图4-4　高效栽培育苗技术流程图

（四）苗期管理

1. 苗期环境控制

苗期温度管理掌握“两高两低”的原则，即出苗前温度略高，出苗后适当降低；子叶展开真叶长出后，可适当提高温度促进生长，移栽前适当降低温度。

在第一阶段，待30%的种子拱土后，及时揭去盘面覆盖物，给植株适当通风、降湿、见光。不同种类蔬菜的催芽出苗宜保持5～10℃的昼夜温差，适宜温度与时间参照表4-7、表4-8、表4-9所示。

表4-7　第一阶段温度管理参照

参数		番茄	黄瓜	生菜
发芽温度/℃		23	26	20
出芽天数/d	夏	2～3	2～3	2～3
	冬	4～5	3～4	4～5

表4-8　第二阶段温度管理参照

蔬菜种类	白天温度/℃	夜间温度/℃
番茄	23～25	13～16
黄瓜	25～28	15～16
生菜	15～22	8～15

表4-9　第三、四阶段温度管理参照

蔬菜作物	白天温度/℃	夜间温度/℃
番茄	18～24	8～13
黄瓜	15～25	8～15
生菜	15～22	8～13

喜光作物在弱光下，幼苗会出现茎细弱、叶色淡、根系不发达等现象；反之，若光太强则表现出光抑制现象，可影响幼苗生长。冬春季遇连续阴雨天要及时增光补光；夏季或秋季的中午应注意遮阴。夏秋育苗时，出苗前应在连栋温室上展开遮阳网遮阴降温，出苗后晴天15时后至次日10时前和阴雨天要合拢遮阳网。

2. 苗期灌溉管理（水肥供给等）

第一阶段苗龄，每天用EC 1.5mS/cm、pH 5.8的全营养液浇灌一次；每天浇灌时间应选择在上午，要降低夜间岩棉塞的含水量，防治幼苗徒长。同时检测排出液的EC、pH变化。第二阶段苗龄，每天用EC 1.5～2.0mS/cm、pH 5.8的全营养液浇灌一次。第三、四阶段随着植株的生长，每天喷灌营养液的次数逐渐增加，EC由2.0mS/cm逐渐增加到2.5mS/cm，pH为5.8。同时检测排出液的EC、pH变化。 如图4–5所示。

各阶段浇灌营养液时如果用的是顶部喷淋，浇灌后应用清水清洗叶片以防止灼烧。

（五）苗期其他管理

1. 移苗、炼苗以及成苗的质量标准

番茄播种12～14d后，育苗塞小苗可以开始移植，移植前育苗塞的EC应为2.5～2.7mS/cm。移植后温度保持在20℃以上，用EC 2.5～3.0mS/cm、pH 5.5～6.0的完全营养液进行灌溉。

在移出育苗温室前必须进行炼苗，以适应定植点的环境。秧苗定植在有加温设施的温室中，只需保持运输过程中的环境温度；定植在没加温设施的大棚内，要提前3～5d进行降温、通风、炼苗。

成苗要求秧苗整齐一致，无病虫害，苗龄正常，子叶完好，真叶叶色浓绿，茎秆粗壮，株高正常，根系发达，如图4–5所示。

2. 成苗的装运

采用56cm×28cm×80cm（长×宽×高）的钙塑瓦楞箱和钙塑瓦楞穴盘托架或纸箱为包装物（图4–6）。把带幼苗的岩棉块逐盘分层装入瓦楞箱内，或在运输车辆上安装专用多层育苗架，将幼苗逐层装在育苗架上随车装运。短距运输的，可放在筐内或箱内装运。

图4–5　番茄岩棉育苗

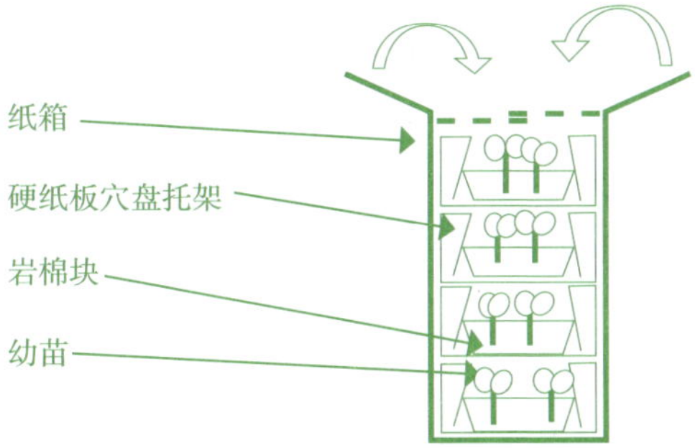

图4–6　多层种苗运输架示意图

第二节
产业集群栽培系统

我国设施农业发展已初具规模，已成为现阶段农业中最具特色和优势的主导产业。我国设施农业中以设施蔬菜规模最大，设施蔬菜面积（扣除小拱棚面积计算）占到我国蔬菜种植面积的79.4%，约占世界设施蔬菜种植总面积的90%。

设施蔬菜是我国产值最大的农产品。2011年，我国蔬菜产值达到1.26万亿元，首次超过粮食总产值，其中设施蔬菜产值达到蔬菜总产值的一半，蔬菜生产对全国乡村人口人均纯收入的贡献额超过1500元。

一、产业集群栽培系统设备介绍

在产业集群生产中使用的设备有种植沟槽、吊蔓系统、水处理系统、水肥一体化系统、残液消毒系统、劳务用工管理系统、植保系统、环控系统、室内包装物流系统等。

（一）种植沟槽

荷兰FormFlex是种植沟槽开发制造的全球专家。FormFlex能够基于各种种植类型和条件，提供合适的沟槽系统并进行现场仿形的公司。AG–平稳型沟槽外层白色，里层灰白色，厚度为0.6mm，双面镀锌钢，底面喷涂，外部覆盖聚酯涂层。聚酯图层是一种聚酯材料，外部涂有底漆及聚酯涂层的钢材面层，耐受程度符合欧洲标准EN10143。沟槽的最大负荷可达15kg/m^2（岩棉栽培适用），建议每根缆绳长度不小于4.5m，缆绳数量最多为1m一根。沟槽宽度为210mm，高度为120mm，排水沟深度为45mm，排水沟宽度为30mm。现场进行种植沟槽的碾压成型，可保证种植沟槽的连接点最少。种植沟槽会直接装配在支撑构件上，构件可以提前组装或者现场组装。高效栽培种植沟槽如图4–7所示。

（二）吊蔓系统

顶部吊挂组件，使用固定在复合梁下Φ5带胶皮钢丝绳，每趟栽培槽配置两道，钢丝绳两端通过钢丝扣固定在距地面4m高的Φ10螺纹钢上，螺纹钢通过带孔贴片、T形钢件与温室支撑住相连。钢丝绳中部每隔四米采用U形钢构吊挂。

（三）水处理系统

该系统主要利用反渗透膜特性除去水中绝大部分可溶性盐、胶体、有机物及微生物，从而获得符合指标的生产用水装置。渗透容量为2台30t/h，盐截留率98%，电源为

图4-7 高效栽培种植沟槽

图4-8 水净化处理系统

380V、50Hz，水整体回收率75%。设备运行过程中产生的25%的浓水本身不含有对人体有害的物质，可考虑作为中水用于绿化灌溉或者卫生间用水使用。设备为手动开启和自动开启模式，自动模式下通过液位器控制机器的开关。使用过程中前端的石英砂过滤和活性炭过滤每隔一段时间（时间可自主设定）自动反清洗。使用过程中需要添加阻垢剂（与水比例1：10左右），精密过滤器内的滤芯需要定期进行更换。水处理的膜组件要定期清洗（先酸洗后碱洗，也可购买专业的清洗剂）。处理完的水还可添加酸或碱来调节pH，后序安装紫外线消毒设备对水进行消毒。全年维护包括絮凝剂、阻垢剂、滤芯、膜组件等。水净化处理系统如图4-8所示。

（四）水肥一体化系统

施肥机灌溉每栋温室分为6个伐区，每3个伐区同时开启，实施轮灌；每株植物每天浇水按2L计算，5栋番茄温室共有120384株苗，每天共需水量240t；3栋黄瓜温室共有60192株苗，每天共需水量120t；2栋彩椒温室共有40128株苗，每天共需水量80t。据hoogendoom提供的参数，施肥机供水量为30m^3/h。番茄施肥机为4通道（A、B、酸罐、备用罐），黄瓜、彩椒共用一个7通道（黄瓜A、黄瓜B、备用罐；彩椒A、彩椒B、备用罐；共用一个酸罐）施肥机。施肥机分为手动和自动两种控制模式，自动模式下由计算机控制（EC、pH、灌溉时间等）。手动模式下需要人工开启施肥泵并把温室内的灌溉电磁阀调到常开状态。施肥机配置两个EC和两个pH探头，需要定期取下探头浸泡在校正液中进行校正。水肥一体化灌溉系统如图4-9所示。

（五）残液消毒系统

项目采用营养液重复利用回收系统，该系统主要利用特殊设计的高效率、高强度和长寿命的短波紫外线（UVC）波段紫外光照射流动水，将水中细菌、病毒、寄生虫及其他病原体直接杀死。各温室残液排出量、残液回流均按30%计算，番茄80t/d，黄瓜40t/d，彩椒30t/d，每天共计残液150t。据Hoogendoom提供的参数，该消毒系统的操作电压400V ± 5%，工作频率50Hz，容量9.5m^3/h，每天工作20h，紫外灯（片）16个，灯管类型为300w-xl紫外线灯泡，灯泡寿命10000h，UVC辐射250mJ/cm^2（图4-10）。

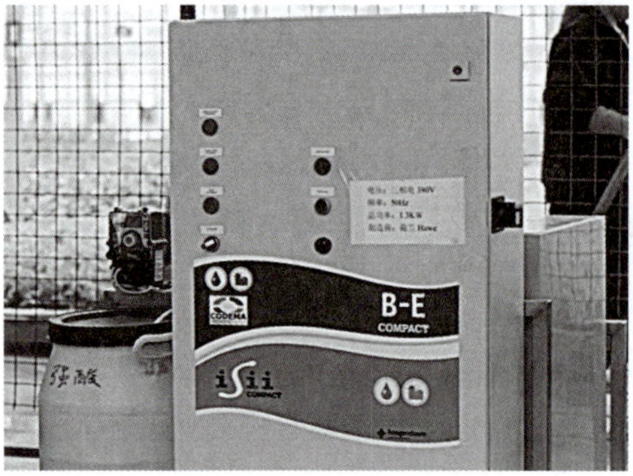

图4-9　水肥一体化灌溉系统

图4-10　紫外线消毒系统

（六）劳务用工管理系统

劳务用工管理系统是专门为记录劳动力及生产数据而设计的，能够有效监测，激发员工积极性，便于操作，技术适应性广，劳动力成本可节约15%左右。该系统涉及劳动力管理、库存管理及植物病虫害等方面。

劳动力管理方面：根据生产需要和员工需要提供两种不同的输入端，固定式输入端员工可以利用数字键盘或电子标签输入数据；移动式输入端体积小巧，配置了显示屏幕和5个按键，还具有扫描功能，能使其快速准确地扫描作物行、操作台、栽培容器、收获车以获得数据。通过绩效支付体系，激励员工快速高质的完成工作，实现高产生产。

库存管理方面：包括人工输入装载箱数量，拖车自动称重，重量或数量分选系统。

植物病虫害管理方面：能够保证员工在实地收获或从事其他劳动时使用温室图表浏览工具或从输入端轻松记录病害、死株等情况，便于管理者针对性管理。劳务用工管理系统如图4-11所示。

（七）环控系统

最新一代的智能控制系统可实时、直观地记录和调控温室内的各个参数，通过外部气象站的参数反馈，控制对应的电机的开关、施肥机的开启和闭合、湿帘风机的开关来达到调节温室内部温湿度以及水肥的目的，可实现手机、平板等远程操控（图4-12）。

（八）室内包装物流系统

采摘的产品由牵引车牵引采摘货架运输到包装车间进行分拣、打包、贴标签、打垛（图4-13），最后运向市场。

地磁牵引车（图4-14）：适用在水泥地面上，后轮驱动功率为1300W，可分为自动模式和手动模式。自动模式下速度最大3km/h，控制柜安装在生产区域，控制柜上触摸屏控制车的行驶最大牵引重量为3000kg。

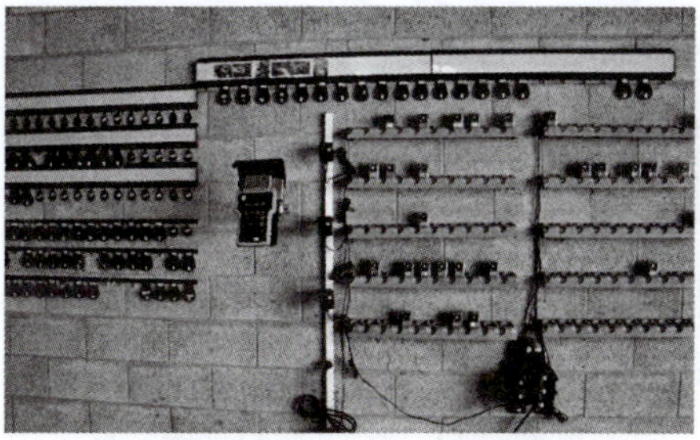

图4-11　劳务用工管理系统

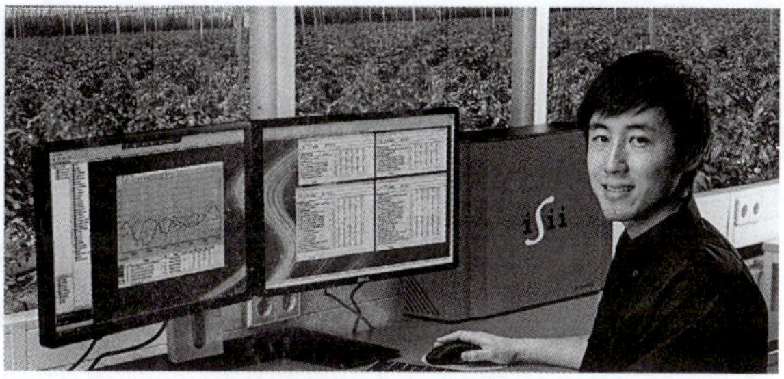

图4-12　环境控制系统

（1）物流包装线（局部）

（2）物流包装线（整体）

图4-13　物流包装线

图4-14　地磁牵引车

二、产业集群栽培技术流程

（一）茄果类蔬菜栽培流程（番茄）

1. 定植前准备工作

椰糠条选择与摆放：椰糠具有颗粒粗、透气排水性较好、保水持肥能力较强的特性。在选择椰糠条时，要满足表4-10中的各项理化性质。在摆放椰糠条时，相邻两条椰糠条之间要预留7～10cm的间隙，以避免椰糠在加水膨胀后，椰糠条之间的相互挤压。保证每条椰糠条摆放平整，定植口面向正上方。

营养液母液配制：采用番茄岩棉椰糠复合基质专用营养液配方，营养液配制方法采用A、B两母液罐。其中，A罐中包含钙盐和螯合铁；剩余的其他大量及微量元素放置于B罐中。A、B罐中配制的母液浓度均为工作液浓度的100倍。

表4-10　椰纤基质理化性质

特性	单位	一般指标参考	特级指标参考
透气性（AFP）	%	≥13	≥13
吸水能力	min	≤5	≤2
总持水能力（WHC）	%	≥40	≥50
pH	—	5.3～6.5	5.3～6.5
电导率（EC）	ds/cm	≤2.2	≤2.2
毒性指数	—	≥75	≥75
氮-NH_4	mg/L	≤100	≤100
NH_4+NO_3	mg/L	无	≥50
氮消耗指数	—	≥0.2	≥0.7
磷-PO_4	mg/L	无	8～40
钾	mg/L	无	≥50
硫-SO_4	mg/L	无	≥40
钙	mg/L	≥50	≥80
镁	mg/L	≥15	≥15
钙/镁 比例	—	1.5～10.0	2.0～10.0
钾/镁 比例	—	无	1.0～7.0
钠	mg/L	≤130	≤100
氯	mg/L	≤200	≤200
铁	mg/L	≥25	≥25
铜	mg/L	0.4～15	0.4～15
锌	mg/L	0.3～10	0.3～10
锰	mg/L	1～15	1～20
硼	mg/L	0.02～0.65	0.02～0.65

注：毒性指数：表示和比较毒物毒性大小的统一标准方法和尺度，即参照数值或指标数值。

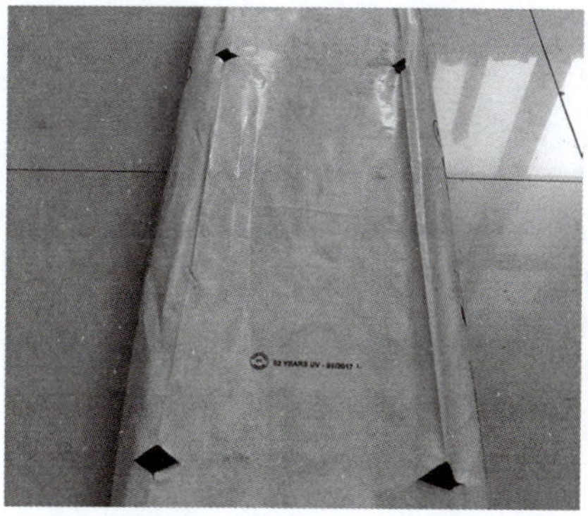

图4-15　椰糠条排水孔

图4-16　供液滴箭

灌溉设备安装和检查：上述准备工作完成以后，要摆放滴箭，保证每个定植孔中都有一个滴箭，并且滴箭均要垂直插入定植孔中椰糠条的中央小眼上。滴箭摆放完后要对整个灌溉系统进行试运行。如出现不出水、漏水等现象要及时检查维修。

椰糠条打孔：椰糠条打孔包括定植孔和排水孔两种。定植孔为10cm×10cm的正方形孔，每条椰糠条上开5个孔（与每条椰糠条上定植株数一致），并且要均匀分布；排水孔为边长为3cm的菱形，每条椰糠条开孔10个，分别分布在底部和侧部相交的棱处，如图4-15所示。

椰糠条冲洗：使用清水对椰糠条进行滴灌冲洗，直到糠栽培袋充分膨胀且有少量水在底部渗出为止（每个栽培袋需要的冲洗液体积为栽培袋膨胀后总体积的一半左右。如GALUKUC1510培袋规格为100cm×15cm×10cm，总体积为15L，那么每袋所需的冲洗液约为7.5L）。然后静置24h后排除冲洗液（若椰糠条为免冲洗产品，则不需要浸泡24h）。

排除冲洗液之后用EC 2.5mS/cm、pH 5.5的番茄花前完全营养液对椰糠条进行滴灌，每隔30min滴灌5min，直至检测的流出液EC与营养液的EC相同，栽培袋准备工作完成。

栽培区消毒：在定植前要对母液罐、管道、滴箭头以及栽培区域的相关设备和场所用次氯酸钠进行消毒，以保持温室内的清洁，避免病虫害发生与蔓延。

2. 定植

种植密度：行距160cm，株距20cm。

定植：选择长势一致，无病虫害的健壮幼苗进行定植，每条椰糠条定植5株，每棵幼苗的岩棉块上插放一个滴箭。放置滴箭时要保证滴箭距番茄植株茎的距离在2～3cm（岩棉块上部的凹环中），并保证滴箭垂直，插入深度5cm左右，如图4-16所示。在定植时，种苗的运输在夏季要避开强光高温的中午，最好在太阳落山前运输，在冬季要避开早晨、下午的低温时段。

3. 植株管理

（1）缓苗　定植后为了促进缓苗，要保证根部温度在15℃以上，同时该阶段所使用营养液的EC、pH要与苗期所使用的营养液一致。番茄栽培缓苗期适宜环境条件如表4-11所示。

表4-11 番茄栽培缓苗期适宜环境条件

种类	温度/℃		地温/℃	空气相对湿度/%	光照/klx	EC/（mS/cm）	pH
	昼温	夜温					
番茄	25～28	15～18	18～20	65～75	30～50	2.5	5.5

（2）植株管理　番茄的植株管理有整枝、打杈、去老叶、落蔓、绕蔓、授粉和疏花疏果等。所有的农事操作均需要在晴天进行（叶片上无水雾），避免在室内湿度较高的时候进行。除了打杈和疏花疏果，所有的操作都应该在戴手套的条件下使用园艺剪刀或小刀来操作，操作前应该用医用酒精进行工具和手套的消毒处理。

番茄栽培采用一年一大茬长季节单干整枝的栽培技术。在整个生长周期中，植株株高可以长达10m左右，所以在栽培过程中需要及时整枝、打叶和落蔓。在定植初期，要根据定植苗的长势情况，来决定番茄第一穗花的去留。如果番茄幼苗长势较弱，建议把第7片叶以下的花序全部打掉（小果型番茄可以不打）；在后期随着植株的生长，叶腋处会不断长出侧枝，因此当侧枝长到8～10cm时要从侧枝底部掐掉，掐除植株侧枝过早会影响生长素的合成，过晚则会影响主干叶片对光的吸收和光合作用，并且会与主干枝叶争夺养分，因此侧枝在过长或过小时掐掉都会影响植株的后续生长。

当番茄进入转色期时，要及时打掉转色果穗以下的叶片；打叶应该遵循番茄功能叶（最顶层花以下的叶片）数量在18～22片的原则，以保证植株的养分供应。一般打老叶每周进行一次，每次打掉2～3片叶子，和新生叶萌发的频率相同，打老叶有利于植株底层的空气流通并可增加透光以保证果实着色正常，同时减少老叶对养分的消耗。当番茄植株长至距离顶层挂蔓勾30cm左右的高度时开始进行落蔓（图4-17），一般落蔓频率为每周落蔓一次，每次落蔓20～25cm（吊蔓挂钩的长度）。

在整个栽培过程中要每天观察植株长势。生产技术员要每天观察记录植株的生长情况，包括每天株高、叶间距、茎粗、叶片数等指标的生长量变化，并及时调节管理措施，调节营养生长和生殖生长的平衡。正常的生长指标为叶间距在8～15cm，叶片生长数量在3～4片/周。

图4-17 番茄落蔓

4. 环境调控

番茄栽培的环境调控如表4-12所示。

表4-12　番茄栽培生长最适环境条件

生长时期	光照/klx	温度/℃		湿度/%		CO_2/（mg/kg）	pH
		白天	夜晚	空气	土壤		
营养生长期	30～50	22～26	15～17	60	60～75	800～1000	5.5～6.0
生殖生长期		25～28	15～18	70			

（1）温度　管理原则：将一天昼夜分成上午、下午、夜间三个时间段，进行变温管理。在白天，应维持较高的室温，以促进蔬菜作物的光合作用；夜间一方面要有较高的温度，促进植株完成光合产物的运转，另一方面要降低温度，抑制作物的呼吸作用。以适应蔬菜本身各种生理作用的变化规律来调节温度，使作物更多地制造光合产物，尽可能地减少呼吸对于物质的消耗。

番茄高效栽培最适宜的昼夜温度为昼温20～28℃，夜温15～18℃。室内温度的变化直接影响作物生长、调节室内温度，保证作物的活跃性和病虫害的蔓延。24h温度控制是影响作物生长的重要因素，温度高低可直接影响植株营养生长和生殖生长的平衡。番茄24h变温管理参考指标如图4-18。

另外，温室白天和晚上的温差、降温速度对作物有很大的影响。在一定温差的范围内，温差小，作物营养生长大于生殖生长；温差大，作物开始生殖生长大于营养生长。夜晚的室内温度降低速率也会影响作物的营养生长和生殖生长，降温速度慢，作物营养生长大于生殖生长；降温速度快，作物生殖生长大于营养生长。并且，在温度较低的晚上，果实转色变慢。

加热管温度对作物生长的影响：在连栋温室果菜生产中有轨道式加热管和叶间加温管两种。加热管温度的高低直接影响植株的生长状态，因此对管道的温度有严格要求：轨道式加热管的温度要求在55～65℃；叶间加温管道温度在35～45℃。

（2）湿度　植株中水的含量占植物体组织鲜重的80%～90%，1%用于糖的转化，9%用于冷却、细胞生长、养分运输，对作物蒸腾作用、作物的活性、作物的平衡，控制病虫害及果蔬的品质有很大的影响。温室内空气湿度过高，会导致植株叶片偏大，易

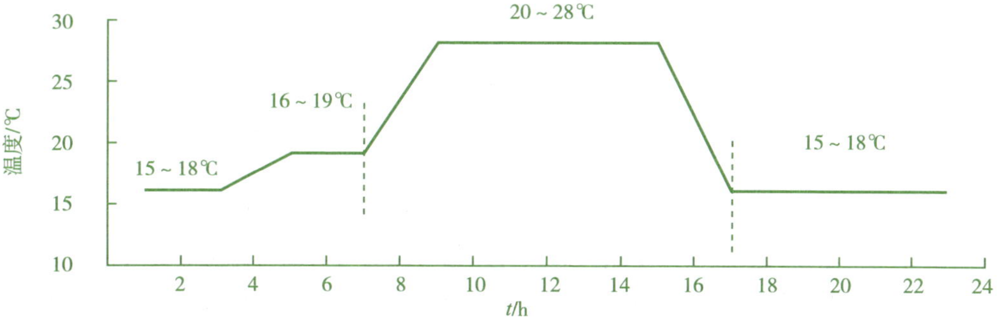

图4-18　24h变温管理生长指标（番茄）

引起病虫害的发生和蔓延，应密切注意天气变化，依据天气情况，灵活掌握温度调控条件，避免高温伤害和低温伤害。

番茄需要的空气相对湿度为60%～70%。如果温室内空气湿度较大，夏季可用通风方法降低空气相对湿度，在夏季也常常采用湿帘风机来降温，但往往会造成温室内长时间湿度过大，形成高温高湿的状况，引起病害的发生和蔓延。因此，要实时监控温室内空气的湿度，当湿度过高时，可以采取间歇性停止湿帘水泵的方式来降低温室湿度。而冬季加温后，热空气遇到冷的玻璃表面水汽冷凝后会流入集露槽而排出室外，从而降低空气湿度。同时，为了提高温室温度，常常使温室长时间处于全封闭状态，也极易造成湿度过高，因此要及时打开天窗排湿。除空气湿度以外，基质含水量的大小也是植株生长好坏的关键因素。番茄生长适宜的基质含水量为55%～75%，对基质的含水量进行实时检测，通过调节供液频率和供液量来保证基质的含水量。

（3）气体　二氧化碳是作物进行光合作用的重要原料。在栽培过程中，番茄在最大光饱和点时二氧化碳需求浓度为1000～1200mg/kg。室内空气中的二氧化碳含量为340mg/m^{3}左右，远达不到作物需求。因此，在连栋温室中补充二氧化碳对作物的生长有促进作用。应结合温光条件，调节室内二氧化碳浓度。随着光照强度的增加和温度的提高，室内二氧化碳的浓度可以随之适当增加，从而使温室内补充二氧化碳浓度在500～1000mg/m^3。

二氧化碳使用时间：日出后0.5～1h开始（光照强度、温度、顶开窗、湿帘风机、环流风机），通风换气前结束；在阴天和冬季不通风时，可到中午停止施肥。

5. 灌溉

（1）番茄营养液配方　番茄营养液各离子摩尔质量相对值如表4-13～表4-17所示。

表4-13　番茄开花前（定植后至开花前）营养液各离子质量比值

（pH 5.6～5.8；EC 2.5～4.0mS/cm；营养液浓度单位：mg/L）

N	P	K	S	Ca	Mg	Fe	Zn	Mn	Cu	B	Mo
113	22.5	149.5	87	119	34	1	0.2	0.28	0.03	0.22	0.03

表4-14　番茄1～3穗花期营养液各离子质量比值

（pH 5.6～5.8；EC 2.5～4.0mS/cm；营养液浓度单位：mg/L）

N	P	K	S	Ca	Mg	Fe	Zn	Mn	Cu	B	Mo
114.5	22.5	160.5	59	105.5	29	1	0.2	0.28	0.03	0.22	0.03

表4-15 番茄3~5穗花期营养液各离子质量比值

（pH 5.6~5.8；EC 2.5~4.0mS/cm；营养液浓度单位：mg/L）

N	P	K	S	Ca	Mg	Fe	Zn	Mn	Cu	B	Mo
111.5	22.5	178	64	104.5	25	1	0.2	0.28	0.03	0.22	0.03

表4-16 番茄5~10穗花期营养液各离子质量比值

（pH 5.6~5.8；EC 2.5~4.0mS/cm；营养液浓度单位：mg/L）

N	P	K	S	Ca	Mg	Fe	Zn	Mn	Cu	B	Mo
105	22.5	190.5	77.5	104.5	25	1	0.2	0.28	0.03	0.22	0.03

表4-17 番茄采收期营养液各离子质量比值

（pH 5.6~5.8；EC 2.5~4.0mS/cm；营养浓度单位：mg/L）

N	P	K	S	Ca	Mg	Fe	Zn	Mn	Cu	B	Mo
101.5	22.5	192	88.5	104.5	29	1	0.2	0.28	0.03	0.22	0.03

（2）营养液灌溉管理 灌溉原则：根据植株不同的生长时期以及不同季节和气候调节灌溉计划。每天检测供液回液EC、pH，保证回液的EC不能大于供液0.5mS/cm以上，pH为5.5~6.5。每周检测一次供液、回液中各离子浓度，以便及时调整营养液中的各离子浓度，保证营养均衡全面。另外，根据不同季节的温湿度、光照强度来调整每天的灌溉量。灌溉参数可参照表4-18。

表4-18 番茄栽培灌溉参数 单位：L/（m^2·d）

气候特征		每天用量
冬季	温度：0~5℃ 湿度：40%~60% 光照强度：＜250W	0.5~1.0
春、秋季	温度：0~5℃ 湿度：≥60% 光照强度：400~800W	7~9
夏季	温度：20~25℃ 湿度：＜30% 光照强度：1000W	13~16

起止灌溉时间：在番茄高效栽培中，灌溉的起止时间可根据日出日落时间、光照能量积累量来确定。通常情况下第一次灌溉时间为日出2h后，光照能量积累达到100～150J/cm^{2}时，或者在“晨降”之后。每日最后一次灌溉时间为，晴天时通常在日落前2h，阴雨天时在日落前5h结束。

供液规律：白天供液，晚上停供。供液量保证在1.5～2.5L/（株·d），夏季供液量要保证在2.0L/（株·d）以上。为了保证满足植株生长所需的水肥，每天要测量基质的含水量，保证在P_2（日出后至日落前）阶段基质含水量为55%～80%。根据所测的含水量，及时调整灌溉量。目前，番茄高效栽培的灌溉策略一般有两种：一是依据时间来进行灌溉，在第一次灌溉后，约每隔30min灌溉一次，每次灌溉3min；二是依据光照能量的积累量，在第一次灌溉后，光照能量每积累100J/cm^2，灌溉一次，每次灌溉300mL/m^2。

为了满足植株对水肥的需求，保证植株的健壮生长，在设定灌溉策略的同时，要定期测量供排液的EC、pH、供液量、排液量等指标。每个温室设3个点检测滴箭流出量；设2个点检测椰糠条残液流出量；利用便携式手持仪测定椰糠、岩棉含水量。排液量的多少会直接影响基质的EC、pH变化以及基质的含水量，应做好记录并存档，保证整个温室内各植株的水肥供应充足。建议蔬菜栽培排液量为：定植至定植后5周排液量为0%～10%；定植后5周至定植后14周排液量为10%～20%；定植后14周至定植后35周排液量为20%～35%；定植后35周以后排液量为0%～20%。栽培基质排液量测量如图4-19所示。

6. 授粉

主要用熊蜂和番茄授粉器授粉。其优点是省工、省力、授粉率高、花费不大。采用熊蜂授粉可提高番茄、甜椒坐果率及单果重。黄瓜应选择单性结果品种。冬季光照时间短，强度非常弱，作物的坐果率低，所以使用植物生长调节剂辅助授粉很重要。

熊蜂采用Natupol大号规格，每箱初始成蜂50～70只，每栋温室放置5～6箱熊蜂，之后每三周补充两箱，以保证番茄花的授粉率。如图4-20所示。

大番茄为3～5个/穗，乒乓球果型番茄为8～10个/穗，樱桃番茄为12～14个/穗。

7. 番茄无土栽培常见病害

番茄无土栽培过程中常见的病害主要有以下几种：真菌类病害、细菌类病害、病毒类病害、生理性病害和缺素症等。以下介绍番茄无土栽培过程中几种主要病害。

（1）番茄灰霉病

①发病症状：该病是由真菌引起，病原菌为灰葡萄孢菌属（*Botrytis cinerea* Pers.），半知菌亚门真菌。此病在番茄整个生育期均可发病，但主要发病在花期和结果期，可危害花、果实、叶片和茎。叶片发病从叶尖开始，出现水浸状浅褐色病斑，病斑呈V字形，有轮纹，由外向内发展，潮湿时病部可长出灰霉，边缘不规则，干燥时病斑呈灰白色。

在高湿条件下，病菌可以危害花蕾及花瓣，果实发病主要在青果期至成熟期，先侵

图4-19 栽培基质排液量测量

图4-20 熊蜂

染残留的柱头或花瓣，之后向果面和果梗发展，染病的果皮会变成灰白色、水浸状、软腐，中晚期病部会长出灰色绒毛状霉层，后期有时在病部会产生黑褐色鼠粪状菌核。

在气温较高的条件下，病菌还可以在果实的表面形成环型的斑点（俗称鬼斑）。花萼发病可变为暗褐色，随后干枯。茎发病可由植株基部或整植留下的伤口入侵，因其组织崩塌，茎折倒，导致上部植株枯死。幼苗发病时，叶片和叶柄上会产生水浸状腐烂，之后植株干枯，表面产生灰霉，严重时可扩展到幼茎，使幼茎产生灰黑色病斑，腐烂折断。

②发病规律：病菌可在土壤中或病残体上越冬。无土栽培可以避免土壤中的病原菌侵染植株导致植株发病。无土栽培过程中灰霉病病菌可以随气流、露滴或农事传播。病菌从伤口、衰老器官或枯死的组织侵入。病菌发育在适温18～23℃、相对湿度90%以上时易发病，持续高湿是发生和蔓延疾病的主导因素。在连续阴雨，闷热，温室内郁蔽不通风，植株生长弱的环境下，易暴发疾病。花期是侵染的高峰期，果实膨大期是发病盛期。

③防治方法

生物防治：开花坐果期使用熊蜂授粉，代替生长调节剂处理，可减少花期灰霉病的侵染，也可使用木霉菌进行预防，使用木霉菌防治灰霉病属于以菌治菌，是目前流行的生物防治方法。

药剂防治：温室栽培过程中，用哈茨木霉菌剂100～200g兑水300倍喷雾，灰霉病发病受空气湿度影响较大，尽量避免空气相对湿度超过75%，并防止叶片和果实表面结露，防止灰霉病菌的繁殖和侵染。

（2）番茄叶霉病

①发病症状：茄叶霉病又称黑霉病，俗称黑毛。该病是由真菌引起的，病原菌为枝孢霉菌属［*Cladosporium fulvum*（Cooke）Cif.］，半知菌亚门真菌。病菌以危害叶片为主。叶片发病时叶片正面初呈椭圆形或呈不规则形淡黄色斑，后病斑扩大，病部背面可长出灰白色、灰紫色至黑褐色的绒状霉层，严重时可布满整个叶面。条件适宜时，叶片正面也会长出霉层。发病多从老叶开始，渐向新叶发展。

发病严重时，叶片上卷，植株呈黄褐色而干枯，此病也能危害嫩茎和果柄，并可延及花部，引起花器凋萎或幼果脱落。果实自蒂部向四面扩展，可产生近圆形硬化的凹陷斑，上长灰紫色至黑褐色霉层。

②发病规律：病菌在病残体或种子上越冬，借气流传播，进行初侵染和再侵染。播种带病种子能引起幼苗发病。病菌发育温度为9～34℃，最适为20～25℃。当气温为22℃左右时，相对湿度高于90%时利于发病。

该病从开始发病到流行成灾，一般需半个月左右。相对湿度低于80%，不利于病菌侵染和病斑扩展。连阴雨、连雾霾天气，温室通风不良，湿度大或光照弱的环境，可使叶霉病扩展迅速。

③防治方法：温室内加强通风，控制室内湿度，同时通过调节营养液中各元素的配比，增强植株抗病力；发病后摘除病叶深埋；温室短期增温至30～36℃，对病菌有明显抑制作用；有条件的温室内适当增加补光措施，不但可以增加叶片的光合作用，还能促进植株生长的发育，对叶霉病病原菌的生长也能起到一定的抑制效果。

（3）番茄早疫病

①发病症状：番茄早疫病又称轮纹病、夏疫病。该病为真菌性病害，病原菌为茄链格孢菌属［*Alternaria solani*（Ellis et Martin）Jones et Grout］，半知菌亚门真菌。常引起落叶、落果，尤其在大棚、温室中发病严重。

番茄苗期、结果期都可感病，危害叶、茎、花、果等部位，以叶片和茎叶分枝处最易感病。病害一般从下部叶片开始发病，逐渐向上扩展。幼苗期茎基部可发病，严重时病斑绕茎一周，引起腐烂，幼苗枯倒。成株被害时，初始叶片上可见到深褐色小点，扩大发展为圆形或椭圆形灰褐色病斑，有深褐色的同心轮纹，外缘有黄色或黄绿色晕环，湿度大时病斑上可生有灰黑色霉状物。茎、叶柄、果柄上病斑呈长圆形，植株易从病处折断。茎基部病斑绕茎一周时，植株死亡。花被侵害为黑褐色，并引发干腐病。青果发病多在花萼处或脐部形成黑褐色近圆形凹陷病斑，最易从果蒂裂缝处或果柄处发病，在果蒂附近形成圆形或椭圆形暗褐色病斑，病斑凹陷，也有同心轮纹，斑面着生黑色霉层，病果易开裂，提早变红。

②发病规律：病菌在病残体上或种子上越冬，成为第二年初的侵染源。病菌萌发后从气孔或伤口侵入，也可从表皮直接侵入。

病菌靠气流、灌水和农事操作传播，进行再侵染。早疫病的发生与气温、相对湿度、可溶性固形物含量、叶片生理年龄及品种耐病性有直接关系。

相对湿度是病害发生与流行的主导因素，相对湿度在80%以上，温度在20～25℃时最易发病。温室高效栽培番茄定植后，昼夜温差大，在连栋温室的天沟处，容易结露形成小水珠，并落在叶片上，形成一层水膜，叶片表面湿度长时间达到饱和，利于病害发生。

③防治方法：连栋温室栽培番茄，在定植后处于昼夜温差大，易结露的环境，利于此病的发生与蔓延，应加强管理，调整好温室内温湿度，尤其是定植初期。防止温室内湿度过大，温度过高，诱发病害。合理密植，加强通风换气，适当增加光照。

无土栽培番茄时应注意营养液内各营养元素合理配制，保证作物正常生长所需的养分供给。

（4）番茄病毒病　番茄病毒病种类很多，常见的病毒种类有番茄黄化曲叶病毒、花叶病毒、蕨叶病毒、斑萎病毒、条斑病毒、黑环病毒等。其中，前三种病毒病最为常见。在无土栽培中，病毒病不常发生，但也需要高度重视，予以防范。

①番茄黄化曲叶病毒

发病症状：病毒种类为双生病毒中的中国台湾番茄曲叶病毒（Tomato leaf curl Taiwan virus *Geminivridae*），又称烟草曲叶病毒。番茄黄化曲叶病毒是番茄生产上的毁灭性病害，只能由烟粉虱（*Bemisiatabaci*）传毒，种子、土壤、基质等都不传毒。

染病番茄植株矮化，顶部叶片黄化、变小，叶缘上卷，发病早的植株严重矮缩，不能正常开花结果。发病晚的植株仅上部叶片和新芽显症，结果小，红不透，无法食用。

发病规律：该病是番茄生产上的毁灭性病害，主要传播媒介是烟粉虱（*Bemisia tabaci*）。烟粉虱获毒后终生传毒，但卵不传毒，种子和机械摩擦不传毒。除此之外，嫁接也可传毒。

防治方法：严格检疫，防止病毒传播；选用抗病品种；温室入口和通风口用50目以上的防虫网覆盖，防止烟粉虱进入温室。已经发病据病情严重情况采取必要措施，拔除的病株应深埋或烧毁，并及时捕灭传毒的烟粉虱。在生产过程中严格管理各项操作，对所用工具进行消毒，防止交叉感染。

②番茄花叶病毒

a　发病症状：花叶病毒病是番茄的重要病害，烟草花叶病毒（Tobacco mosaic virus，TMV）。番茄花叶病毒是番茄病毒病中发生最普遍的一种。全国各地均有发生。根据花叶的轻重和叶片是否畸形可分为两种情况。

轻花叶：表现出绿色深浅不匀的斑驳，叶片不变小，不畸形，植株不矮化，对产量影响不大。

重花叶：叶片黄绿，花叶明显凹凸不平，新叶片变小、细长、畸形、扭曲，叶脉变紫，植株矮化，花芽分化能力减退，大量落花落蕾，果小质劣呈花脸状，对产量影响很大，病株比健株减产10%～30%。

番茄花叶病毒病易与缺氮混淆。两者比较：缺氮先是老叶失绿变黄，最后全部叶片变黄，不结果或结果少且小而黄，植株矮小，叶片黄化；番茄花叶病毒病先是嫩叶发病，失绿，大多数病叶有黄绿色的斑驳，叶片变形。

b　发病规律：无土栽培过程中，该病发病多是因为种子本身带有病毒引起的。花叶病的发生发展与气温有密切关系。适宜发病温度为20～25℃。在无土栽培过程中，花叶病和条纹病主要由汁液传播，故一切粗放的农事操作，都会增加病毒的传播机会，病、健株相互摩擦，会增加汁液传染机会；种植过密，会增加摩擦，使病害加重。栽培基质内长时间积水、营养液肥力不足、缺钙、缺钾、缺磷等因素，会使花叶病毒病发生严重，增施钙、钾、磷肥能增强植株抗病力，可减轻花叶病的发生。

c 防治方法：选用抗病品种，目前大多数番茄品种都抗烟草花叶病毒，各地应因地制宜选用适于本地栽培的抗病品种。采收完后应及时清除病残体，在远离菜地、水源的地方烧毁或挖坑深埋。对病田里用过的工具、架材要进行消毒处理。增施钙、磷、钾肥，适时进行早播和定植。打杈、整枝、绑蔓时先健株后病株，接触过病株的手要用肥皂水清洗，防止通过农事操作再次传播。

③番茄退绿病毒病

a 发病症状：病原为长线形病毒科（Closteroviridae），毛形病毒属（*Crinivirus*），番茄褪绿病毒（ToCV）。

苗期症状：番茄苗期感染番茄褪绿病毒后，叶片叶脉间会表现出局部褪绿斑点，症状不明显，较难辨认。番茄定植后15d，若条件适宜，即能表现出发病症状，主要表现为植株滞育，矮小瘦弱，顶部叶片黄化，下部成熟叶片叶脉间轻微褪绿。

开花期症状：番茄定植后40～50d，进入开花期，该病毒开始在番茄上表现出明显的症状。中下部叶片首先出现症状，并逐渐向上发展，中部叶片叶脉间有轻微褪绿黄化，底部叶片会出现明显的叶片褪绿黄化，叶脉呈深绿，感病叶片变脆且易折，叶片黄化疑似营养缺素症。

结果期症状：番茄定植后，进入结果期，该病毒在番茄上的症状进一步加重，感病的番茄整株表现出褪绿黄化症状，果实小、颜色偏白，不能正常膨大。叶片也表现出明显的脉间褪绿黄化症状，边缘轻微上卷，且局部会出现红褐色坏死小斑点。后期叶脉浓绿，脉间褪绿黄化，变厚变脆且易折，最后叶片干枯脱落；果实小，并开始转色成熟，使番茄失去商品价值，严重时，会造成绝产。

b 发病规律：烟粉虱和白粉虱等的发生情况与番茄褪绿病毒的发生有直接关系。烟粉虱和白粉虱等发生严重时，番茄褪绿病毒的发生也相应加重。

c 防治方法：适当调整播种和定植期，苗期和开花初期受到病毒侵染后对产量和品质影响较重，后期感染发病较轻，危害较小，因此，前期防止番茄感染是防治病害的关键。定植时间应尽量避开粉虱的活动高峰期。高温、干燥的气候条件对烟粉虱和白粉虱的发生、繁殖及传播有利。因此，可根据各地粉虱发生的具体情况合理安排栽培茬口，避开烟粉虱和白粉虱的发生期，这对该病毒的防治具有重要的意义。

加强栽培管理，定植后加强肥水管理，促使番茄植株生长健壮，可提高其抗病能力，同时注意通风换气，避免温室内高温。结合整枝打杈及时发现病株并立即拔除，另外，及时清理种植区内的杂草，减少粉虱的寄主植物。

防控传播介体，育苗温室必须提前做好预防番茄褪绿病毒侵入的准备，苗期感染番茄褪绿病毒是造成番茄绝产的直接原因，因此育苗温室应与栽培温室分开，选择远离粉虱的地点集中育苗。可用50～60目防虫网覆盖整个育苗棚，也可将育苗棚隔成大小不同的网室，注意及时闭严出入口，苗床上方可悬挂黄板（又称黄色黏虫板）诱杀和监控粉虱成虫。栽培温室的放风口和顶开窗覆盖50～60目防虫网，以防止烟粉虱的侵入，减少外部病毒的传入。

（5）番茄青枯病

①发病症状：番茄青枯病又称细菌性枯萎病，该病为细菌性病害，病原菌为青枯假单胞菌［*Pseudomonas solanacearum*（Smith）Smith］，是一种突发性病害，在高温多湿的夏季危害较重。温室栽培秋延后或秋冬茬栽培番茄如遇到连续雾霾天气，容易发病。

苗期虽有侵染，但不表现症状，直到番茄坐果初期，病株顶部、下部和中部叶片会相继出现萎蔫，一般中午萎蔫明显，傍晚以后又恢复正常。发病后如果土壤干燥、气温偏高，数日后植株即会枯死。病株萎蔫致死时间很短，死时植株仍保持绿色，仅叶片色泽稍变淡，故称青枯病。病茎表皮粗糙，茎中下部可增生不定根或不定芽，湿度大时病茎上可见初为水浸状后变褐色的1～2cm斑块，病茎维管束变为褐色，横切病茎，用手挤压或经保湿，切面上维管束会溢出白色菌液。

青枯病从发病到死亡的时间短，在高温、土壤干燥的情况下2～3d死亡，在低温、土壤湿度大的情况下，7d左右死亡。

②发病规律：青枯病在传统栽培中是一种常见病害，在无土栽培中偶尔发生，高温高湿环境易诱发青枯病。病菌由根系或茎基部伤口侵入植物体内，在维管束内繁殖，并顺着导管液流向上扩散，破坏或阻塞导管，引起番茄缺水，发生萎蔫。幼苗不壮、控水过重、干湿不均，均可加重病害发生。

③防治方法

栽培措施：选择抗青枯病品种，培育无病幼苗，在播种前进行种子消毒，培育壮苗或嫁接育苗。发现病株后要及时拔除焚烧处理，避免发生二次侵染。夏季高温季节，温室内为高温高湿环境，及时遮阴，可防止水分大量蒸发。

药剂防治：发病初期喷药，常用的农药有72%农用硫酸链霉素可溶性粉剂4000倍液，3000亿个/g荧光假单胞杆菌437.5～550g/亩，灌根使用。

（6）番茄立枯病

①发病症状：病原菌为立枯丝核菌（*Rhizoctonia solani* Kühn），属半知菌亚门真菌，刚出土幼苗及大苗均能受害，但多发生于育苗的中后期。感病幼苗茎基部可产生椭圆形暗褐色病斑，早期病苗白天萎蔫，夜晚恢复，病斑逐渐凹陷，扩大后绕茎1周，最后病部收缩干枯，导致整株死亡。在湿度大时，病部可产生淡褐色稀疏丝状体。大苗或成株受害，可使茎基部呈溃疡状，地上部变黄、衰弱、萎蔫，甚至死亡。

②发病规律：该病病原菌腐生性强，在植物残体中存活率高，无土栽培可以避免土壤该病的传播，但在温暖多湿、播种过密、浇水过多等适宜条件下，病原菌可直接侵入寄主，利于发病。气温在15～21℃，尤其在18℃以上时，发病最多。在育苗和栽培过程中，要严格控制浇水量，让培养基保持水分适宜，培育壮苗。徒长植株更容易感病，所以要适当的蹲苗控长。

③防治方法

栽培措施：用消毒后的培养基育苗。注意提高地温，适时放风，增强光照，避免苗床高温高湿环境的出现。喷洒0.2%的磷酸二氢钾溶液，以提高植株的抗病力。

药剂防治：发病初期喷药，常用农药有木霉菌500～1000倍液喷雾，每月一次连续三次等。

（7）番茄猝倒病

①发病症状：番茄猝倒病俗称小脚瘟，为真菌性病害，是番茄苗期常见病害。该病常因植株生育年龄和发育阶段不同，症状略有变化。发芽前种子染病可造成种子腐烂。发芽后出苗前染病最初侵染点表现为水浸状褐变，扩展后受害细胞崩溃，不久就会死亡，上述两种侵染都发生在出土前，称作出苗前猝倒或烂种。土壤中发生的种子病大家是看不到的，只能从缺苗的情况判断出现了猝倒。幼苗的猝倒病发病于植株根部或幼苗茎基部，呈水渍状变褐，病部缢缩并失去支撑能力，使幼苗猝倒，并很快地萎蔫，称作出土后的猝倒病。该菌在番茄的结果期可引起绵腐病。

②发病规律：该病病原菌与立枯病类似，腐生性强，在作物残体中存活率高，无土栽培可以避免土壤传播的可能，但是在温暖多湿、播种过密、浇水过多等适宜条件下，病原菌可直接侵入寄主，有利于发病。病菌生长适温为15～16℃。在幼苗第一片真叶出现前后最易感病。苗床基质湿度大、温度低、幼苗生长不良及春季寒冷多雨时，发病往往严重。

③防治方法：在育苗过程中严格控制播种深度、覆土厚度和浇水量，使用自动催芽室进行催芽。出苗后控制育苗温室内温度，注意通风透气，以控制苗床温湿度。要早分苗，培育壮苗，提高幼苗抗病能力。

（8）白粉虱

①危害特征：白粉虱可危害所有茄果类、瓜类作物，成虫和若虫吸食寄主作物的汁液，致叶片萎蔫、褪绿、变黄，粉虱发生严重时可以导致全株枯死。同时，白粉虱可以分泌大量蜜露附着于叶片和果实上，诱发煤污病，影响叶片光合作用，严重时会使蔬菜失去商品价值。此外，白粉虱还可传播多种病害。

②形态特征：白粉虱成虫体长1～1.5mm，翅白色带蜡粉，背部淡黄色。翅合拢时有脊，但较平。翅端半圆、过腹，翅端外缘有颗粒。翅脉简单。卵成椭圆形，卵长0.2mm，基部有卵柄，成虫产卵是从叶背气孔处插入植物组织中的。新产的卵为淡绿色，后渐变为褐色，孵化前呈黑色，表面带蜡粉。白粉虱若虫淡绿色或黄绿色，呈椭圆形，一龄若虫体长约0.29mm，二龄若虫体长约0.37mm，三龄幼虫约0.51mm，足和触角退化，紧贴在叶片上营固着生活。四龄若虫称伪蛹，体长为0.7～0.8mm，呈椭圆形，初期蛹为黄褐色，蛹体扁平，之后逐渐加厚，中央略平，体背有蜡丝，体侧带刺。

③发生规律：白粉虱在北方温室内繁殖为害时，无滞育和休眠现象。繁殖最适温度为18～21℃，成虫羽化后1～3d即可交配产卵。成虫有趋嫩性，常在植株顶部的嫩叶上产卵，并随植株生长不断向上迁移，因此植株顶部多为白粉虱成虫危害，下部为若虫危害。此外，白粉虱可通过风窗、温室入口等随气温变化往返迁移，冬季为害温室内作物，夏秋季为害露地作物，入冬前通过风窗、温室入口等进入温室，实现周年为害。

④防治方法

环境控制：避免将瓜类、豆类、茄果类蔬菜进行轮作或间作。收获后应彻底清理温室内植株残体，妥善处理或高温发酵沤肥，以减少温室虫源。培育无虫苗，把育苗区和温室生产区分开。育苗和移栽前应彻底熏杀残余虫口，风窗用防虫网隔离，以控制外来虫源。

物理防治：可以用黄板诱捕白粉虱，黄板规格一般有25cm×10cm、25cm×20cm、25cm×30cm三种。育苗温室黄板悬挂密度为每5～10m^{2}挂一块，悬挂的位置和高度在苗畦的上方20～30cm处。在生产棚中悬挂密度为每20～30m^{2}挂一块，悬挂的位置和高度在植株上方20～30cm处。注意随着植株生长要不断提升黄板高度，始终保持在植株上方20～30cm的高度；时刻监视黄板的黏着性能，一旦黏性减弱需立即更换新黄板。也可使用黄色黏虫带代替黄板，黏虫带和黄板相比更方便布设，一般使用50目以上的防虫网隔离温室的门和风窗。

生物防治：可使用丽蚜小蜂进行防治，使用黄板进行种群数量调查，温室内白粉虱成虫数量低于每百株作物50头时，可释放丽蚜小蜂"黑蛹"300～500头，10d左右放1次，连续放蜂3～4次，可有效控制白粉虱种群数量的增长，寄生率可达75%以上。投放丽蚜小蜂后不可使用杀虫农药，以避免影响丽蚜小蜂羽化率。

注意事项：白粉虱繁殖速度快，容易产生抗药性，所以很难根治。生产中应特别注意温室的隔离设施，避免外界白粉虱飞入温室。此外，在白粉虱高发期使用农药防治时，水剂和烟熏剂交替使用的防治效果更好，如白粉虱已爆发无法控制，应考虑尽早拉秧，将作物残体焚烧处理，温室内彻底进行清理消毒除虫，避免残留白粉虱成虫或虫卵，影响下一茬生产任务。

（二）瓜菜类蔬菜栽培流程（黄瓜）

黄瓜为葫芦科甜瓜属的一个栽培品种，又称王瓜、青瓜。黄瓜以嫩果为食用器官，可鲜食、熟食、盐渍，为全球重要蔬菜之 ，栽培面积仅次丁番茄。

连栋温室高效栽培黄瓜生长速度快，收获期早，产量高，品质好。在荷兰等设施蔬菜产业发达的国家，黄瓜栽培的产量已达到80～100kg/m^2。

1. 定植前准备工作

椰糠条摆放：摆放椰糠条时，要保证椰糠袋平展、整齐、正面朝上，并且相邻两条椰糠条之间要预留7～10cm的间隙，以避免椰糠在加水膨胀后椰糠条之间的相互挤压。

营养液母液配制：采用黄瓜岩棉椰糠复合基质专用营养液配方，营养液配制方法同番茄营养液母液配制。

灌溉设备安装和检查：同"茄果类蔬菜栽培流程（番茄）"的"灌溉设备安装和检查"（P123）。

椰糠条打孔：同"茄果类蔬菜栽培流程（番茄）"的"椰糠条打孔"（P123）。

椰糠条冲洗：同"茄果类蔬菜栽培流程（番茄）"的"椰糠条冲洗"（P123）。

排除冲洗液之后用EC 2.5mS/cm、pH 5.6的黄瓜花前完全营养液对椰糠条进行滴灌，每隔40min滴灌5min，直至检测的流出液EC与营养液的EC相同，栽培袋准备工作完成。

栽培区消毒：同“茄果类蔬菜栽培流程（番茄）”的“栽培区消毒”（P123）。

2. 定植

种植密度：行距160cm，株距25cm。

定植：选择长势一致，无病虫害的健壮幼苗进行定植，每条椰糠条定植4株，每棵幼苗的岩棉块上插放一个滴箭，放置滴箭时要保证滴箭距番茄植株茎的距离在2～3cm。在定植时，种苗的运输在夏季时要避免在强光高温的中午进行，最好在太阳落山前运输，在冬季要避免早晨、下午的低温时段进行运输。

3. 植株管理

（1）缓苗　同“茄果类蔬菜栽培流程（番茄）”的“缓苗”（P123）。黄瓜栽培缓苗期适宜环境条件如表4-19所示。

表4-19　黄瓜栽培缓苗期适宜环境条件

种类	温度/℃		地温/℃	空气相对湿度/%	光照/（klx）	EC/（mS/cm）	pH
	昼温	夜温					
黄瓜	24～30	17～20	18～20	80～90	40～50	2.5	5.6

（2）植株管理　黄瓜的植株管理包括打老叶、落蔓绕蔓、疏花疏果、打杈、去卷须等操作，黄瓜的农事操作应该在晴天进行（叶面上无水雾），避免在阴雨天及室内空气湿度较大的时候进行（图4-21）。以上农事操作需要戴手套用园艺剪刀或小刀进行，操作前进行医用酒精消毒，操作完成后，当天将打掉的枝叶、卷须等植株残体进行清理。

应该注意的是，黄瓜打侧枝和老叶的操作部位应该在距离叶柄基部2～3cm处进行，以防止后期侧枝部位再萌发新的侧芽以及防止病原菌侵染到主干，切记避免沿着叶柄基部进行。

黄瓜打老叶则应保证功能叶（最顶层花以下叶片）在12～16片基础上，每周打3～4片，和新生叶萌发频率（每周3～4片叶）相同，保证植株功能叶足够，植株养分制造充足。

黄瓜落蔓、绕蔓和去卷须应同时进行，一般每隔2～3d进行一次，每周2～3

图4-21　黄瓜高效栽培

次，当黄瓜植株生长点至落蔓钩下方30cm左右时开始进行落蔓，操作开始前先进行绕蔓（按固定方向，逆时针或顺时针方向绕蔓），然后进行打卷须，再后就是落蔓，每次落20cm，同时将落蔓钩向前移动40cm。

4. 环境调控

黄瓜栽培的环境调控如表4-20所示。

表4-20　黄瓜栽培适宜环境条件

长期	光照/klx	温度/℃		相对湿度/%		CO_2/mg/kg	pH
		白天	夜晚	空气	土壤		
生长期	30～50	25～30	13～16	80～90	65～80	800～1000	5.5～6.2
结果期		24～28	15～20				

（1）温度　黄瓜为喜温性蔬菜，生长适宜温度为18～30℃，最适温度为25℃。在白天维持较高的棚温，可促进蔬菜作物的光合作用；夜间一方面要有较高的温度，促进完成光合产物的运转，另一方面要降低温度，抑制植株的呼吸作用。应顺应蔬菜本身各种生理作用的变化规律来调节温度，使作物更多地制造光合产物，尽可能地减少呼吸作用对于物质的消耗。黄瓜光合同化量在上午8～12时完成70%～80%，其余在下午13～16时完成。黄瓜24h变温管理参考指标如图4-22所示。

（2）湿度　黄瓜为喜湿作物，由于黄瓜叶片大而薄、根系浅，对空气湿度和根际湿度要求较高。在生产过程中，为了避免病虫害的发生而采取降低温室空气湿度的措施时要慎重。

黄瓜需要的空气相对湿度为80%～90%。如果温室内空气湿度较大时，夏季通风可降低空气相对湿度，在夏季常常通过湿帘风机来降温，这往往会造成温室内长时间湿度

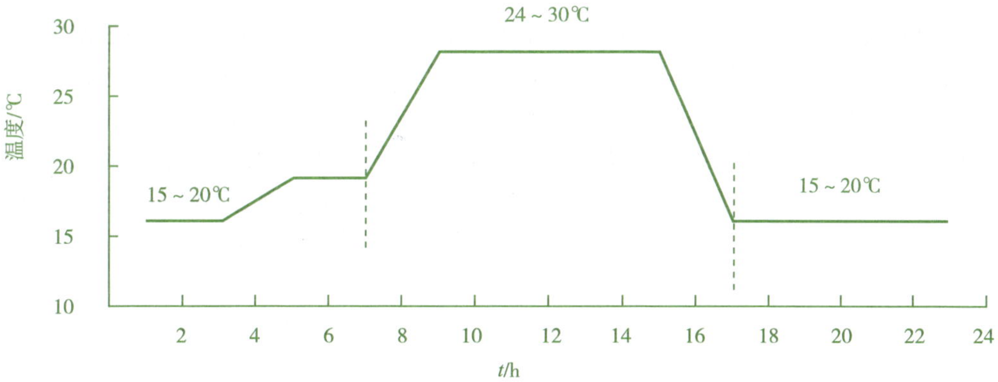

图4-22　24h变温管理生长指标（黄瓜）

过大，形成高温高湿现状，引起病害的发生和蔓延，因此要实时监控温室内空气湿度。当湿度过高时可以采取间歇性停止湿帘水泵的方式来降低温室湿度。而冬季加温后，热空气遇到冷的玻璃表面，水气冷凝后可流入集露槽而排出室外，从而降低温室内的空气湿度。同时为了提高温室温度，常常可使温室长时间处于全封闭状态，这也极易造成湿度过高的情况，因此要及时打开天窗排湿。黄瓜基质含水量控制黄瓜65%～85%。需实时检测，并调节供液频率和供液量。

（3）气体　在栽培过程中，黄瓜在最大光饱和点的二氧化碳需求浓度为1200～1500mg/kg，而室外空气中的二氧化碳含量为340mg/kg，远达不到作物需求。日出后温室内二氧化碳浓度会急速下降，使黄瓜光合作用速率下降，在栽培过程中应结合温光条件，使温室内二氧化碳浓度控制在800～1200mg/m^3。

5. 灌溉

（1）黄瓜营养液配方　黄瓜营养液各离子摩尔质量相对值如表4-21、表4-22所示。

表4-21　黄瓜采收前（定植后至第一次采收）营养液各离子摩尔质量相对值

（pH 5.6～5.8；EC 2.2～2.8mS/cm；营养液浓度单位：mg/kg）

N	P	K	S	Ca	Mg	Fe	Zn	Mn	Cu	B	Mo
240	41	299	46	190	34	2	0.4	0.56	0.06	0.61	0.06

表4-22　黄瓜采收期（第一次采收至拉秧）营养液各离子摩尔质量相对值

（pH 5.6～5.8；EC 3.0～3.5mS/cm；营养液浓度单位：mg/kg）

N	P	K	S	Ca	Mg	Fe	Zn	Mn	Cu	B	Mo
224	41	299	46	171	34	2	0.4	0.56	0.06	0.61	0.06

（2）营养液灌溉管理　灌溉原则同“茄果类蔬菜栽培流程（番茄）”的“营养液灌溉管理”（P127）。

供液规律：白天供液，晚上停供。供液量保证在1.5～2.5L/（株·d），夏季供液量要保证在2.0L/（株·d）以上。为了保证满足植株生长所需的水肥，要每天测量基质的含水量，保证基质含水量为60%～80%。根据所测的含水量，及时调整灌溉量。由于黄瓜对基质中的含水量要求较高，因此在设定灌溉频率时，要适当增加单日的灌溉次数，以保证基质中的含水量能满足黄瓜植株的生长。

6. 黄瓜栽培常见病害

（1）黄瓜霜霉病

①发病症状：病原菌为古巴假霜霉菌［*Pseudoperonospora cubensis*（Berk.et Curt.）Rostov.］，属鞭毛菌亚门真菌。黄瓜霜霉病发生普遍，危害严重，一旦发病，病情发展很快，如不及时防治，将给黄瓜生产造成毁灭性的损失。轻者减产10%～20%，重者减

产30%～50%，甚至绝收。

此病主要危害功能叶、卷须、蔓和花梗，老叶发病重。苗期发病初呈褪绿色黄斑，后变黄干枯，湿度大时病斑上可出现紫黑色霉。成株期叶片发病开始时产生水浸状多角形斑点，早晨尤为明显，后叶正面可出现多角形黄色病斑，在潮湿条件下叶片背面病斑上会长有紫黑色霉。有时叶片未变黄即可长出霉层。后因环境及品种抗病性的不同，症状可有不同，感病的植株后期病斑连片黄化，植株在叶面形成许多多角形的病斑，仅留心叶。感病品种病斑大，易连结成大块黄斑后迅速干枯；抗病品种病斑小。后叶片病部坏死，逐渐当整个叶片干枯严重时仅剩下心叶未显症，这给植株生长造成极大的影响。

②发病规律：周年种植黄瓜的温室，病原菌在病叶上越冬或越夏。孢子囊在温度15～20℃、空气相对湿度高于83%时才大量产生，且湿度越高产孢越多。若叶面有水滴或水膜，持续2h孢子囊就可萌发和侵入植株。若叶面没有水滴或水膜，孢子囊就不能萌发和侵入，病害就不会发生。温度低于15℃或高于28℃，不利于病害的发生。苗期和成株期均可发病。

③防治方法

栽培措施：连栋温室栽培通过调节小气候，形成利于黄瓜生长发育而抑制病害发生的环境。早晨放风1h，可降低棚内湿度，然后闭棚使棚温迅速升高到28～32℃。中午或下午放风，使温度降至20～25℃；湿度降至70%左右，叶片上没有水滴和水膜为宜。晚上闭棚后，前半夜温度控制在15～20℃，湿度低于80%，利用低湿来抑制病害。后半夜湿度大于90%，温度控制在10～13℃，利用低温来抑制病害，减少养分消耗。如果夜间外界最低气温为10℃，可在日落后放风排湿1～2h；夜间外界最低气温高于12℃时，则可整夜放风。遇到阴雨天气也要适当放风，但要防止雨水溅落到植株上。

药剂防治：发病初期或发病前，每亩每次用66.5%霜霉威盐酸盐水剂65～108.5g，稀释成600～1000倍液于叶面喷雾，间隔7d喷1次药，喷雾4～6次。

（2）黄瓜细菌性角斑病

①发病症状：黄瓜细菌性角斑病是黄瓜的主要病害之一，病原菌为丁香假单胞杆菌黄瓜角斑病致病型［*Pseudomonas syringae* pv. *lachrymans*（Smith.et Bryan.）Young，Dye & Wilkie］。此病主要危害叶片，也可侵染茎、叶柄、卷须、果实等。叶片受害，先是叶片上出现水浸状的小病斑，病斑扩大后会因受叶脉限制而呈多角形，黄褐色，带油光，叶背面无黑霉层。中央组织干枯脱落可形成穿孔，病斑初期呈水浸状，湿度大时可见乳白色菌脓。在比较干燥的环境下，病斑开裂并逐渐变色，可使果实软腐有异味。卷须受害，病部严重时会腐烂折断。

②发病规律：病菌在种子内或随病残体存留在土壤中越冬，成为翌年初侵染源。病菌侵染黄瓜后，在适宜条件下会发病并产生菌脓。菌脓可随雨水、灌溉水及露水滴落、结露和叶缘吐水滴落，飞溅蔓延，进行多次重复侵染。病菌可从气孔、水孔及自然伤口侵入植株。角斑病在10～30℃均可发生，适宜温度为24～28℃，大棚的高湿环境有利于

发病。另外，低洼地、重茬地的植株发病也重。昼夜温差大、结露重且持续时间长的环境，株株发病重。植株从苗期至成株期均可受害。

③防治方法：选用耐病品种，从无病瓜上选留种，使用灭菌后的培养基育苗。施足基肥，生长期及收获后应清除病叶，及时进行深埋或焚烧处理。及时调节温室内温湿度，上午棚温控制在28～30℃，湿度为60%～90%，棚温超过30℃时放风；下午温度控制在20～24℃，湿度为60%左右；傍晚20℃时及时采取保温措施；上半夜温度控制在15～20℃，相对湿度低于85%；下半夜温度控制在12～15℃，湿度为90%左右。

（3）黄瓜枯萎病

①发病症状：黄瓜枯萎病又称萎蔫病、死秧病，是由鞭毛菌亚门尖镰孢菌黄瓜专化型［*Fusarium oxysporum*.sp.*cucumebrium* Owen］引起的病害，是瓜类蔬菜的重要病害，发生普遍，感病率高，毁灭性强。一般减产30%～50%，重者绝收。

植株在苗期和成株期均能发病。典型症状是萎蔫。幼苗期感病，茎基部会变褐缢缩，严重时倒伏死亡；成株期发病最初在茎的一侧坏死，有时茎基部纵裂，潮湿时病部呈水浸状腐烂，并长出白色、粉色霉状物。感病初期，植株中午萎蔫，早、晚、夜间恢复正常，反复几日后整株死亡。将病株茎蔓、根横劈，可见维管束变褐色，这是鉴别枯萎病的感观依据之一。

②发病规律：病菌从根部伤口或根毛顶端细胞间侵入植株，后进入维管束，发育繁殖后堵塞导管。病菌产生毒素，可引起植株中毒，失去输导作用，引起萎蔫。地上部的重复侵染主要通过整枝或绑蔓的伤口侵入。秧苗老化、营养液中养分不足、过分干旱或排水不良、营养液偏酸、是发病的主要因素。

③防治方法

栽培措施：无土栽培可以避免土传病害的发生，但需要注意种子是否带病。播种前应进行种子消毒。选用抗病品种是防治黄瓜枯萎病的有效措施。

药剂防治：常用农药还有3.2%恶甲（恶霉灵·甲霜灵）水剂300倍液、50%多菌灵可湿性粉剂500倍液、50%甲基托布津可湿性粉剂400倍液、50%甲霉灵800倍液灌根或喷雾。每隔10d后再防治1次，连续2～3次。

（4）黄瓜白粉病

①发病症状：黄瓜白粉病又称白霉病、“白毛”，是黄瓜重要的病害之一，为真菌性病害。病原菌为单丝白粉菌［*Sphaerotheca fuliginea*（Schlecht）Poll.］，属子囊菌亚门。此病发生普遍，危害重。黄瓜在苗期和成期均可受害。叶片发病重，叶柄、茎次之，果实受害少。苗期发病可以从子叶开始，病斑近圆形，表面被白色的粉状物。真叶发病会出现白色近圆形小粉斑，会向四周扩展成边缘不明显的连片白粉，严重时整叶布满白粉。发病后期，白色霉斑因菌丝老熟变为灰色，病叶黄枯。有时病斑上长出成堆的黄褐色小粒点，后变黑，为病菌的有性阶段。叶柄及茎部也可以发病，严重时白粉可将茎包围住。有时在黄瓜的萼片上可见到稀疏的白粉。

②发病规律：周年生产的作物，温室病菌在作物上越冬，为初侵染源。病菌借气流或

雨水传播，在田间进行多次再侵染。发病适温为15～30℃，相对湿度为80%～95%。在低湿环境下仍可侵染，高湿环境下发病更快。雨后干燥或少雨，但田间湿度大的环境中，白粉病流行的速度加快，尤其当高温干旱与高温高湿交替出现、又有大量白粉菌源时，此病极易流行。

③防治方法

栽培措施：选择抗病品种。严格控制温室内温湿度，避免高温干旱和高温高湿的情况出现，尽量保持相对稳定的环境。

药剂防治：使用生物药剂，常用有2%农抗120水剂200倍液、2%武夷菌素水剂200倍液，隔6～7d喷洒1次。在发病初期喷第一次药，每亩每次用30%氟菌唑（特富灵）可湿性粉剂13.3～20g，加水70kg，稀释成3500～5000倍液，茎叶喷雾，间隔10d后喷第二次药，共喷2次。

（5）黄瓜病毒病

①发病症状：引起黄瓜病毒病的病毒主要为四种，分别是黄瓜花叶病毒、甜瓜花叶病毒、烟草花叶病毒、黄瓜绿斑花叶病毒。苗期发病时子叶会变黄枯萎，幼叶现浓绿与淡绿相间花叶状。成株发病新叶呈黄绿相嵌状花叶，病叶小略皱缩，严重时叶片反卷，病株下部叶片逐渐黄枯。发病重的植株节间短缩、簇生小叶、不结瓜，并可致使植株萎缩枯死。瓜条发病现浅绿及浓绿色花斑，有的也产生瘤状物，果面凹凸不平或畸形，有时引起果实成为畸形瓜，影响商品价值。

②发病规律：病原病毒为黄瓜花叶病毒、甜瓜花叶病毒、烟草花叶病毒、瓜绿斑花叶病毒。黄瓜种子不带毒，病毒主要在多年生宿根作物上越冬。蚜虫的活动或迁飞，是传播该病主要媒介。发病适宜温度20℃，气温高于25℃多表现隐症。瓜绿斑花叶病毒经摩擦、土壤传播，体外存活期为数月至1年。该病毒很容易通过手、刀子、衣物及病株污染的地块及病毒汁液借风雨或农事操作传播，进行多次再侵染，造成植株互相碰撞，枝叶摩擦或绕蔓时造成的机械损伤都是侵染的重要途径，温室处于高温环境时发病重。

③防治方法

栽培措施：选用耐病品种。培育壮苗，适期定植。注意控制营养液中各离子的浓度，加强管理。及时防治蚜虫。农事操作应小心从事，及时拔除病株，采种要注意清洁，防止种子带毒。在打杈、绑蔓、授粉、采收等农事操作过程中应注意减少植株碰撞，中耕时减少伤根，浇水要适时适量，防止栽培基质过干。

药剂防治：发病初期喷药，常用农药有抗毒剂1号（0.5%菇类蛋白多糖水剂）250～300倍液、0.5%氨基寡糖素水剂200～260mL/亩、2%宁南霉素水剂500倍液。

（6）黄瓜灰霉病

①发病症状：黄瓜灰霉病为真菌性病害，病原菌为灰葡萄孢菌（*Botrytis cinerea* Pers.），属半知菌亚门真菌。有性世代为富克尔核盘菌［*Sclerotinia fuckeliana*（deBary）Fuckel］，属子囊菌亚门真菌。

黄瓜灰霉病是近年来随着保护地发展危害日趋严重的一种病害。目前，保护地黄瓜70%～80%的种植面积都有发生，发病地轻者减产10%，一般减产20%～30%，严重时植株下部腐烂使蔓折断，整株死亡。

黄瓜灰霉病主要危害花、幼瓜、叶片、茎蔓，有时可危害幼苗。病菌多从开败的雌花侵入，引起花瓣腐烂，长出淡灰褐色的霉层，幼瓜脐部呈水浸状，迅速变软、萎缩、腐烂，严重时病部可覆盖整个幼瓜，使其表面密生霉层。

较大的瓜被危害时，病部可生出白色霉层，后很快变为淡灰色或灰褐色霉层，瓜条变软，萎缩腐烂。

叶片发病可以有几种情况，多由病花或病卷须落在叶面引起发病，同时当病花接触叶片时，也可使叶片发病。此外，有时病毒也可以直接从叶缘侵入，形成边缘明显，近圆形或不规则形的大型病斑。

干旱时灰霉稀疏，潮湿时表面有灰褐色霉层。叶片发病最后可扩展到全叶，使植株枯死。

幼苗及幼茎发病，会引起茎节腐烂，严重时会造成蔓折断，植株枯死。发生徒长的植株更容易发病。

②发病规律：温室中周年生产的植株中的病原菌可以在病原体内越冬，病菌会随气流、滴水及农事操作进行传播蔓延。结瓜期是该病侵染和烂瓜的高峰期。温度18～23℃、相对湿度90%以上、连阴天多、光照不足时，易发病。温室内湿度大，结露持续时间长，放风不及时，发病重，疾病易流行。

③防治方法：生长前期及发病后，适当控制浇水，适时晚放风，提高棚温至33℃时病原菌菌丝不产孢。应降低湿度，减少棚顶及叶面结露和叶缘吐水，加强棚室管理。出现病花病瓜时应及时摘除，带出田外深埋。棚室要通风透光，降低温度，注意保温增温，防止冷空气侵袭。

（7）蓟马　蓟马分为葱蓟马、稻蓟马、西花蓟马、黄蓟马、花蓟马和烟蓟马。其中，喜食茄果类蔬菜的有西花蓟马、黄蓟马和花蓟马。

①危害特征

西花蓟马：成虫和若虫危害植物叶片、花、芽及果，均以锉吸式口器刺吸的方式吸食汁液，造成被害叶片正面呈现黄白色斑点状，严重的可使叶片黄化、干枯。西花蓟马危害发生严重时在植株叶片背面可见黑色粪便，危害花器时，花瓣有白斑出现，危害幼嫩果实后会留下白色晕斑。

黄蓟马：成虫和若虫危害瓜果、豆类蔬菜的嫩梢、嫩叶、花和果实，以口器锉吸汁液，使被害组织老化坏死，枝叶僵缩，植株生长缓慢，幼瓜、嫩荚或幼果表皮硬化变褐或开裂，严重影响作物的产量与质量。

花蓟马：黄蓟马成虫和若虫主要危害蔬菜的花器，造成大量落花，影响开花结实。花蓟马也危害幼苗、嫩叶和嫩荚。危害严重时会显著降低产量和质量。

②形态特征

西花马蓟：以西花蓟马雌虫为例，体长1.2～1.3mm，腹部颜色较深呈淡棕色，头及胸部颜色略淡。头短于前胸，两平颊后部略收窄，单眼间鬃毛着生于前、后单眼外缘连线上，复眼后鬃毛长，最长的鬃毛几乎与单眼间鬃等长。这是西花蓟马最重要特征之一。雄虫与雌虫形态相似，唯体形较小，体色淡。

黄蓟马：成虫体长1mm左右，金黄色，头近方形，复眼稍突出，单眼3只，红色，排成三角形，单眼间鬃毛位于单眼三角形连线外缘，触角7节，翅2对，周围有细长缘毛，腹部扁长。若虫呈黄白色，3龄，复眼红色。卵呈长椭圆形，白色透明，长约0.2mm。

花蓟马：成虫体长1.3mm左右，体褐色略带紫，头、胸部黄褐色。触角较粗壮，第三节长为宽的2.5倍，并在前半部有一横脊。头短于前胸，后部背面皱纹粗，颊两侧收缩明显。头顶前缘在两复眼间较平，仅中央稍突。2龄若虫体长1mm左右，基色黄，复眼红，触角7节，第三、四节最长，第三节有覆瓦状环纹，第四节有环状排列的微鬃。

③发生规律：蓟马在温室中可周年发生，蔬菜作物中多发生在豆类、茄子、葫芦等作物上。发生最适温度为15～32℃，成虫具有强烈的趋光性和趋色性。成虫在作物叶片上“跳跃”，若虫在叶片上蠕动爬行，多在幼嫩多毛的部位以锉吸式口器吸食新叶、花器等部位汁液。温度适宜时可以成虫状态越冬。

④防治方法

环境控制：每个生长季结束后，应彻底清除温室内植株残体，进行消毒除虫以减少虫源。用防虫网隔离风窗、温室入口等处，可避免成虫进入温室。

物理防治：苗期播种后立即在育苗温室中悬挂蓝板（又称蓝色黏虫板）监控和诱杀成虫，育苗温室悬挂密度为每5～10m^{2}挂一块，悬挂的位置和高度在苗畦的上方20～30cm处。在生产棚中悬挂密度为每20～30m^{2}挂一块，悬挂的位置和高度在植株上方20～30cm处。注意随着植株生长要不断提高蓝板高度，始终保持在植株上方20～30cm的高度；时刻监视蓝板的黏着性能，一旦黏性减弱需立即更换新蓝板。

生物防治：在蓟马种群低密度下释放小花蝽有一定的防治作用，但需要持续多次释放。应注意投放小花蝽期间不能使用杀虫剂，以免误杀小花蝽。

注意事项：蓟马个体很小，应激反应强烈且行动迅速，白天活动频繁，夜间行动迟缓，用药应在傍晚或夜间进行，最好将喷雾和烟熏交替进行防治。蓟马在春秋两季容易发生，尤其是在茄子、黄瓜的植株上发病严重

（三）叶菜类蔬菜栽培流程（生菜）

生菜（*Lcatuca sativa*），叶用莴苣的俗称，又称鹅仔菜、唛仔菜、莴仔菜，属菊科莴苣属。生菜为一年生或两年生草本作物，叶长呈倒卵形，密集成甘蓝状叶球，可生食，脆嫩爽口，略甜。生菜原产欧洲地中海沿岸，由野生种驯化而来。古希腊人、罗马

人最早食用。生菜传入中国的历史较悠久，东南沿海，特别是大城市近郊、两广地区栽培较多。近年来，生菜的栽培面积迅速扩大，生菜也由宾馆、饭店进入寻常百姓的餐桌。

其中，干式水培生菜就是常见的一种栽培模式（图4–23）。使生菜的根系环境如水分、营养、通气、根系pH、温度、病虫害、湿度等得到了极大的改善，使作物从难以控制的土壤环境中进入到便于控制、易于机械化、自动化操作生产的良好条件中。优越的环境条件使生菜生理活性提高，表现出了较高的光合速率、相对低的呼吸强度，较强的根系酶活性等，所以营养液膜（NFT）栽培的生菜生长快、产量高，品质好，单位面积产出大大增加。

图4–23 生菜水培

1. 定植前准备工作

灌溉设备安装和检查：在定植之前，要对栽培设施设备进行一次全面检查，并进行试运行，如出现不出水、漏水等现象，要及时检查维修。

栽培区消毒：在定植前母液罐、管道、滴箭头等有关设备都要用高锰酸钾进行消毒，保持温室内的干净是避免病虫害发生的重要措施。

营养液母液配制：营养液的配制是水培生菜技术的核心，营养液配方以及控制直接影响到作物的生长、产量和品质。营养液配制的水，要干净无污染的水，先进行pH调整，调到pH 6.5左右，再加入营养液原料进行配制，营养液配制时要把钙源和磷源以及微量元素分开溶解，防止产生沉淀。

2. 定植

移栽时间非常的关键，太小根系没有形成完整根坨，移栽到管内基质容易被营养液冲走，整棵植株被冲到管内，苗期过长容易造成茎过长、高脚苗等，影响后期生长。生菜育苗一般10～15 d，当幼苗真叶有4～6片时，选择粗壮、生长旺盛、根系将基质紧紧缠绕形成完整根坨、无病虫害的生菜苗进行移栽。定植时将扎满根系的基质直接整团拿出，将整团根系塞入栽培孔中即可。散叶生菜定植密度一般为30～35株/m^2；结球生菜定植密度一般为20～25株。

3. 环境调控

（1）温度　水培生菜应控制昼温在20～24℃较为适宜。夜温控制在12～18℃即可，有利于节省能源运行成本，有利于提高单株生菜产量。在25℃时产量达到最大，且干物质最高，温度达到35℃时，作物生长会受到严重阻碍。

（2）光照　光照是作物生长发育的重要环境因子之一。光照条件的好坏影响作物的生理活动，进而影响作物的生长发育，最终影响作物产量和品质。作物生长发育主要受到光照的强度和光质的影响。

光照强度是指单位面积上所接受的可见光的能量，反映了光照的强弱。我国早期的设施农业发展中最突出的一个问题就是光照不足。我国设施农业的生产主要用于反季节栽培，生产季节都是光强较弱时期，再加上设施材料透光性问题，导致了设施内光照强度的严重不足。早期有白炽灯、荧光灯、金属卤化物灯、高压钠灯和日光色镝灯等，现在逐步发展成 LED光源。LED光源对植物工厂水培的生菜生长起很大作用。LED光源对生菜采收前进行连续照射，可以提高生菜营养品质。单独的红光、蓝光和红蓝光处理都能够显著降低生菜中硝酸盐含量，并可提高花青素含量。

不同光质对生菜生长的影响存在差异，成熟的作物工厂应该根据不同光谱组合性质，来对生菜营养成分和口味进行调整，种出比普通温室或者大田出产的品质更佳的产品。黄光对提高生菜的食用品质效果最好，但蓝光更有利于显著提高生菜中矿物质元素的含量。在红蓝光整体以及蓝光光亮不变的前提下，加入25%绿光可提高生菜的产量，但当绿光比例大约在50%以上时，生菜生长趋缓。

（3）气体　二氧化碳亏缺现象的频繁发生严重制约了作物的产量和品质。增施二氧化碳具有促产增效、气源稳定、操作简便、气肥利用率高等优点，有效地避免了设施内二氧化碳亏缺问题的发生，提高了设施效益。另外，通气处理可显著降低生菜叶片中的硝酸盐、纤维素含量，可提高维生素C、可溶性糖和可溶性蛋白质的含量，从而提高生菜平均单株质量和品质。

水培作物根部呼吸所需的氧一部分来自营养液中根系直接吸收的溶解氧，另一部分是位于液面之上的根系吸收的空气中的氧气。有研究指出，营养液中的溶解氧含量越高，裸露于空气中的根系所占比例越大，作物根系的生长就越好。

4. 灌溉

生菜的不同时期要求有不同的营养液浓度，定植 10d左右时EC为1.0～1.5mS/cm，移栽后10～20d时EC为1.5～2.0mS/cm，栽植20d到采收期间EC为2.0～2.5mS/cm，pH控制在5.5～6.5，每天进行营养液浓度和酸碱度检测。营养液浓度过低时应添加母液。由于生菜的生长过程中水分蒸发，可导致营养液变少，应自动添加自来水。

营养液控制总原则：苗越小营养液浓度小，生菜越大营养液浓度越大，温度越低营养液浓度越高，温度越高营养液浓度尽量低；营养液的浓度应在早晚进行调整，这可使营养液晚上浓度相对较高，白天相对较低。

5. 生菜栽培常见病害

生菜基本上没有病虫害，如发现病害，立即清理病植株远离栽培大棚。

第三节
产业集群生产管理制度

一、员工管理制度

（一）管理人员工作管理制度

管理人员主要负责园区内的日常管理和基地种植人员的管理，包括种植区域的分块、种植人员的统计、相关生产记录等。种植技术员在生产经理的领导下，负责基地种植生产技术的指导和实施，并配合上级领导完成相关的工作和生产情况的汇报。

有计划、有重点地观察各种种植作物的生长规律及特点，根据实际情况及时制订出适合的园艺措施并付诸实践，同时指导种植人员科学规范管理各项工作，有效解决种植中遇到的困难。

每天对所负责的区域进行观察，及时对植株的生长状况进行了解，并对观察的情况进行整理，制定日报表。

对种植的日常园艺操作的整理和统计包括以下几点。

①发生的病、虫名称，施用农药名称、剂型、用药数量、用药方法和时间等。

②分期分批采收时间、采收数量等情况的统计。

③为每一种植区设立一个档案，将每月的种植档案记录整理成册，保存到档案袋。负责种植档案的管理。

④指导种植人员防治种植、生长过程中发生的病虫害，做好种植前的各种消毒工作，定期给种植人员传授种植的基础知识和实用技术。

⑤配合生产经理做好种植技术、种植资料的总结和积累工作，月底进行总结，上报生产经理并备案。

（二）种植人员管理制度

为了保证基地生产工作的正常运行，制定以下管理制度。

（1）工作时间　每月工作天数根据自然月天数执行，每天工作8h。

（2）请假制度　员工请假要填写请假条。严格按照请假条批示天数执行，病假或紧急情况要打电话请假，事后需补办假条说明原因，否则按旷工处理，对于超出规定天数又无特殊情况者，公司有权辞退。

（3）上下班时间　严格遵守上下班时间，按时打卡，不得迟到或早退，迟到或早退10min以上30min以内扣除本人两小时工资，超过30min者扣除半天工资。

（4）旷工处理　员工未经请假批准，无故不到者，公司有权予以辞退。

（5）行为规范　日常工作中，严格遵守国家法律法规以及公司的各项规章制度，不得损害公司形象；员工之间不得有打架斗殴、骂人等不良行为，如果发现视具体情况处罚。上班期间自由散漫、无理取闹、大声喧哗、目无纪律、弄虚作假、有明显失误且不服从领导分配的员工，经批评教育愿改正的视其情节给予警告、记过、辞退等处分。

（6）工作安排　严格遵守公司相关规定，在规定的时间完成上级布置的工作。种植人员认真填写生产或农事操作记录，不得涂改或造假，保质、保量完成当天工作，完不成工作任务的，视情况扣除当天工作报酬。对于日常工作安排不得有抵触情绪，如觉得安排有不合理（工作时间、数量、人员）之处应及时提出，当时解决，否则工作时未按要求完成者根据实际情况予以处罚。

（7）工具使用　对于公司的工具要爱护，借用工具时需要签字并且用完及时归还库房并登记，如有无故损坏或者丢失情况应照价赔偿。

（8）奖惩制度　公司对于有贡献的员工予以适当奖励，违反公司相关规定者予以惩罚。

①严禁携带与本园区无关的物品、人员进入园区。不得将园区的相关物品带出本园区。

②工作时间禁止带小孩或者外部人员随意出入，不得干私活或者与工作无关的事情。

③每位员工必须爱护和保护公共财产，每天下班前最后离开的值班人员要关闭水电、锁好门，检查无误后方能离开，对故意损坏公物者，要严厉打击，加倍处罚。

④在生产、销售过程中，如发现偷盗行为，将处以实物的3倍罚款。

⑤上班时间员工交通工具集中管理，不准在园区乱停乱放。

⑥禁止员工私接电线等危害园区生产安全的行为，一经发现视情节轻重进行处罚。

（三）卫生管理制度

（1）员工每日上班前需清理温室的道路，确保清洁。

（2）及时清理温室内的杂草，收割完韭菜的栽培槽要及时清理上面的残叶。

（3）温室各门都关闭，防止外部人员进入，工作人员出入要随手关门，防止外部虫害进入温室。

（4）生产过程以及人为产生的垃圾要集中存放，立即清理，不得随意丢弃。

（5）工作人员的衣服、背包等物品要统一摆放。

二、技术指导和培训制度

（1）为了保证蔬菜的产量和质量，要定期组织所有技术人员进行技术总结和讨论，内容包括蔬菜的生长特性、结果习性、管理制度、病虫害防治技术、阶段性问题的解决等。

（2）生产技术人员要定期或不定期分批外出考察学习，经常进行业务自学，并有组织地邀请国内外有关专家、教授进行讲课，提高科技人员的业务素质和技术水平。

三、生产资料供应和管理制度

（一）材料验收入库

（1）对入库材料的品种、规格、型号、质量、数量、包装等认真验收核对。按照采购品种和有关标准严格验收，做到准确无误。

（2）入库材料验收应及时准确，不能拖拉，尽快验收完毕。如有问题及时提出验收记录，向主管采购人员反映，以便得到解决。

（3）材料验收合格后，应及时办理入库验收单，同时核对发票、运单、明细表、装箱单及产品合格证，核对无误后入库签字，并及时登账。

（二）材料出库

（1）材料出库应本着先进先出的原则，及时审核发料单上的内容是否符合要求，核对库存材料是否准确，做好材料储备工作。

（2）准确按发料单的品种、规格、数量进行备料、复查，以免发生差错，做到账实相符。

（3）按照材料保存期限，对于快要过期失效或变质的材料应在规定期限内发放，对能回收利用的材料尽可能利用，剩余材料应及时回收利用，非正常手续的材料不得出库。

（三）材料保管保养

根据库存材料的性能和特点进行合理储存和保管，做到保质、保量、保安全。

（1）材料应合理码放　对不同的品种、规格、质量、等级的材料都分开，按先后顺序码放，以便先进先出。

（2）材料码放要整齐，注意防火、防潮、防湿。怕潮湿物品要上盖下垫，易燃材料要单独存放。所有材料要明码标识，搞好库区环境卫生，经常保持库区清洁。

（3）对于温、湿度要求高的材料，做好温度、湿度的调节控制工作，高温季节要防暑降温；梅雨季节要防潮、防霉；寒冷季节要防冻保温。

（4）要经常检查，随时掌握和发现材料的变质情况，并积极采取补救措施。

（5）对机械设备、配件定期进行涂油或密封处理，避免因油脂干脱导致性能受到影响。

（四）定期盘库，达到三清

（1）定期盘库清点，达到数量清、质量清、账表清。

（2）清理半成品、在产品和产成品，做到半成品的再利用。

四、农药使用制度

（一）绿色蔬菜农药使用制度

1. 生产绿色食品的农药使用准则

（1）允许使用植物源农药、动物源农药和微生物源农药。

（2）在矿物质源农药中允许使用硫制剂、铜制剂。

（3）如生产实属必需，允许生产基本有限度地使用部分有机合成化学农药。

2. 绿色食品生产有害生物防治原则

（1）以保持和优化农业生态系统为基础　建立有利于各类天敌繁衍和不利于病虫草害孳生的环境条件，提高生物多样性，维持农业生态系统的平衡。

（2）优先采用农业措施　如抗病虫品种，种子、种苗检疫，培育壮苗，栽培管理，中耕除草，耕翻晒垡，清洁田园，轮作倒茬，间作套种等。

（3）尽量利用物理和生物措施　如用灯光、色彩诱杀害虫，机械捕捉害虫，释放害虫天敌，机械或人工除草等。

（4）必要时合理使用低风险农药　如没有足够有效的农业、物理和生物措施，在确保人员、产品和环境安全的前提下，配合使用低风险的农药。

（二）高效栽培农药使用制度

1. 农药出入库管理制度

（1）严格遵守出入库管理制度，指定专人负责管理农药出入库记录工作，做到随用随领，用多少领多少。不同性质、不同种类的农药要分开存放。例如，杀虫剂和杀菌剂要分开，液态农药、粉剂和烟剂要分开，农药和化学肥料要分开。

（2）农药库房要保持通风，防潮避光，以免农药失效。同时，农药库房要和存放天敌的库房，以及工作人员休息的房间分开，以免发生农药中毒事件。

2. 使用制度

（1）要严格按照规定的浓度配比使用农药，避免多种农药混合使用。农药要现配现用，不能储存。

（2）按照标签所示安全间隔期和频次施用，治疗同一种病害最好不同农药交替使用，避免产生抗药性。

（3）投放天敌后，不能使用对天敌有害的农药。使用熊蜂授粉的，在用药前一天，要将熊蜂移出温室。在安全间隔期内，不得投放熊蜂。

（4）工作人员在施药过程中，要做好个人防护工作，按规定佩戴口罩、手套等防护用品，严防农药中毒。

（5）夏季喷施农药时，如果风机处于运转状态，工作人员要站在上风向喷药。

3. 高效栽培植保操作规程

（1）配比农药前佩戴口罩，戴胶皮手套，必须按照规定的剂量称取药液或药粉。不得随意增加用量，严禁用手拌药，拌种要用工具搅拌。

（2）配药和拌种时应远离饮用水源和居民区，要有专人看管，严防农药、种药丢失。配比农药时要小心谨慎，防止农药溅入眼睛、口鼻。

（3）两台喷药机械不能左右同时喷药，中午高温时，应停止喷药，药桶内药液不得装得过满。

（4）喷药前应仔细检查打药机械的开关、接头、喷头等处螺丝是否拧紧，药桶有无渗漏。喷头如被堵塞，应先用清水冲洗后再排除故障。禁止用嘴吹吸喷头和滤网。

（5）喷药时应尽量避免与喷雾器接触，切勿吸烟或饮食。使用喷雾器时应戴口罩，覆盖口鼻。

（6）施药工作结束后，要及时将喷雾器清洗干净，连同剩余药剂药瓶一起交回仓库。清洗器械的污水应选在安全地点妥善处理，不准随地泼洒，防止污染饮用水源和养鱼池塘。

（7）施药人员要注意防护，穿长袖上衣、长裤和鞋袜。在操作时禁止吸烟、喝水、吃东西，不能用手擦脸、嘴、眼睛，绝对不准互相喷射嬉闹。每日工作后喝水、抽烟、吃东西前要用肥皂洗脸、洗手、漱口，被农药污染的工作服要及时换洗。

4. 农药中毒应急预案

在绿色蔬菜生产过程中严禁使用高、剧毒性农药。如果遇到农药喷入眼睛、口鼻、皮肤伤口等易引起人体不适的情况，可以采取以下抢救措施。

（1）农药沾染皮肤轻微伤口引起刺激性疼痛的，应脱去被农药污染的衣服，用清水及肥皂（不要用热水）充分洗涤被污染的部位。洗涤后用洁净的布或毛巾擦干，穿上干净衣服并注意保暖。

（2）眼睛被溅入药液或撒进药粉的，应立即用大量清水冲洗。冲洗时把眼睑撑开，一般要冲洗15min以上。清洗后，用干净的布或毛巾遮住眼睛休息。

（3）吸入农药，身体感到不适时，应立即到空气新鲜、通风良好的安全场所，脱去被农药污染的衣物等，解开上衣纽扣并松开腰带，使呼吸畅通。用干净水漱口和肥皂水洗手、洗脸，注意身体保暖。

（4）一旦发生严重的农药中毒情况，应及时将患者送往医院救治，就医时陪同人员要及时向医生说明引起农药中毒的农药品种，必要时携带农药说明书。

第五章

园区配套工程

第一节
水系统工程

一、运行模式

近年来全国气候变暖，区域土地水文循环失衡，导致水资源紧缺，水体污染严重。我国作为一个水资源严重短缺的国家，同时也是一个农业大国，农业用水量占比较大。我国幅员辽阔，地理经纬度跨度大，地理性质不一，例如我国西北地区土地辽阔，总面积占全国的40%，但水资源量不足全国的10%，而这些地区是我国主要农牧业区，光照条件好，可供开发的耕地和草地资源潜力很大。因此节水、水资源再利用、一水多用成为现代农业发展的重要措施。

循环经济作为一种经济发展的新理念，是把人、自然资源和科学技术作为一个整体来分析经济问题。循环经济并不是简单的废弃物资源化，而是系统地避免和减少废弃物。近年来，循环经济的概念逐步的和农业结合，演变成循环农业，即利用物质循环再生原理和物质多层次利用技术，减少废弃物的产生，提高资源的利用率，实现了节能减排与增收的目的，促进了现代农业的可持续发展。

天然降水作为极其重要的水资源，但未得到充分利用，利用率仅为降水量的30%～40%，雨水蓄集再利用潜力巨大。同时雨水水质较好，净化处理工艺相对简单，运行维护费用低。设施园艺产业集群项目作为现代农业的模式，雨水蓄集利用可降低园区综合用水的运行成本。

对于整体园区可分为屋面雨水收集和地面雨水收集。

1. 屋面雨水收集

屋面雨水收集包括集水面（屋面）、屋面集水沟（天沟、边沟、檐沟）、雨水斗、管道等。屋面雨水工艺流程可分为以下4种。

①屋面雨水→初期径流弃流→景观水体。

②屋面雨水→初期径流弃流→雨水蓄流池沉淀→消毒→雨水清水池。

③屋面雨水→初期径流弃流→雨水蓄流池沉淀→过滤→消毒→雨水清水池。

④屋面雨水→初期径流弃流→雨水蓄流池沉淀→过滤→消毒→深度处理→雨水清水池。

根据园区需求，为保证出水能够作为灌溉及景观用水水质要求，选用第四种工艺流程。

2. 地面雨水收集

地面雨水收集可分为绿地多余水收集和道路雨水收集。雨水降落后径流进入绿地，经过地表渗透后，补充消耗的水分后，多余雨水流入蓄水池。道路雨水收集主要沿着园区道路设施，通过排水沟、排水管道，汇集到蓄水池中。雨水蓄集利用工艺流程如图5-1所示。

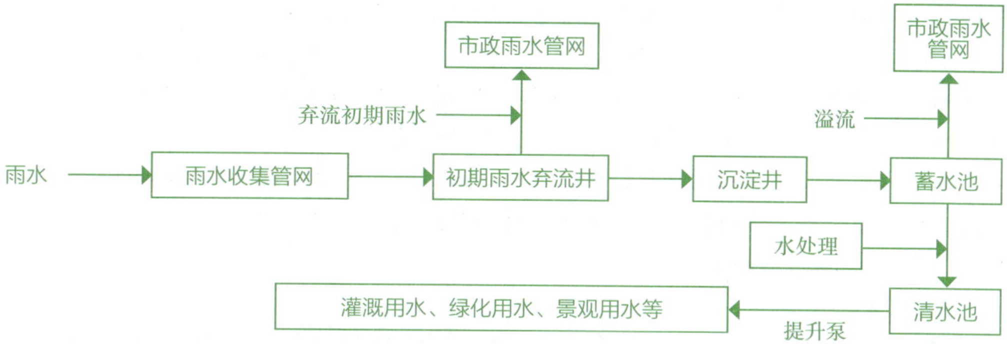

图5-1　雨水蓄集利用工艺流程

设施园艺产业集群水循环方式可分为如下几部分。首先将温室顶部、配套建筑屋顶、道路等场所收集的雨水，温室内的冷凝水，汇集到蓄水池中，通过管网输送到多级过滤的水处理系统中，处理之后的净化水可通过比例施肥机进行精准的施肥配比，得到作物所需的营养液之后通过滴灌、微喷灌等节水灌溉设施对作物进行施肥灌溉，灌溉后的残余营养液可通过残液回收系统统一收集，再经过残液消毒装置，部分残液可进入施肥系统进行再利用，部分废液直接排出，排出的废液可用于露地栽培灌溉。设施园艺产业集群雨水蓄集利用工艺流程如图5-2所示。

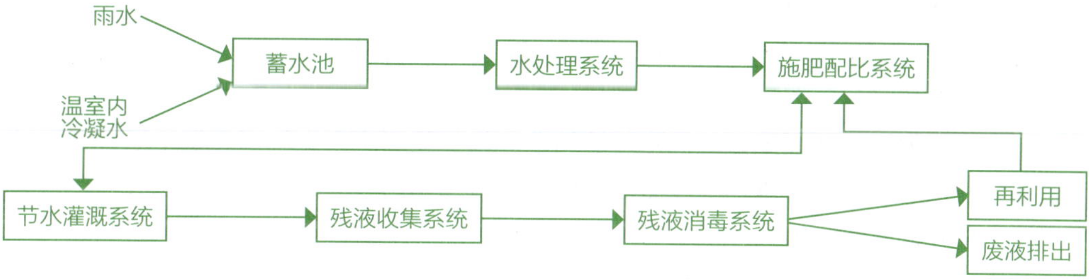

图5-2　设施园艺产业集群雨水蓄集利用工艺流程

二、集水系统

（一）集水来源

集水系统的集水来源是整个系统运转的首要条件，集水来源需综合考虑整体项目园区的水资源，包括供水资源、回水资源、排水资源等。根据不同水资源类型，确定可以蓄集，并且能够利用的水资源，主要包括以下几种。

1. 雨水

雨水作为自然界水资源之一，大部分情况下，雨水通过排水管道、排水沟渠汇集到市政排水管网中，或者直接降水在土壤中，通过土壤吸收、下渗汇集到城市水系或者地下水层中。在城市规划和市政设施条件下，会受到约束，这种自然循环模式受到制约。近年来雨水收集、再利用受到广泛的关注，通过一些人为措施，对雨水的径流进行干预、收集、存储及再利用，使得雨水形成人工循环模式。

对于设施农业产业集群项目，整体园区占地广泛，雨水会成为整体园区的主要集水来源，雨水蓄集再利用可作为水资源的循环再利用的重要组成部分，对于整体园区的经济效益有一定的提高作用。

2. 温室内冷凝水

温室属于钢结构建筑，钢材的性质以及温室内部的环境会影响冷凝水的凝结。当温室内外存在温差的情况下，钢结构表面会凝结出水珠，尤其在冬季更加显著。因此，温室中设计有集露槽结构，将此部分冷凝水收集、汇总，可作为集水来源之一。

（二）雨水蓄集利用

农业作为用水大户，雨水蓄集利用，可以解决旱区缺水问题，有效制止水土流失，改善生态环境，促进农业和经济持续稳定发展，实现资源的循环利用。

1. 根据供水的目的不同，雨水利用分类

（1）为解决生活用水和庭院经济用水而修建的雨水利用工程　主要分布在干旱的西北黄土高原地区，地表漏水性极强的西南石灰岩山区，淡水资源缺乏的海岛地区以及缺乏优质饮用水的滨海地区（如高氟病区）。

（2）为农业生产需要而修建的雨水利用工程　主要分布在北方的黄土高原和华北平原地区的旱作农业区，可采用修筑梯田、挖掘鱼鳞坑、窑窖蓄水灌溉、深耕、覆盖、加保水剂、粮草轮作等方法。

（3）为缓解城市及周围地区的水环境问题而修建的雨水利用工程　在干旱、半干旱地区要把降雨资源变成可以利用灌溉的水资源，就需要通过一系列的工程措施，把天然降水富集并存储起来，使自然降雨变成时空可调的现实水资源。雨水集聚利用包括收集导水和储存雨水、高效利用三方面。

2. 农业雨水利用的主要形式

（1）雨水自然利用　主要是利用旱地农业耕地技术，尽量保蓄和充分利用有限的降雨资源，提高水分利用效率。在我国北方旱地农业中采用的主要措施包括深耕、深松耕、水平等高耕作、水平梯田、等高沟垄耕种等蓄水和覆盖的保水技术。

（2）雨水叠加利用　主要是在农田就地富集雨水，以实现雨量增值的技术。该技术的主要措施包括小区集水种植、隔坡梯田、平地起垄、地膜覆盖保墒技术。

（3）雨水集聚利用　在干旱、半干旱地区通过一系列的工程措施，把天然降水富集

并存储起来，把降雨资源变成可以利用灌溉的水资源。雨水集聚利用包括收集导水、储存雨水、高效利用三方面。

（三）雨水蓄集系统

雨水集蓄工程是指对降雨进行收集、汇流，存储和再利用的一套系统。一般由集雨系统、输水系统、蓄水系统和再利用系统组成。

1. 集雨系统

集雨系统主要是指收集雨水的集雨场地，分为耕地集雨场和非耕地集雨场，其中耕地集雨场包含园区露地种植区域、景观绿化区域。其中，非耕地集雨场包含屋顶、道路、荒山和硬化地面等。为了提高集流效率，减少渗漏损失，可利用不物质或者防渗材料对集雨场表面进行防渗处理。针对于设施农业产业集群项目，整体园区集雨系统可包括各类建筑结构屋面、园区道路、雨水收集池、水系景观等。

2. 输水系统

输水系统是指输水沟（渠）和截流沟。其作用是将集雨场上的来水汇集起来，引入沉沙池，而后流入蓄水系统中。输水系统包括屋面的落水口、落水口下端的排水沟、道路两侧的排水沟以及园区排水管道等。

3. 蓄水系统

蓄水系统包括蓄水体及其附属设施，其作用是存储雨水。

（1）蓄水体　蓄水体可以根据现场条件和水质要求等不同情况选择金属（不锈钢、镀锌钢）、塑料（玻璃钢、聚丙烯和聚乙烯等）、砖石或混凝土，以及木质材料。蓄水体可分为地上式，也可建在地下。蓄水体的位置尽量靠近用水量大的用水点，防止太阳直射并保证设施不透光，防止藻类生长，池底有坡度防止积水，所有管道接口用密封剂密封，溢流口也可用防锈材料的细滤网覆盖，其他的检查口及入孔均密封，蓄水体可包括水窖（窑）、蓄水池、池塘、涝池、水系景观等。

（2）主要附属设备

①沉沙池：其作用是沉降进蓄水体水流中的泥沙含量。一般建于水蓄水体的进口处2～3m远的地方，以防渗水造成蓄水体体壁坍塌，池深0.6～1.0m，长宽比可参考2：1，具体尺寸由进蓄水体水量和水中含沙量而定。

②拦污栅与进水暗管（渠）：拦污栅作用是拦截水流中的杂物，如树叶、杂草等漂浮物和砖石块等，设在沉沙池的进口处。进水暗管（渠）作用是将沉沙池与蓄水体连通，使沉积后的水流顺利流入蓄水体中，其过水断面应根据最大进流量来确定。

③消力设施：为了减轻进蓄水体水流对窖底的冲刷，要在进水暗管（渠）的下方蓄水体底上设置消力设施，根据进蓄水体流量的大小，选用消力池或消力筐，或设石板（混凝土板块）。

④窖口井台：其作用是保证取水口不致坍塌损坏，同时防止污物进窖。窖台一般高出地面0.3～0.6m，平时要加盖密封，取水时可安装提水设备。

4. 再利用系统

雨水蓄集系统在农业园区主要用于园区灌溉，主要是由于灌溉用水占园区整体用水的绝大部分。灌溉系统包括首部提水设备、输水管道，连接到配套后续的水处理系统、节水施肥灌溉设备等中，最终实现雨水高效利用。设施园艺产业集群雨水蓄集系统如图5-3所示。

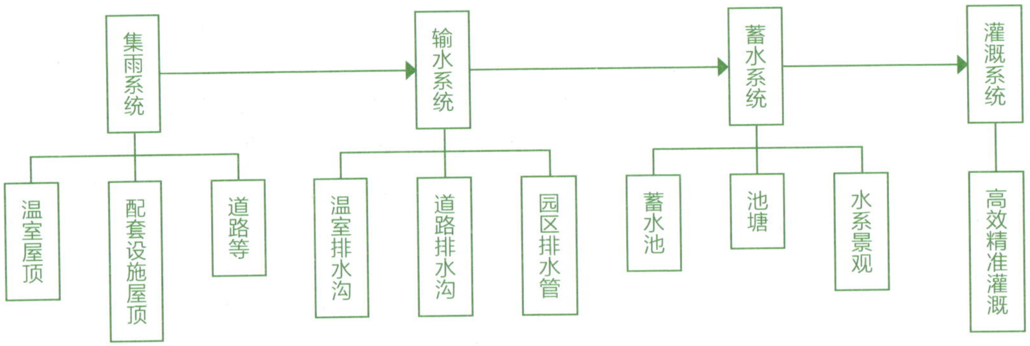

图5-3 设施园艺产业集群雨水蓄集系统

针对设施农业产业集群项目，集雨系统为智能连栋温室屋顶、配套设施用房屋顶、道路等；输水系统采用温室四周排水沟、道路两旁排水沟、园区排水管道；蓄水系统采用蓄水池、池塘、园区水系景观；灌溉系统采用高效精准灌溉等系统。

（四）雨水蓄集估算

根据《雨水集蓄利用工程技术规范》（GB/T 50596—2010）设计、计算规定，以河北省邢台市南和县为例，设计项目工程100hm^{2}的智能连栋温室，配套设施用房14.5万hm^2，道路占地面积27万hm^2，共计项目占地面积141.5万hm^2。当地多年平均降水量为477.77mm，近30年月最大降水量为139.3mm，近30年月平均降雨量为39.8mm，2011—2014年间暴雨日最大降水量为73.3mm。根据比对，选用暴雨日最大降水量计算蓄水池容积。

单用途雨水蓄集利用工程的集流面面积可按式（5-1）计算：

$$\frac{1000W}{P_{\mathrm{p}}} \leqslant \sum_{i=1}^{n} S_i \cdot K_i \tag{5-1}$$

式中 W——单用途雨水集蓄利用工程的日供水量，m^3

S_i——第i种材料的集流面面积，m^2

K_i——第i种材料的年集流效率

P_{p}——频率等于设计保证率的日降水量，mm

n——集流面材料种类数

项目区雨水蓄集容积估算见表5–1。

表5–1　项目区雨水集蓄容积估算表

功能分区	集流面面积（S_i）/m²	近4年日最大降雨量（P_p）/mm	年集流效率（K_i）	集蓄容量（W）/m³
智能连栋温室	1000000	73.3	0.91	66703
配套设施	145008	73.3	0.7	7740.36
道路	270000	73.3	0.7	13853.7
合计	1415008			87997.06

蓄水工程容积可按式（5–2）计算：

$$V=\frac{K\cdot W}{1-\alpha} \tag{5-2}$$

式中　V——蓄水容积，m³

W——单用途雨水集蓄利用工程的日供水量，m³

K——容积系数

α——蓄水工程蒸发、渗透损失系数，可取0.05～0.1

K取值，多年平均降水量在250～500mm，温室灌溉取值为0.55～0.6，当集流面积较大时，温室灌溉取值为0.5～0.55，综合考虑取值为0.5；α取值0.08；W取值87997.06m³，经计算蓄水容积V为47824.49m³。每10hm²设施1个蓄水池，每个蓄水池体积为4800m³，蓄水池规格为20m×20m×3m（长×宽×深）。根据年平均降水量477.77mm，经计算理论全年可蓄集雨水57.3万m³，占全年灌溉用水量的60%。

三、水处理系统

（一）工艺流程

水处理系统采用多级、分类的水处理方式，根据原水水质的不同，可配置相应的处理设备（图5–4）。

1. 以市政用水（自来水）、地下水作为水源

该类型水源水质较好，杂质较少，水处理处包括：原水池→石英砂过滤器→活性炭过滤器→阻垢剂加药→精密过滤器→高压泵→RO反渗透控制系统→产水池。

2. 以收集雨水、河水作为水源

该类型水源水质不好，含杂质较多，对于河水水源汛期期间的水质和平常时期也会不同，因此水处理系统配置会有所不同。水处理系统包括：原水池→絮凝池→沉淀池→中间水池→石英砂过滤器→活性炭过滤器→阻垢剂加药→精密过滤器→高压泵→反渗透

图5-4　水处理系统

（RO）控制系统→产水池。

选用水处理配套系统时，需对原水水质进行检测，配置合适的系统，确定阻垢剂加药的种类。

（二）工作原理

1. 石英砂过滤

利用石英砂作为介质，进一步除去水中的悬浮物、胶体、泥沙、铁锈等，通过滤料的截留、沉降和吸附作用，达到净水的目的。该滤料就有强度高、寿命长、处理流量大、出水水质稳定可靠等优点。

2. 活性炭过滤

利用活性炭的表面有大量的羟基等官能团，可以对各种性质的物质进行化学吸附，除去水体中异味、有机物、胶体、微生物、细菌、铁、余氯等，同时降低水体的浊度、色度，使水质清澈透明，减少对后续系统的污染。

3. 阻垢剂加药

用于将分散在水体中的难溶性无机盐、阻止或干扰难溶性无机盐在金属表面的沉淀、结垢。对于不同水体，水中的无机盐不同，需根据不同水体选择合适的阻垢剂。

4. 精密过滤器

主要用在多介质预处理过滤之后，反渗透过滤设备之前。用来滤除经多介质过滤后的细小物质（如微小的石英砂、活性炭颗粒等），以确保水质过滤精度，保护膜过滤元件不受大颗粒物质的损坏。可去除水中的微小悬浮物，细菌及其他杂质等。

5. 反渗透（RO）控制系统

反渗透（RO）控制系统利用膜分离技术，在高于溶液渗透压的作用下，使其他物质不能透过半透膜而将其他物质和水分离开。反渗透膜的膜孔径非常小，因此可以有效地除去水中的熔解盐类、胶体、微生物、有机物等。该方法具有运行成本低、操作简单、自动化程度高、出水水质稳定等特点。

（三）设计选配

对于高效栽培生产模式，要求水处理后的水质pH（酸碱度）为6.5～7.0，EC＜0.02mS/cm。

以100hm^{2}的温室集群高效栽培的作物品种（包括番茄、黄瓜、彩椒育苗）为例，所需水处理量为500t/h。根据水处理系统的处理能力，结合精准施肥灌溉范围，考虑作物种植种类等因素，共可设置10组水处理系统，每个系统负责10hm^{2}高效栽培用水量，每组水处理量为50t/h，配套水池需满足4h的用水量，设计单体水池体积为200m^3。

四、排废水系统

排弃废水包括两类，一类为生活部分污水，另一类为生产部分残液（即灌溉后多余的营养液）。

1. 生活部分污水

生活污水部分按照相关规定，经处理后排放相应的市政污水管网中。

2. 生产部分残液（即灌溉后多余的营养液）

对栽培灌溉后的多余营养液进行收集，统一汇集存储于回液池中，经过沉淀、滤去回液中的残渣等漂浮物，经过消毒处理后部分液体可直接排出，部分营养液可再利用进行施肥灌溉。对于岩棉-椰糠栽培模式下回收的营养液不能被再循环利用，应进入残液工艺流程：残液收集池→消毒装置→排出。对于潮汐式育苗系统，回流的营养液经过过滤后可继续进行灌溉，残液工艺流程：回收营养液罐→过滤装置→消毒装置→消毒后液体进入灌溉系统再次利用。排污系统和水处理系统设置在一起，设备装置、管道布置比较集中。

第二节
产后加工包装车间

一、包装车间建筑功能与结构选型

产后加工包装车间作为规模化设施生产工艺中的一部分，是瓜、果、蔬菜等农产品的聚散枢纽，其集运输、储存、装卸、搬运、包装、加工、信息处理等多个环节，在整个规模化生产中占据重要地位。这也对包装加工车间的建筑结构形式的选择提出了更高的要求。目前，厂房性质的建筑结构形式多样，包括排架结构、框架结构、门式刚架结构、砖混结构等多种方式，设计人员应合理有效地选择建筑结构形式和设计方法，以充分满足包装加工车间的建筑功能。

（一）包装加工车间功能分区

功能分区是建筑设计的一个基础性问题。产业集群包装车间的功能分区应首先考虑产后果蔬包装加工的设备布置和工艺要求，合理的功能分区能满足建筑空间内各项活动的顺利进行。

从生产的角度而言，整个包装车间的功能可分为卸货区、加工包装区、成品临时堆放区、装货区等。在建筑施工图设计过程中，应充分考虑各个功能分区之间的联系，合理布局建筑平面，来满足包装加工车间的使用要求。

从安全的角度而言，包装车间主要涉及交通组织和消防疏散以及有危险性建筑功能的布置。单层建筑平面布局的交通疏导能力主要体现在水平的运输效率上，这是保证建筑安全运行的基本前提，要合理的组织包装加工车间的人员疏散路线、规划好疏散出入口的布置。建筑功能布局的安全性主要应考虑建筑对环境可能造成的污染或危害，加工包装车间产生的污染主要是废弃的果蔬，及时清运即可解决问题。

（二）结构形式的选择

包装车间的建筑结构形式多样，单层车间厂房的结构形式与多层车间厂房的结构形式也不尽相同。由于农业用地较建设用地供应充足，在满足车间使用功能的前提下，包装加工车间一般采取单层厂房结构形式以节约成本，减少工程造价。单层厂房的结构形式主要有排架结构和门式刚架结构两种。

排架结构由于其构造简单，施工方便易行，是最基本、最常用的结构形式，这种结构由屋盖系统、柱和基础组成，柱与屋架为铰接，柱与基础为刚接。因为厂房的生产工艺和使用要求不一样，排架结构可以有等高、不等高和锯齿形等多种形式。门式刚架结构是柱与横梁刚性连接的，柱与基础一般采用铰接形式，当厂房有吊车时，宜将柱脚设计成刚接。

根据建筑结构材料的不同，单层厂房分为钢筋混凝土厂房、钢结构厂房、砖混厂房等。单层厂房主要的结构特点是构成空间大，且中间不设承重柱或少设承重柱。为提高建筑工业化的水平，降低综合造价，提高结构质量，上部结构应尽量选择定型设计和标准化生产。

（三）包装车间结构设计

包装车间结构设计应根据厂房的功能需求和空间要求，充分考虑建筑功能布局和加工包装生产流水线设备的布置安装等问题，使设计的结构经济、安全、适用、耐久。

单层厂房排架结构承受的竖向荷载包括：结构自重、屋面活荷载、雪荷载、吊车荷载（如有设置）等；横向水平荷载包括：风荷载、地震荷载、吊车荷载（如有设置）。

上述荷载均通过横向平面排架传递到基础和地基。在厂房纵向往往设置纵向柱间支撑、屋架支撑，在厂房端部设置抗风柱来保证厂房的纵向刚度和稳定性，并承受纵向风荷载、纵向吊车水平荷载和纵向地震水平作用等。在设计过程中，为了计算简便往往采用平面简化模型，认为各横向排架之间相互独立。由于厂房纵向长度一般远大于横向长度，其纵向柱数量较多，纵向抗侧刚度较大，平分到每根柱上的水平力较小，因此往往不对其进行纵向排架计算，而只进行横向排架计算。单层厂房竖向荷载一般较小，因此宜采用工字型截面为主的钢柱，基础采用钢筋混凝土独立基础，钢柱底部通过预埋锚栓和基础连接。

单层厂房门式刚架轻钢结构按照跨度可以分为单跨、双跨和多跨等形式，按照屋脊数量可以分为单坡、双坡、多坡等形式。门式刚架的跨度宜为6～36m，其的合理间距应综合考虑刚架跨度、荷载条件及使用要求等因素，一般宜取6、7.5、9m。高度应根据使用要求的室内净高度而确定，一般宜取1.5～9.0m。在确定门式刚架柱网布置和刚架高度时，应充分了解包装加工车间的生产流水线设备的功能和要求，刚架的跨度能满足生产流水线设备的布局，刚架的净高度能满足设备的正常运转。门式刚架的梁、柱一般采用变截面实腹焊接H形钢截面，单跨刚架的梁柱节点采用刚接，多跨刚架中柱与刚架梁的连接可采用铰接；刚架柱柱脚与钢筋混凝土基础的连接，当厂房内设有桥式起重机时按刚接连接，其他情况按铰接连接。

对于上述变截面门式刚架，应采用线弹性分析方法确定各构件的内力。门式刚架轻钢厂房的伸缩缝间距，纵向长度不大于300m，横向长度不大于150m。在每个温度伸缩单元应分别同时设置横向水平支撑和竖向柱间支撑以形成几何不变、稳定的空间结构体系。屋面横向支撑宜设置在温度区间的端部的第一个或第二个开间，当端部支撑设在第二个开间时，在第一个开间的相应位置应设置刚性系杆。柱间支撑之间的距离要根据房屋纵向受力分布情况来确定，通常控制在30～45m 范围内，如果配置了吊车，可以最大至60m，当房屋高度相对于柱间距较大时，柱间支撑宜分层设置。在刚架转折处应沿房屋全长设置刚性系杆。

（四）包装车间维护结构设计

由于包装车间内集聚和疏散大量的果蔬农产品，为保证果蔬农产品的新鲜，应保证车间内的通风和温度要求。

在选择屋面覆盖体系时，应优先选择轻钢保温屋面。轻钢屋面具有自重轻、保温性能、防水性能好、样式变化多样、加工和安装工期短等优点。立面覆盖一般采用彩钢板，其墙梁和檩条一般采用冷弯卷边槽钢或卷边 Z 形钢。墙梁在其自重、墙体材料和水平风荷载作用下，是双向受弯构件。设计时一定要保证结构的整体性，单个门式刚架属于平面结构，通过纵向构件、支撑体系和围护结构形成稳定的空间体系，具有抵御各种荷载的作用。立面覆盖也可根据需要设计成砌块填充墙的形式，填充墙的保温、隔热、防水防潮等性能均较好。

二、包装车间水电暖设计

（一）包装车间给排水设计

包装车间给水设计主要包括洁具给水、设备给水和消防给水。洁具给水主要考虑合理布置洗手盆的数量和位置，方便工作人员清洗手部，保证包装车间内的卫生。设备给水设计需根据设备布置平面图和设备供应商对用水流量和温度的要求进行设计。消防给水根据《建筑设计防火规范》（GB 50016—2014）进行设计，包括消防管道、消火栓、消防储水箱/蓄水池、泵、喷淋系统等。

包装车间排水主要包括屋面排水和室内地面排水。屋面通过屋面坡度排水，雨水通过四周散水流入排水沟内。室内地面设坡向地漏，以保证车间地面清洗后，地面积水可及时排走。

（二）包装车间电气设计

包装车间电气设计主要包括220V/380V配电系统、动力配电系统、照明系统、建筑物防雷接地系统及安全措施。其中动力配电系统的设计应根据车间内设备平面布置图和各设备的用电需求进行设计。

（三）包装车间暖通设计

包装车间采暖系统采用热水供暖，室内设计温度为15℃，采暖系统选用铜铝复合柱翼型散热器。

分拣包装也是物流作业中费时较长的一个环节，需在低温条件下操作，否则会导致微生物生长、酶活力和呼吸作用加强。为保证包装车间内夏季工作温度满足需求，需设计空调系统。一般采用中央空调系统，包括室外主机、室内风管及风盘。

三、产后加工包装系统

蔬菜生产投入劳动力与物资成本都较大，通过改善栽培管理等生产技术手段，想取得增产效果尚属不易。但因收获采摘不当、贮藏不善、产后加工包装粗放、运输不及时等造成的腐烂与损伤率，在我国高达20%～30%。发达国家非常重视农产品采后贮藏保鲜，将果蔬采后损伤率控制在5%以内。因此，果蔬的采后加工包装环节必须被充分重视，需要有大量的技术、资金和设备的投入。

不论是长期贮藏还是上市鲜销的蔬菜，从采收开始就应注意其质量，严格按标准要求成熟度和卫生，对蔬菜采后进行科学清洗、沥干、挑选、分级、包装、预冷等流水作业，以标准化的商品进入流通领域，并且实现冷链运输，减少了采后损失，延缓了蔬菜的衰老，保持了产品品质。

使用产后加工包装线对果蔬进行包装的优点：

①能够有效地提高生产效率；

②减少人工劳动、降低成本；

③对果蔬起到一定的保护作用，同时有利于延长果蔬储藏时间；

④产品包装规范，有利于后期商品化过程的运输；

⑤可提高产品的市场竞争力。

加工包装生产线的设计应考虑生产规模、处理蔬菜种类、产品要求等诸多因素。针对不同的生产规模、加工品种和产品要求选用不同的生产加工工艺及配套设备。产品加工、包装中的挑选与整理采用人工作业，清洗、分级和包装可采用机械化作业或人工辅助作业。

（一）生产工艺流程

1. 通用型包装线

适合于小批量、多品种蔬菜的加工包装。作业以人工方式为主，通过设备的采用，减轻人员劳动强度并形成连续生产的模式。

生产工艺流程：拣选→清洗→风干/沥干→分级→包装。

生产线主要配置设备为清洗机、分级秤、工作台、传送带。其中，作为输送设备的辊式输送机是连接各工序的纽带，操作人员只需在各自工位作业，按生产工艺流程进行连续性生产，就可提高生产效率。

在辊式输送机上配置清洗装置和风干、沥水装置可完成蔬菜的清洗、风干/沥干作业。

输送机两侧配置分级包装台，根据对产品要求在包装台上选配重量分级秤、托盘包装机、分级标尺和模板等。果蔬分级秤利用减法称重原理，从箱中拣出果蔬时，通过声音报出拣出果的重量范围等级，分级秤最大可将果蔬分为12档，分级精度为10g。重量分级秤、托盘包装机等设备可根据加工蔬菜的种类、生产量及对蔬菜加工的要求来确定。

2. 专用型包装线

适合于单一品种周年生产的集中加工包装，可实现机械化连续生产。

生产工艺流程：清洗→风干→拣选→分级→包装。

果蔬首先通过清洗机清洗，然后输送到风干机中，风干机采用海绵辊吸水和热风吹扫的方法去除番茄表面水。风干后的果蔬进入输送机，在输送过程中由人工挑选出不符合要求的产品。输送机两侧布置包装台，进行果蔬的装箱或人工分级包装盒托盘包装。

（二）蔬菜清洗技术

清洗处理的目的是去除蔬菜表面及缝隙中的污垢、泥沙、农药残留等物质，便于蔬菜的后续加工、运输、贮藏并延长货架期。目前，普遍采用的方法为物理清洗和化学清洗。

1．物理清洗

物理清洗最常见的方式即利用水气浴的原理进行机械水力清洗，按其工作原理不同又可分为滚筒式清洗、振动喷淋式清洗、超声波清洗以及超高压清洗等。

（1）滚筒式清洗技术　仅可用于清洗根茎类蔬菜，主要是依靠滚筒内表面与待洗物料发生摩擦来达到清洗的目的。这种清洗方式覆盖面较低，且耗水量较大。

（2）振动喷淋式清洗技术　适用于大多数蔬菜，对物料损伤低，但是清洗效率较低，清洗时间过长。

（3）超声波清洗技术　在液体中产生数以百万计的微小真空气泡，这些气泡在声压作用下急速地大量产生，并不断地猛烈爆破，产生强大的压力和负压吸力，使污物脱离物体的表面，对于被清洗物不会产生物理损伤。该方法适合于多种蔬菜，对蔬菜表面的损伤较小，不易破坏物料。

（4）超高压清洗技术　主要依靠喷头喷出的高压射流对果蔬进行全方位清洗，对果蔬几乎没有损伤。

2．化学清洗

化学清洗即在清洗过程中加入化学试剂，以达到杀菌、保鲜、去除农药残留等效果。目前常用的杀菌剂有含氯杀菌剂、电解水杀菌剂、二氧化氯杀菌剂及臭氧杀菌剂。其中，含氯杀菌剂以其低廉的价格和使用的便捷成为目前使用最为广泛的杀菌剂，但是使用过程中会产生一些有害物质，因此使用范围较窄。二氧化氯和臭氧作为新型杀菌剂，杀菌效果好，且反应产物无毒无害，对人体危害最小，但成本较高，容易造成脱色等蔬菜感官损伤，使用时要注意浓度、时间及处理方式。

电解水杀菌技术是一种被日本率先发现和使用的杀菌技术，可有效代替传统含氯杀菌剂。经实践证明，在果蔬清洗杀菌方面有很好的效果。电解水清洗是相较于其他方式最为温和的杀菌方式，虽然目前成本较高，但是安全系数高，对蔬菜影响小，清洗效果显著，最具推广前景。

（三）蔬菜包装技术

包装也是蔬菜采后商品化不可或缺的一个环节，在保鲜过程中也起着至关重要的作用。通过适当合理的包装方式，可有效抑制蔬菜的蒸腾作用，保证其鲜度，也可抑制蔬菜的呼吸作用，延长蔬菜货架期，还可降低蔬菜营养物质的损伤，保证蔬菜品质。目前，常用的蔬菜包装技术有薄膜包装、涂膜包装、真空包装及气调包装等。

1．薄膜包装技术

利用塑料薄膜对果蔬进行包装处理有一定的保鲜效果，可以在一定程度上延长其货架期。最常用的有聚乙烯薄膜、聚丙烯薄膜、聚氯乙烯薄膜等。由于蔬菜种类繁多，其代谢作用和生理特性也不同，因此不同的膜对于不同蔬菜有不同的保鲜效果。

2. 涂膜包装技术

涂膜包装技术是将大分子物质作为膜溶质配置成溶液或者乳状液，采用涂膜、浸泡或喷洒的方式，使其附着在蔬菜表面，待其干燥并固化后，汇总蔬菜表面形成一层半透性的薄膜。这种薄膜可以紧密地包裹住蔬菜，堵塞其表面气孔，抑制蔬菜的呼吸作用和降低蒸腾作用，抵制微生物的入侵，从而达到延长蔬菜贮藏期的目的。

3. 真空包装技术

真空包装又称减压包装，是将包装内的空气抽出再密封，使包装内处于高度减压、低氧的状态，以达到蔬菜保鲜的目的。但是真空包装氧气含量极度缺乏，蔬菜长时间无氧呼吸容易引发生理病害。

4. 气调包装技术

气调包装技术主要是通过改变贮藏期中包装内的气体成分含量，来缓解蔬菜在物理、化学、生物等方面性质发生的变化，降低蔬菜呼吸作用，从而最大限度地延长货架期。气调包装以其无毒、安全的特性被广泛使用，主要分为自发气调包装和控制气调包装。

（1）自发气调包装　是利用蔬菜自身的呼吸作用和塑料薄膜的选择透过性，在包装内达到一个低氧气高二氧化碳的气体平衡浓度，从而抑制蔬菜的呼吸作用。自发气调包装操作简便，成本低，安全性高，但也存在一些问题：①建立自适应气调环境需要一定条件和时间，在这段时间对包装内的蔬菜损害较大；②如果材料的通透性与蔬菜呼吸速率不相匹配，容易引起包装内部蔬菜腐败。而控制气调包装则能很好地解决这个问题。

（2）控制气调包装　是用不同比例的混合气体置换包装袋内的空气，然后依靠果蔬自身的代谢作用及特定包装膜适宜的透气性和透气比，自行调节完成袋内适宜的内贮藏环境。包装袋内的气体达到某一平衡浓度可使果蔬维持微弱的呼吸强度而又不产生厌氧呼吸，从而延缓果蔬代谢进程，推迟果蔬的成熟和衰老，延长产品的贮藏寿命和货架期。

其中，薄膜包装以其低廉的价格和便捷的方式成为使用最广泛的蔬菜商品包装形式，但其保藏效果还有待提高；而涂膜包装和真空包装技术成本较高，不适合大规模批量式包装；气调包装是较为合理的包装方式，其操作便捷、成本适度，但是不同蔬菜所需气体不同，其推广应用还需一定时间。

（四）蔬菜预冷技术

蔬菜采收后预冷技术是保持蔬菜新鲜、延缓其衰老变质的一种有效方法，对于大多数果蔬来说是必不可少的。如果不及时预冷，产品便会很快发热、失水萎蔫、腐烂变质。同蔬菜适合的预冷方法不同，分为通风预冷、差压预冷、真空预冷和水预冷。

真空预冷主要适用于叶菜类蔬菜，差压预冷主要适用于水果及果菜类蔬菜，而如黄瓜、青椒、番茄适合于差压预冷和通风预冷。

（五）蔬菜分级

蔬菜分级使不仅可以提高产品的商品价值，品质、色泽、大小、成熟度一致的产品更便于运输和贮藏中的管理。分级标准有大小、颜色、重量等。

第三节 废弃物处理工程

设施产业集群项目的作物种植面积和产量都远远高于常规生产项目，因此作物秸秆和废弃基质的处理是该类项目迫切需要解决的问题。

一、作物秸秆处理

由于本书主要针对设施蔬菜种植，因此本节所述作物秸秆仅指蔬菜作物。作物秸秆一般指在收获主要农产品后残留的部分，包括茎叶藤蔓及根等。实际上，由于蔬菜本身特点，在生长管理、收获、储藏、销售的过程中都产生了大量无商品价值的植株残株和废弃果实。

蔬菜秸秆含水量高、易降解腐烂，在堆放或填埋过程中易产生臭味和大量渗滤液，环境污染风险较大。这些废弃物随意的堆放或集中焚烧，不仅容易滋生细菌、污染环境，还浪费了大量的营养物质。目前，对蔬菜废弃物的利用，主要是将其肥料化、饲料化和能源化。

（一）肥料化

蔬菜废弃秸秆主要通过堆肥、沤肥或直接还田的方式来实现肥料化。堆肥是指秸秆在微生物和酶的作用下通过高温发酵使有机物无害化、矿质化和腐殖化的过程。在有机物分解的过程中，不但会生成大量可被作物吸收的有效氮、磷、钾化合物，而且能合成腐殖质等有机物。同时，有机物的高温分解，降解了残留农药，杀灭了致病菌和病毒等，削弱或消除了其对环境的危害。

堆肥化处理作为一种环境友好型的方式来处理并利用有机废物已得到越来越多的关注。蔬菜废弃物的堆肥处理不仅可以满足有机农业对肥料的要求，还可以解决蔬菜废弃物污染环境的问题，对实现循环利用、节约资源和环境保护意义重大。

针对蔬菜废弃秸秆的肥料化，河北省还颁布了《农业清洁生产蔬菜残体堆肥技术规程》，其中对蔬菜残体堆肥技术操作流程进行了规范。其主要流程包括物料前处理、配料、堆制、一级发酵、二级发酵、腐熟、过筛或粉碎、制成堆肥。

堆肥系统有多种分类方法，一般分为条垛式堆肥系统、强制通风静态垛堆肥系统和发酵仓系统。条垛式堆肥系统是一种传统的堆肥系统，其特点是定期采用人工或机械方式进行翻堆来保持堆体内的有氧状态。虽然这种方式设备简单、成本较低，但堆腐周期长，且受环境影响氮素的损失更为严重。强制通风静态垛堆肥系统省去了翻堆的步骤，通过鼓风机通风使堆体保持好氧状态，操作更为简便。发酵仓系统是将堆肥物料置于部分或完全封闭的容器内进行发酵，机械化、自动化程度高。该系统占地面积较小，堆肥过程不会受气候条件的影响，但建设投资和运行维护费用较高。

另外，由于蔬菜废弃物含有较高的水分，不能直接用于堆肥，因此一般采用混合原料进行蔬菜废弃物的堆肥处理，可以加快腐熟进程，得到更高质量的堆肥产品。碳和氮（C/N）的合理配比是决定堆肥成败的关键因素，堆肥原料的C/N一般在20～40比较适宜。而蔬菜秸秆的C/N为10左右，因此需要添加大田作物秸秆、畜禽粪便等其他C/N值高的物料混合堆肥。

在堆肥过程中，为加快堆肥进程、缩短堆肥时间常采用接种外源微生物的方法。如腐熟堆肥、畜禽粪便、活性污泥等都富含微生物，也可以直接接种微生物菌剂。

由于蔬菜秸秆含水量较高，含有大量的病原菌，因此直接将蔬菜秸秆还田的方式较少采用。特别是在夏季高温时期，废弃物容易腐烂造成有害病原菌的传播。

（二）能源化

秸秆废弃物能源化可分为直接燃烧、生产沼气和氢气。如番茄、黄瓜、青椒等藤本作物，秸秆木质化程度高，风干较快，可与农作物秸秆一起燃烧，作为生活取暖用能。然而直接燃烧，会影响空气质量。

蔬菜废弃物高含水率的特点非常适合厌氧发酵处理，可实现废弃物处理与能源回收利用，还能保护环境。沼气发酵工艺使蕴藏在废弃物中的能量转化为沼气用来燃烧或发电，是重要的生物质能利用技术之一。同时，厌氧消化反应设备密闭，可控制臭味的散发，也可产生沼渣和沼液作为肥料还田。

我国目前的沼气工程主要为小型沼气池、软体沼气池和大中型沼气池。小型沼气池技术相对成熟，推广发展较快；大中型沼气池投资较大、后期运维管理难度大，不易推广。软体沼气池是一种新型的沼气发酵系统，包括软体可折叠沼气发酵袋、沼气储气袋、沼气升压泵、脱硫器、分水器、沼气输送管及相关新型沼气设备（图5-5）。其特点是安装简单快捷，无需搅拌，产气量高，重量轻、可折叠。但沼气工程也存在季节性较强、管理麻烦等缺点，在实际应用中需根据项目实际情况进行考虑。

图5-5　软体沼气池

（三）饲料化

蔬菜废弃物含有大量的纤维素，经过适当的技术处理，便可以作为动物饲料应用。大田作物秸秆在这方面的应用技术相对成熟，而蔬菜废弃物由于蔬菜杀虫剂、除草剂等农药残留，不能直接将其秸秆作为青储饲料，否则会通过作物过腹还田进入食物链，影响人类健康。但目前有从蔬菜废弃物中分离乳酸菌作为青储饲料添加剂的研究。但也有利用高山娃娃菜废弃物为原料，结合麸皮并添加微生物菌剂生产饲料蛋白质的研究。但是，生产饲料要求加热操作以降低水分，同时也降低了废弃物的可消化性和营养价值并增加了处理成本。

二、废弃基质处理

（一）椰糠

高效生产主要是用椰糠作为基质进行种植的，椰糠一年需要一更新，废弃的椰糠量比较大，丢掉很可惜，可以对椰糠进行消毒处理，然后将消毒后的椰糠销售给花卉市场机构，进行花卉的种植。此外，还有研究将椰糠作为人工湿地填料，在处理制胶废水的过程中起显著的促进作用。

（二）生产食用

农业废弃基质用来生产食用菌技术。一是利用牛粪、麦秸、玉米秆、稻草栽培双孢菇高产技术。二是利用麦秸、玉米秆、稻草、食用菌废料栽培草菇高产技术。三是利用食用菌废料栽培姬菇、榆黄菇、鸡腿菇高产技术。

第四节 锅炉房

一、基本原则

锅炉系统对温室的热水采暖系统的运行效果起决定性作用，锅炉系统必须被安置于符合国家有关法律、法规和规定设计的锅炉房中。由于园区采暖属于生产采暖、年使用时数和负荷与居民采暖有很大的区别，因此一般都需单独建设区域锅炉房。

锅炉房设计需要采用的规范包括《锅炉房设计规范》(GB 50041—2008)、《锅炉房安装工程施工及验收规范》(GB 50273—2009)、《建筑设计防火规范》(GB 50016—2014)、《工业锅炉水质》(GB/T 1576—2018)、《建筑给水排水设计规范》(GB 50015—2003)、《锅炉大气污染物排放标准》(GB 13271—2014)等。

锅炉房燃料有燃煤、燃油、燃气及生物质燃料，但从国家环保方面的规定和使用的普遍性来考虑，现在全国大部分地区都首选燃气。锅炉房设计必须采取减轻废气、废水、固体废渣和噪声对环境影响的有效措施，排出的有害物和噪声应符合国家现行有关标准、规范的规定。

二、锅炉房的选址

锅炉房的选址应该结合园区总体规划进行，位于现有温室或未来温室扩建区域中心附近的适当位置上。合适的锅炉房位置能减少管道铺设长度和运行设备的成本。锅炉房应位于地质条件较好的地区，自然通风和采光良好，且留有扩建余地。此外，锅炉房周边要规划足够空间的各种道路以保证大型设备能够进出锅炉房。

三、锅炉房主体结构设计

锅炉房的设计应取得热负荷、燃料和水质资料，并取得项目地的气象、地质、水文、电力和供水等有关基础资料。结构设计应与该区域抗震设防烈度相适应。锅炉房的面积和高度一般根据锅炉及配套设备进行设计。

锅炉房应铺设混凝土地面并至少要进行清扫处理，所建造的地面应当在某些情况下能够承受大吨位锅炉的荷载。锅炉安装部位，最好依照设备安装的尺寸在地面上浇筑大小相当的混凝土平台。

锅炉房属于丁类生产厂房，根据高效生产项目的规模来看，配套锅炉房的建筑不应低于二级耐火等级。锅炉房的外墙、楼地面或屋面，应有相应的防爆措施。并应有相当于锅炉间占地面积10%的泄压面积，泄压方向不得朝向人员集聚的场所、房间和人行通道，泄压处也不得与这些地方相邻。锅炉房的消防设计，应符合现行国家标准《建筑设计防火规范》(GB 50016—2014)的有关规定。

锅炉房的出入口不应少于2个。锅炉房通向室外的大门应向外开启，要有足够的宽度和高度以满足移动、更换或添加设备的要求。

锅炉房的柱距、跨度和室内地坪至柱顶的高度，在满足工艺要求的前提下，宜符合现行国家标准《厂房建筑模数协调标准》(GB/T 50006—2010)的规定。

四、电气控制

（一）电气设计

锅炉房的供电负荷级别和供电方式，应根据工艺要求、锅炉容量、热负荷的重要性和环境特征等因素，按现行国家标准《供配电系统设计规范》（GB 50052—2009）的有关规定确定。

电动机、启动控制设备、灯具和导线型式的选择，应与锅炉房不同建筑物和构筑物的环境分类相适应。

电气线路宜采用穿金属管或电缆布线，并不应沿锅炉热风道、烟道、热水箱和其他载热体表面敷设。当需要沿载热体表面敷设时，应采取隔热措施。

锅炉房各房间及构筑物地面上人工照明标准照度值、显示指数及功率密度值，应符合现行国家标准《建筑照明设计标准》（GB 50034—2013）的规定。锅炉水位表、锅炉压力表、仪表屏和其他照度要求较高的部位，应设置局部照明，包证安装、操作和维修工作的正常开展。

（二）智能控制

热水锅炉应设置保护装置，当锅炉压力降到热水可能发生汽化、水温升高超过规定值，或循环水泵突然停止运行时自动切断燃料供应和停止鼓风机、引风机运行。

热水系统应设置自动补水系统和自动排气装置。

现在，大部分燃气锅炉都配有具备通讯能力的供热调节系统，可根据室外气象站提供的气象信息对供热量进行自动调节，从而达到节能目的。

五、采暖通风

锅炉房夏季宜采用有组织的自然通风、机械通风等方式来进行降温，保证锅炉房内各工作点温度符合国家相关规定要求，在经常有人工作的地点，在热辐射照度大于等于350W/m^{2}的地点，应设置局部送风。

锅炉房冬季设备散热量不能保证工作地点采暖温度时，也需要有适当的加温措施来提供锅炉房的采暖。

六、给水排水

锅炉给水宜采用1根进水管，并设置为排除故障期间用水的水箱或水池。锅炉给水系统设备包括给水泵、水箱、给水管道系统、阀门、传感器等。泵的台数和功率的选择，应能适应锅炉房全年热负荷变化的要求，并应设置备用装置。锅炉用水对水质有一定的要求，需根据原水水质、锅炉给水的质量要求、补给水量、锅炉排污率等因素选择适宜的水处理方法和出水能力可以满足需求的水处理设备。

设计合理的锅炉房要有一个良好的排水系统，安装要求设置能够吸纳各处排水的篦式进下水口，这些排水主要来自泄压阀、排水管、排污阀以及清洁地面产生的地表水等。极其重要的一点是在建筑锅炉房排水系统前，要保证其与锅炉排水系统的排水口有机结合起来。

七、烟风系统

锅炉在燃烧过程中会消耗大量空气，因此锅炉房就需要采用适当的措施，在可控状态下提供足够的新鲜空气并及时排除燃烧后产生的烟气。锅炉的鼓风机、引风机宜单炉配置。当需要集中配置时，每台锅炉的风道、烟道与总风道、总烟道的连接处，应设置密封性好的风道、烟道门。风机风量应通过计算得到，并符合现行国家标准。

第五节 其他配套用房

园区配套用房包含原料加工、储藏、基质装盆、移栽、运输、设备安置（加热系统、电气系统和灌溉系统）、办公室、公用设施、零售区域以及一些其他的用途。例如，装运区、储藏库、自动化设备、衣帽间、休息区和卫生间。

配套用房的设计主要有五方面要点：位置、建筑形式、建筑面积、交通组织和货物接收。

一、配套用房的规划设计

规划之前首先要对生产规模进行充分的估计，如期望工厂化育苗设备的育苗量是多大，产后包装车间的处理量是多少，希望有几辆冷链运输车同时装货，需要多大的仓库来堆放栽培容器、推车、纸箱、基质等。列出建筑内部各项所需设施的清单，包括盥洗室、休息室、化学药剂储藏间、种子储藏间、冷库，以及其他所有细节。充分的前期规划能防止今后因为疏忽而造成的巨大支出浪费。

（一）位置

配套用房建设位置的确定应在园区总体规划阶段进行，需结合总体生产规模来决定不同功能配套用房的位置和面积。并且要考虑生产规模扩大后，配套用房使用的方便性问题。

（二）建筑形式

由于配套用房的功能不同，因此建筑形式也非单一，可以是砌体结构、框架结构等建筑的做法，也可以彩钢板房等临建的方式，甚至可以选择温室结构作为部分功能配套用房的建筑形式，如工厂化育苗生产线、泵房等。温室建筑造价相对典型钢结构建筑低；并且作为配套用房的温室不需要完全透光，因此可以部分或者全部采用不透光材料覆盖，可进一步降低造价。无论采取哪种建筑形式，辅助用房都必须保持一个舒适的工作环境。室内需要有良好的空气流通，并配置加热、照明采光和给排水系统。

（三）建筑面积

配套用房面积一般为温室面积的8%～10%，国土资发〔2014〕127号文件规定，“进行工厂化作物栽培的，附属设施用地规模原则上控制在项目用地规模5%以内，但最多不超过10亩。”实际上温室面积越大，配套用房面积所占比例越小。如果建设第一个10000m^2的温室，按照充分适用的经验法则就需要配套建设1000m^2的配套用房。如果新建第二个10000m^2的温室，甚至第三个10000m^2的温室，第一期建设的配套用房的面积应该仍是足够的。水、电等其他设计也如此，应留有充分的余地。每个建筑中都应充分考虑到后期设备更新及新增可能需要的空间。

（四）交通组织

场区交通流线不畅是该类型园区建设中最容易犯的错误。当温室和配套用房新建时，必须提前设计交通组织，千万不要认为场区有足够的空间，交通流线会自然形成。

例如，设计时应考虑在温室内部设两条通道，育成的幼苗可以从一条通道进入温室，而成品从另一条通道送到包装加工车间，这种环形路线非常有效。如果实现不了两条通道，至少应该设计一条较宽的主通道，以满足进出双方向的交通。

在配套用房内部，需要根据工作流程和工艺认真布局安置各种设备，保证设备的易到达性，高效工作和运送。

（五）货物接收

在配套用房的设计中，应该考虑是否有一个专门的收货区域。原材料接收和成品输送要放在同等重要的位置来考虑，因为过多的原材料处理与交通组织不畅一样会消耗金钱。货物接收区的设计并没有特别的技巧可言，只是尽量缩短原料的运输距离，尽可能直线运输，并设计与其他的路线没有交叉。

二、配套用房的设计

（一）结构

配套用房常用的结构为砌体结构或框架结构，可以实现大跨度和承受重载荷。温室结构也可以作为配套用房。这样可以节省建造费用，同时在生产忙碌的季节还可以获得临时的生产空间，而且植物在温室环境里进行运输也非常有利。除此之外，相比钢结构的仓库建筑，温室建筑的建筑法规审查不是特别严格。

（二）空间

配套用房中的仓库、车库、包装车间等建筑，通常希望有大跨度的空间，中间没有柱子或尽可能少的柱子。钢结构建筑跨度能达到12～30m，温室结构跨度会受到限制。钢结构的配套用房建筑大多是独立式结构的，而采用温室结构形式的配套用房既可以是独立结构的，也可以与生产温室连栋建设成一个整体。

（三）门窗

配套用房对门、窗的种类和材料有多种选择，如选择卷帘门、推拉门、旋转门或普通平开门，选择手动门或电动门。设计时需要充分考虑使用需求，能否满足该建筑内人和设备的进出。此外，需要根据建设规范对门窗进行设计，例如在某些建筑间距不满足防火要求的立面可能需要安装防火窗，消防门、紧急出入口等。

（四）覆盖材料

选择覆盖材料应基于建筑物的用途，同时兼顾耐久性、材料价格和安装成本。例如，如果建筑用途是作为产后包装加工的，则可能需要覆盖材料具有较好的隔热保温性能，能够阻隔太阳辐射，降低夏季室内温度，减少冷凝水滴，减少冬季加温能耗。现在应用较广泛的该类材料如彩钢夹芯板等。

彩钢夹芯板是由两层成型金属面板（或其他材料面板）和直接在面板中间发泡、熟化成型的高分子隔热内芯组成。这种材料充分考虑了结构和强度要求，并兼顾美观，便于安装、轻质、高效。填充系统使用的也是闭泡分子结构，可以杜绝水汽的凝结。

（五）电气设施

电气设施应满足配套用房内的照明、设备用电需求。在电力负荷的计算上应有一定的预留，以满足未来发展的需求。

（六）给排水

配套用房的给水主要是根据用途，例如，仓库和车库内可以没有给水，或只设计一个洗手池的给水龙头；而员工更衣室或操作准备间内的给水则需要充分考虑盥洗、淋浴等需求。其他问题还包括锅炉用水、灌溉用水等。

排水则包括屋面排水和内部地面排水两大部分。屋面一般通过找坡或天沟排水，建筑周围有相应的散水及排水沟，从而将雨水集中排出园区或进行收集。内部地面排水主要针对有排水需求的配套用房，如包装车间、卫生间、锅炉房等。

（七）加温和降温

配套用房根据用途对温湿度也有一定的要求，也需要配置加温和降温装置。加温最好采用热水采暖的方式，园区整体考虑供热负荷。降温可视情况采取自然通风、机械通风和制冷器。

（八）采光和照明

大多数情况下，配套用房都需要人工照明，这主要取决于实际需要以及建筑规范的要求。另外也可以充分利用屋面和侧墙窗户采光。例如，在屋面安装透明或半透明材料的采光带。最大限度地利用自然光可以降低生产能耗。

（九）消防

配套用房需根据国家现行标准《建筑设计防火规范》（GB 50016—2014）等进行消防设计。

第六节 冷链物流配套工程

冷链物流（Cold Chain Logistics）一般是指需要保存在低温环境下的物品在生产、仓储或运输和销售过程中，一直到消费前的各个环节中始终处于产品规定的最佳低温环境下的一项系统工程。该类产品如农产品、畜禽肉类、水产品、花卉、加工食品、冷冻或速冻食品、冰淇淋和蛋乳制品、快餐原料、酒品饮料等。特殊的商品有药品（疫苗、血液）。这些产品只有采取冷链物流方式才能保证产品质量，减少产品损耗。

产业集群项目中的农产品冷链物流是以水果、蔬菜为代表的生鲜农产品从采摘入库后的加工、贮藏、运输、销售直到消费的各个环节都处于低温环境中，以保证农产品的质量，减少农产品的损耗，防止农产品的变质和污染。

目前，国际上最典型的农产品冷链物流是美国的蔬菜物流，蔬菜从采收到进入终端始终处于所需的生理低温条件，形成一条田间采后预冷→气调冷藏→冷藏运输→冷藏批发→超市冷柜→消费者冰箱的冷链。

在蔬菜温室产业集群中，冷链物流的内容主要是温室蔬菜采后预冷和冷藏运输的工程设计，主要涉及冷库。

一、冷库的类型

1. 根据用途的不同分类

①生产性冷库：是食品企业生产加工工艺的组成部分。它的主要任务是对企业所加工的食品进行冷却和冻结，并作短期的储存。

②分配性冷库：主要建设在大、中城市，以及水陆交通枢纽和人口较多的工矿区，它的任务主要是接受储藏已经冷却或冻结的食品，以保证市场的需要、出口计划的完成和长期储备。

③综合性冷库：设有较大的库容量，应有一定的冷却和冷冻能力，它能起到生产性冷库和分配性冷库的双重作用，是普遍应用的一种冷库类型。

2. 根据建筑结构的不同分类

①土建式冷库：其墙、柱、楼板等主体采用砌砖、钢筋混凝土结构，冷库墙内侧镶贴隔热层，隔热层两侧需做防潮隔汽层；当隔热层采用松散材料时，墙体则采用内夹隔热层的双层结构。土建冷库的围护结构属重型结构，热惰性较大，受外界空气温度及太阳辐射引起的温度波动较小，库温较稳定，土建冷库的优点是坚固、承重高，防火和耐久性好；缺点是施工工期较长，自重较重，地质情况要求高，冷库内柱子较多，影响货物堆放，降低了冷库的有效使用容积。

②装配式冷库：是近年来兴起的一种结构。为了满足缺乏建筑材料的边远地区和经济快速发展城市，对食品加工、冷藏、保鲜冷库的迫切需求。室内装配式冷库被广泛使用在各行各业。它用以聚氨酯作为芯材的预制隔热板，在现场组装而成。小型装配式冷库设在室内，由预制隔热板快速拼接、组合而成，结构简单，如小型商场、酒店的食品储藏库。

室外大型装配式冷库，结构相对要复杂一些，设有土建地基，冷库地坪采用软木或聚氨酯光板隔热，下设防潮层、防冻通风管或地垄墙架空层。房顶为防止日晒雨淋，设有波纹压型钢板制成的屋面。

装配式冷库由于工艺相对简单、安装施工方便、板材适应性强、材料具有质轻、导热系数小、强度大、使用寿命长等优点，被迅速发展和广泛应用。

配套冷库的建设，不但可以将温室采摘的农产品的损耗降到最低，同时还可以更好地保证农产品品质，满足消费者的更高要求。

二、冷库的建设要点

冷库的建设原则：功能分区必须明确、合理、得当，布局紧凑，节约用地，有效地利用设备、空间、能源和人力资源；与外界保持良好的交通和运输联系，出入口和内部道路符合运动流线，保持通畅、短捷；最大限度的减少物料搬运，简化作业过程。

冷库的基本装备主要有冷库门、冷风机、货架、铲板、铲车、封闭式月台（包括封闭门、专用装卸平台）、货运专用电梯、停车场地、制冷车间、业务库体室等。

1. 冷库门

冷库门的设计关键是保证密封性，在门的内侧装有密封条，并在密封条上安装有磁条，依靠门锁的紧锁和磁条的吸力作用，保证门的密封性。门上还应装有电阻丝，当门结霜关不严时，可通电使电阻丝变热融化冰霜。门锁采用安全脱锁机构，当库门在库外锁上时，库内操作人员可以通过库内的推柄打开库门，保证库内操作人员的人身安全。

2. 冷风机

冷风机是由表面积很大的特种纤维波纹蜂窝状湿帘、高效节能风机、水循环系统、浮球阀补水装置、机壳及电器元件等组成的。其降温原理是：当风机运行时腔内产生负压，机外空气流经多孔、湿润的湿帘表面，迫使过帘空气的干球温度降低到接近于机外空气的湿球温度，即冷风机出口的干球温度比室外干球温度低5 ~ 12℃，空气越干热，其温差越大，降温效果越好。

工业中常用的是干式冷风机。它是靠空气通过冷风机的蒸发排管来冷却管外强制流动的空气的。装在冷库内地坪中的，称作落地式冷风机；安装在库房顶上的，称作顶式冷风机。

3. 货架

货架一般由固定式、移动式；又可分为高货位架、驶入式货架等。货架的每一个仓位都应该设计一个编号，为计算机介入管理创造有利条件。

4. 货运专用电梯

货运专用电梯是成熟技术在物流冷库内的使用，其优点是起重电机功率小、安全、便于计算机管理、一次性投资小等。

5. 封闭式月台

冷藏车停靠封闭式月台前，与冷库之间通过封闭式月台形成一个相对密闭的空间，避免外界的热量和水汽侵入，明显地减少了冷库内的热量损耗与库内结露现象；同时大大地降低冷库门内外的温度差，有效地保护了冷库门并延长使用周期。

设置了带隔热维护结构的封闭月台，有利于冷库的节能。封闭式月台使得食品或物品与外界隔离，确保其不受温度的影响，品质不降低。

封闭式月台根据需要，其宽度设计可略为放大，据国外资料报道其长度可达15m以上，目的是使封闭月台除了能满足自身要求，还可使其在物品周转上比较方便。

第六章

质量安全控制

第一节
食品安全

一、蔬菜安全

（一）我国蔬菜消费现状

我国是蔬菜消费大国，近年来，我国蔬菜供需水平呈稳步上升趋势，有数据表明，蔬菜种植面积从20世纪90年代的0.063亿hm^2增加到0.197亿hm^2经过了12年，产量从1.95亿t增加到了6.79亿t。改革开放30年以来，设施蔬菜用20%的种植面积，提供了40%的蔬菜产量和60%的产值，2013年设施蔬菜种植面积和总产量分别达0.037hm^2和2.5亿t，占蔬菜种植面积的18%和蔬菜总产量的34%以上。截止到2013年，我国蔬菜常年种植面积与总产量分别占世界蔬菜常年种植面积及总产量的42%和47%左右，国内供应量和出口量均居世界第一，这得益于我国在20世纪80—90年代提出的“菜篮子工程”等一系列惠民措施。目前，我国蔬菜生产总体生产规模逐年加大，品种供应丰富，市场交易活跃。

（二）设施蔬菜在我国的发展阶段

设施蔬菜生产在满足广大消费者日常消费的同时，也是我国农民增收和扩大就业的重要手段，在我国设施蔬菜的发展过程中产生了多种生产模式，设施蔬菜生产面积多年来居世界第一。这里的设施蔬菜是指广义的设施栽培，包括20世纪50年代的风障、阳畦阶段，20世纪60年代的中小拱棚阶段，20世纪70—80年代中期的塑料大棚阶段，20世纪80年代中后期的日光温室发展阶段。我国设施农业在相当长的农耕历史上曾领先于世界。随着工业化进程，我国设施农业的发展伴随着我国工业化水平的滞后逐步落后于西方发达国家，部分发达国家率先实现了设施蔬菜的高效生产，以欧美的美国、加拿大、英国、荷兰、西班牙、以色列，亚洲的日本、韩国为代表，这些国家和地区的设施蔬菜生产都各具鲜明的地域特点。在我国提出“中国制造2025”发展战略的大背景下，设施农业向智能化、工业化发展的步伐加快，加速了我国科研成果转化。结合我国广大不同地区的气候特点，构建基于大数据分析和云计算技术的专家管理系统是我国设施蔬菜生产实现跨越式发展的关键。

（三）我国蔬菜质量安全问题依然突出

随着人们生活水平的提升以及社会消费群体结构的变化，农产品个性化消费的趋势越来越明显，人们已经不仅仅满足于蔬菜的日常化消费了，更多地追求蔬菜的安全和功能性，如保健功能、美容功能等。不可否认的是，近年来，我国蔬菜质量安全问题仍然比较突出，设施蔬菜生产由于部分隔绝了外部环境，在营造适宜作物生长的小气候的同时，植物致病微生物也传播蔓延，出于对利润最大化的追求，在传统的设施蔬菜生产模式中，生产者盲目施用化学投入品的行为在很大程度上难以控制。

（1）从事蔬菜生产的菜农文化水平偏低，面对高科技生产装备不能完全掌握，进口装备的大量功能处于闲置状态，只使用其基本功能，在实际生产上还是依靠经验为主，拥有自主知识产权的蔬菜生产专家指导系统还未建立，或者说，还处于起步阶段，尚不足以指导实际生产。

（2）部分菜农的生产意识落后，依然沿袭着传统的生产模式，未经充分腐熟的有机肥大量施入土壤，化学肥料无序超量的施用，20世纪80年代以来，我国化肥用量大约以每年150万t的速度增加。杀线虫剂以及地下害虫农药的随水冲施、旋耕机连年使用形成的犁底层都对土壤团粒结构和土壤毛管结构造成了破坏，蔬菜硝酸盐和亚硝酸盐含量超标，我国北方地区部分日光温室蔬菜生产中，每年每亩的硝胺和硫胺的施用量已超过1000kg。据2010年一份对北京、上海、天津等七大城市的调查报告显示，123种主要蔬菜品种中，硝酸盐轻度污染以下的占27.6%，中高度和严重污染的占72.40%，按世界卫生组织规定标准推算不能食用的蔬菜已达26.80%，问题集中在以叶部为主要采食对象的品种中。

（3）传统设施生产，尤其是利用土墙蓄热的日光温室的土地利用率低，耕层土壤长期被塑料薄膜等设施覆盖，得不到雨水淋刷所造成的盐分积累问题日益显著。

（4）设施蔬菜生产过程中的病虫害防治未能按照我国农业农村部提出的“预防为主、综合防治”的植保总方针进行，多种农药的混合使用现象突出，不仅造成了生产成本的升高，在达不到理想的防治效果的同时，也带来了蔬菜农残严重超标的问题。据统计，全世界农药市场的组成为杀虫剂占28%、杀菌剂占19%、除草剂占48%、其他占5%。而我国农药产品组成为杀虫剂占72%、杀菌剂占11%、除草剂占15%、其他占2%，环境友好型和资源集约型蔬菜生方式的推进工作任重道远。海南“毒豇豆”、青岛“毒韭菜”、沈阳“毒豆芽”等事件曾引起社会关注，蔬菜安全是食品安全中的重要环节，不仅关系到每个人的健康还关系到整个经济社会的发展和长治久安。

（5）传统蔬菜生产模式追求反季节供应以达到最佳的经济效益，因此植物生长调节剂，如生产中常见的防落素、氯吡脲、激动素等植物内源激素的超标使用现象比比皆是。

（6）我国农业生产资料市场还处于成熟阶段，一些未经市场验证的蔬菜种子，尤其是转基因蔬菜种子和含隐性成分农药所造成的坑农害农事件时常被报道。

（7）菜农采收蔬菜的标准不一，市场上未能形成优质优价的氛围；我国蔬菜供应渠道单一，农产品信息不对称，蔬菜市场价格波动剧烈。

（8）我国蔬菜采后及深加工技术落后，多停留在劳动密集型阶段，以人工分拣和包装为主，蔬菜的商品性得不到保障。我国蔬菜冷链物流业的发展落后于西方园艺发达国家，缺乏上下游的整体规划与整合，组织结构小而散，缺乏全程冷链物流装备，信息化水平低，蔬菜可食率低、运输期长、货架期短的问题依然突出。

（9）我国蔬菜市场准入制度尚未完善，质量溯源系统建立缺位，蔬菜质量安全问题多是发生后才采取措施的。一经发现，往往是已经造成了部分不可挽回的损失。目前的机制还不能从源头上控制该类事件的发生。近年来发展起来的生鲜电商业同样也面临物流配送的“最后一公里”问题，使得许多创业者的商业规划方案难以落地，限制了该行业的进一步健康发展。

以上这些因素都严重影响着我国蔬菜生产的质量安全问题。

（四）我国蔬菜产业模式多样化与蔬菜质量安全

随着我国经济社会的发展，在农村土地承包责任制的基础上衍生出了多种农业经营组织形式。占比较大的有以下几种组织形式。

1. “龙头企业＋农户”形式

这种形式促进了我国农业产业化的发展。在这种农业技术的组织形式当中，龙头企业与农户之间实际上是互相独立存在的个体，互相之间并没有起到预期中的作用关系，龙头企业并没有将农业创新技术提供给农户，而农户也没有利用农业创新技术加大龙头企业的生产效率。这种组织形式的松散属性使得创新的信号在个体间的传递不畅，农户的蔬菜安全生产意识和生产技能没有得到根本性的转变和提升，因此，也就无法保证蔬菜的安全生产受到有效的监督。

2. 农业合作经济组织形式

2006年的《中华人民共和国农民专业合作社法》对加入合作社农户的基本责任和各种待遇做出了相关的规定，农业合作经济组织涉足的农业生产领域在不断增加，队伍更是在不断壮大。但是，由于我国的农业专业合作社建设还不够完善，一些地区的农业合作社组织产品结构单一、组织松散、抵御市场风险的能力还有待提高，这些现状导致了农业合作经济组织本身对于我国的农业技术的创新起不到理想的作用，蔬菜安全生产的现状在目前的农业合作组织形式下无法得到根本转变。

3. 农业企业组织形式

随着我国改革开放的不断开展，农业企业在我国的农业生产中逐渐占据了重要的位置。但就我国目前存在的农业企业的状态来看，大多数的农业企业规模不大，产品包含的技术含量低，与发达国家的同类型企业有着较大的差距，缺乏可持续发展的可能性。总体看来，我国国有农业企业在保证关系到国计民生原料级农产品供应的同时，承担着更加重要的社会责任；封闭的社区属性，导致了各种生产要素难以流动；生产计划性强，不能完全适应剧烈的市场变化；普遍存在着财产关系模糊和财产责任不清的问题。当前，我国正在积极进行国有农业企业的合并重组工作，国有农业企业始终承担着我国食品安全“国家队”的角色。

4. 股份制农业企业形式

股份制农业企业可以很好地解决“龙头企业＋农户”形式中存在的大农户和小农户之间的矛盾，将龙头企业与农户之间的雇佣关系进行转变，让农户成为股份制农业企业的农业工人，这样更加有利于农民本身进行农业技术上的创新。

综上所述，蔬菜生产可以采用股份制企业的组织管理形式，树立蔬菜生产者的主人翁意识，以提高蔬菜生产的安全性。

（五）生产者的蔬菜质量安全控制行为及其影响因素

农业从来就不是人们传统观念中效率最为低下的产业，也不存在“隐性失业”问题，美国著名经济学家西奥多·舒尔茨（Theodore W. Schultz）认为，传统农业中的资源配置是高效的，之所以贫穷，是因为现代化生产要素未能实现有效投入；农业人力资本未能实现有效开发。著名的社会活动家费孝通在《江村经济》中指出，可以尝试把现代工业导入“乡土中国”的社会结构，以渐进方式诱发乡村社会的总体转型，这也证明了农村特别是农民从事工业化农业生产的可能性。蔬菜生产者的质量安全控制行为决定于其认知行为控制能力和行为目标以及行为态度，其中，行为态度是三个变量中最为活跃的。这说明，蔬菜质量安全是受蔬菜生产者生产行为态度所影响的，也就是说，蔬菜生产者如果有一个积极端正的生产态度，在生产过程中就会具有正确的蔬菜质量安全控制目标，加上较高的认知行为控制能力，蔬菜安全生产实现自主控制是可行的。遗憾的是，就目前大部分蔬菜生产者来说，政府层面的引导和监督还是不可或缺的，生产者还不具备安全生产的自制能力，这也是长期以来，我国农业作为第一产业，基础和其他产业相比却最为薄弱的现状所决定的。蔬菜生产者缺的是资金和技术，蔬菜生产者最希望得到是生产技术的智力支持。培育新型职业农民是我国蔬菜安全生产、发展可持续农业的要求，在农业供给侧结构性改革逐步深入的大背景下，这具有十分重要的实际意义。解决“今后农村谁来种地、怎么种地、种地为谁”的问题，政府还需出台更多的新型职业农民的扶持政策并做相关的培训。

蔬菜生产者质量安全控制行为的态度受经营规模、外部市场环境、责任道德感、收益预期、产业化参与程度等因素的影响。社会舆论监督和政策法规要树立正确导向，积极引导生产者将生产转向蔬菜安全生产方向。近年来，随着新媒体的兴起，移动互联网走入了人们的生活，充分发挥着新媒体体验性、沟通性、差异性、创造性、关联性的特点，在生产者中可树立正确的思想导向。政府亟须完善蔬菜市场准入制度，建立优质优价的互信机制，综合考虑蔬菜生产者和消费者的利益，让主动从事蔬菜安全生产的生产者获得更高的经济利益，使他们从蔬菜安全生产中得到心理上的满足和愉悦，那么，生产者的积极性就会被充分地调动起来。我国蔬菜生产者的生产经营活动多为小而散的状态，组织化程度不高，严重约束着生产者的质量安全控制行为，培育新型农业经营主体、加强新型职业农民的培训、完善蔬菜安全生产产业组织是实现我国蔬菜安全生产的有效途径。

（六）蔬菜质量安全与标准化生产

设施蔬菜的标准化生产，顾名思义，就是在整个设施蔬菜的生产过程中按照国家相关标准实现规范化生产，如同工业化生产，产品质量安全源于生产细节的完美，农业生产一直落后于其他产业很大程度上是因为保持着经验性生产，定量的环节考核指标难于制定。当前，我国设施蔬菜生产相关的信息技术配套不完善，功能性不具实际指导意义；蔬菜档次低，品牌效应不够完善；第三方认证机构的管理混乱，高档蔬菜市场中以次充好的现象屡见不鲜；流通环节不够通畅，蔬菜生产增产不增收、菜贱伤农的事件时有发生。同时，蔬菜生产者对标准化生产的了解还不够，在生产者群体中，还未形成自发的安全生产行为。在已经颁布的蔬菜安全生产标准中，产中环节的标准多，而产前、产后的相关标准的制定工作相对滞后，与国际标准还有差距，在国际市场上的竞争力低。标准化生产基地的示范带动作用有待加强，示范基地的生产管理者需要具备专业的国际视野，结合自身自然禀赋和人力资源优势，制定符合国际标准的生产规程。国际标准主要是指国际标准化组织（ISO）和国际食品法典委员会（CAC）制定的蔬菜标准；国外标准是指欧盟、美国、日本等我国主要蔬菜贸易区和贸易国的标准。不管是从标准制定的主管部门还是从行业标准的标龄、卫生指标、农残检测方法和指标等几个方面来对比，我国蔬菜安全标准和国外、国际标准都存在着较大差距，加快对蔬菜安全质量标准的引进吸收、加大研究力度、加紧制定和修改我国蔬菜安全生产标准和规程工作是推进设施农业发展的基础，可以从完善和推进种养殖领域良好农业规范（GAP）认证、农药领域药物非临床研究质量管理规范（GLP）认证、加工领域危害分析临界控制点（HACCP）认证入手加强工作。也只有这样，才能使得我国的优秀蔬菜商品突破国际市场的技术壁垒，掌握国际市场上的话语权和定价权。

设施蔬菜高效栽培模式中，生产者是严格按照既定的操作规程来实施操作的，操作规程中对每一个环节参数的规定是十分严谨的，是基于多年历史栽培经验基础上的量化标准，多个参数间的关联紧密，在更改某一项参数之前都要经过重复计算和实验验证。设施蔬菜高效栽培从栽培设施、资材的选型到栽培管理过程的监管保证了产品的商品性和内在品质，能够为市场提供外观整洁一致、安全的蔬菜产品。在今后的生产过程中，如何改善蔬菜产品的品质，以满足受众对蔬菜口味等品质指标更高的要求是设施蔬菜高效栽培从业者所要努力的，从品种选择到田间管理都有很多工作要做。

（七）安全蔬菜的消费意愿研究

当前，消费者对蔬菜质量安全关注问题的研究主要集中在消费者对蔬菜安全的认知、购买行为的相关性研究以及对安全蔬菜消费者支付意愿的研究等几个层面上。在国内，利用有序Logit模型得出的结果显示，30～39岁的青年人不愿意为有机等安全蔬菜付出更多的支出意愿；知识结构水平决定着对安全蔬菜的消费意愿，受教育水平越高的人群，他们的蔬菜消费观念更加理性，他们不认为价格越高或者宣传越安全的蔬菜和普通蔬菜有什么本质的区别；安全蔬菜消费的性别差异是显著存在的，结果显示，女性对蔬菜安全性的关注度明显高于男性，这也许是我国女性普遍更加关心家庭成员的健康问题所决定的；家庭规模决定安全蔬菜的购买意愿，出于节省的目的，人们更愿意购买个体大小适中的蔬菜产品；越注重蔬菜外观和价格的人群，他们的购买意愿越低；对安全蔬菜的购买频次越高，他们的购买意愿受购买经验的支配程度越大，这也是商家争取蔬菜消费“回头客”的策略。

二、设施高效栽培的安全性

（一）设施高效栽培推广的受众定位

设施高效栽培是基于无土栽培技术的发展而日益普及的。1840年，德国化学家李比希提出“植物矿质营养学说”，1856—1860年同样是在德国，萨克斯和科诺普种下第一株真正意义上的无土栽培植物。20世纪30年代，这项技术真正商业化，从20世纪60年代开始，该技术得到了大面积应用，至今已有150余年历史了。

西方发达国家的设施高效栽培发展较早，已经形成了成熟的产业技术体系，足以支撑起一国农业在国际市场上的竞争力。以荷兰为例，国土总面积为41864km^2，是世界有名的低地，位于欧洲西偏北部，北纬51°～54°，受大西洋暖流影响，属温带海洋性气候，冬暖夏凉，其设施蔬菜生产水平居世界前列，温室面积达9488hm^2，约占世界温室面积的20%。

基于我国国情，现阶段多种农业发展模式并存。近年来，设施蔬菜高效栽培作为一种国际上成熟的生产模式，在我国的发展势头较强，多地出现了单体面积超1万hm^2的栽培设施，不仅仅是在土地资源的集约化利用上优于传统反季节生产设施，在水分、光照、温湿度、二氧化碳等生产要素的调节供给上，栽培设施也都实现了自动化控制，节约了自然资源。针对不同地域特点所制定的一系列高效栽培规程，栽培设施在实现设施蔬菜生产标准化的同时，全程注重食品安全问题。

设施高效栽培采用全元素营养液进行灌溉，和传统的土壤栽培有着根本的区别。传统的土壤栽培模式的水肥利用率只有30%左右，而高效栽培模式可以达到90%以上。高效栽培的生产过程需要计算机和多种监测、检测仪器配合使用，例如测定光线辐照、EC、pH等仪器。这种栽培模式针对的是具有一定知识水平的新型职业农民，而非普通农户。对于普通农户来说，完全定量化的栽培参数在实际操作过程中会显得过于烦琐；其次，高效栽培一次性投资高，也不适合普通农户来投资。

高效栽培是指综合利用技术装备达到蔬菜的高效、高产的规模化生产，是计算机技术、工业技术、工程技术、生物技术、冷链技术、管理技术等交叉的应用性学科，具有显著的工业化生产属性，是在我国农业向有中国特色现代化农业转型背景下出现的全产业链生产模式。这种栽培模式无法依靠感知和经验来栽培作物，而是需要设备、设施间的有机结合，基于已有的生长模拟模型来栽培作物的。所以，与传统设施蔬菜生产不同，“经验”远不如数据可靠，从事设施高效栽培的技术人员需要进行系统的专业知识培训，转型为职业农民，才能胜任这份工作。

（二）设施高效栽培对蔬菜品质影响

据国际粮农组织的统计，人体所需的60%的维生素A、90%的维生素C均摄取于蔬菜。近年来，随着人们生活水平的提高，功能性蔬菜的市场需求量在逐年增加，部分蔬菜品种已经被科学界证实具有医疗和保健功效，即药食同源的蔬菜。

鉴于我国的城镇化建设水平存在地域差异，蔬菜栽培设施多种多样，无土栽培模式主要有基质培、水培［浮板毛管水培（FCH）、营养液膜水培（NFT）、深液流水培（DFT）］、雾培、复合式栽培等几种方式。当前，设施高效栽培中比较流行的是椰糠+岩棉复合式高效栽培。椰糠是椰子生产的副产品，经过粉碎、灭菌可制成规格一致的栽培装置；岩棉是由60%玄武岩、20%焦炭、20%石灰石加少量矿业副产品经过熔融、抽丝、挤压、切割成型的栽培装置。这两种选材从原料到加工工艺都不含有对人体的害物质。在作物的整个栽培过程，高效栽培模式区别于传统栽培方式，植株是在栽培支架上离开地面生长的，隔绝土壤的无土栽培方式使得作物根系系统侵染性病害的发生率接近于零，保证了整个栽培过程农化产品的投入较传统方式大幅下降。

我国的蔬菜等级分为普通、无公害、绿色、有机四个标准。其中绿色蔬菜的标准又分为AA级和A级标准，AA级绿色蔬菜要求产地的环境质量符合中国绿色食品发展中心制订的《绿色食品　产地环境质量标准》（NY/T 391—2000），生产过程中不使用任何化学合成的农药和肥料等，并禁止使用基因工程技术，产品符合绿色食品标准，经专门机构认定，许可使用AA级绿色食品标志的产品。A级绿色蔬菜则要求产地环境质量符合（NY/T 391—2000），生产过程中严格按绿色食品生产资料使用准则和生产操作规程要求，允许限量使用限定的化学合成的农药和肥料，产品符合绿色食品标准，经专门机构认定，许可使用A级绿色食品标志的产品。在国际蔬菜等农产品贸易中，国家间互相认可的产品认证体系还未建立，我国蔬菜技术标准和国外发达国家相比还有很大差距，加强对无公害蔬菜、绿色蔬菜和有机蔬菜的质量安全认证管理是今后的工作重点，设施蔬菜高效栽培通过过程计算机控制营养供给和病虫害生物防治能够达到绿色蔬菜A级标准。蔬菜亚硝酸盐含量是近年来消费者最为关心的一个话题，有报道称，亚硝酸盐在人体内会引起高铁血红蛋白症，还能与人体次级胺结合，形成的亚硝胺有致癌作用，由于传统蔬菜生产方式粗放，在我国主要地区的蔬菜亚硝酸盐含量超标的事实不容忽视，以$NaNO_2 \leq 40mg/kg$计，有资料显示，山东部分地区的根茎类蔬菜的亚硝酸盐含量超标12倍；广州、上海等大中城市的蔬菜亚硝酸盐含量超标2～8倍；北京、青岛等城市的蔬菜同样也存在亚硝酸盐含量超标的问题。

设施高效栽培的蔬菜生长周期短、上市早，较传统土壤栽培方式的产品的商品性更高，更容易受到消费者的欢迎。有研究表明小白菜在营养液更换频率为30d时，其产量有所保证，硝酸盐物质含量得到降低，口感有所提升，这和产品叶片中所含纤维素物质的降低和维生素物质含量升高有关。蔬菜品质受营养液的浓度和灌溉策略的影响是显著的，但蔬菜产量与两者的关系次之。实验表明，芹菜适宜选用1.0倍营养液，灌溉频率为1次/d；菠菜选用1.0倍营养液，灌溉频率为2次/d。

设施高效栽培作为一种成熟的种植集成技术，在我国的设施栽培发展历程中具有发展必然性，在今后的发展过程中，会随着人们日益多样化的需求而发生变化，从栽培品种到栽培设施，怎样选育适合我国环境气候的优势蔬菜品种，怎样设计选型适合我国温室类型的栽培系统，怎样建立我国自主知识产权的作物生长专家系统是今后的主要工作。当前，关于设施栽培模式对蔬菜品质影响的研究主要侧重在对产量和营养物质的变化上，对风味品质的研究较少，所以在引进消化国外先进设施、设备、生长管理技术的同时，研发和完善自己的高品质蔬菜种植模式显得十分必要。

（三）设施高效栽培和传统土壤栽培模式对质量安全的对比

土壤由岩石风化产生，是微生物、空气、水分、颗粒状矿物质、有机质共同组成的类生物质，它的演化过程复杂，承载着众多的生物种群繁衍。尽管多年来，人们对土壤的改良工作取得了部分成就，但是可耕种土壤的退化问题一直未能彻底解决。近年来，土壤质量的下降问题直接影响到了环境可持续发展、人畜健康以及包括蔬菜质量安全在内的食品安全、全球环境变化问题中，土壤退化的研究成为了一项热点工作，重点集中在其演变机制、形成机制、发展动态等课题上。有资料表明，土壤持水力和肥力衰减是土壤退化的关键因子。设施高效栽培中的栽培材料有着优秀的园艺栽培理化指标，完全能够满足对作物根系的固定和水、肥、气、热的供应。由于隔绝土壤中有害生物的侵扰，往往能够表现出更适宜的缓冲作用和生长性状。

随着工业化进程，水体污染和土壤面源污染，养殖业中饲料添加剂滥用等问题日益突出，耕种蔬菜的土壤受以上因素影响所产生的重金属污染及其他污染超标问题随之产生，在这样的土地上是不可能生产出绿色蔬菜产品的。作物营养元素需要满足以下3个必要条件才能被称之为营养元素，对作物生长或生理代谢有直接作用；缺乏时作物不能正常生长发育；其生理功能不可用其他元素代替，以此为依据，碳（C）、氢（H）、氧（O）、氮（N）、磷（P）、钾（K）、钙（Ca）、镁（Mg）、硫（S）、铁（Fe）、锰（Mn）、锌（Zn）、铜（Cu）、钼（Mo）、硼（B）、氯（Cl）和硅（Si，某些作物必需）这17种元素是作物生长必需元素。设施高效栽培中，营养液的成分是作物生长所需营养元素的化合物，在水中可以完全离解为离子态供作物直接吸收利用，排除了作物生长非必需元素的干扰，特别是避免了对人体有毒、有害的矿物质元素的影响，高效栽培中的营养供给才更加合理、有效和精准，不再需要传统土壤栽培中矿物质元素复杂的化学转化。有资料证明，高效栽培生产的蔬菜很少出现缺素或有害元素富集的现象。

土壤栽培蔬菜在生长过程中会受到干旱、水涝、虫害、致病菌侵染等多种不良因素的影响，以土壤栽培中常见的碱性土壤栽培来说，有资料显示，作物为了解除碱性土壤中铁元素的缺乏症状，机制Ⅱ型作物的根系会分泌一种酸类物质；在受到根部致病菌或线虫危害时，部分作物根系分泌物会对真菌及线虫群落产生影响；作物在受到害虫、致病菌侵扰时会分泌出倍半萜、多酚、醌等多种次生代谢物致使蔬菜口感变差。设施高效栽培中的蔬菜的生长环境是经过科学计算和调控的最佳环境，极少会出现不良因素的胁迫。因此，设施高效栽培的蔬菜口感更佳，蔬菜的维生素C含量和其他营养物质较土壤栽培蔬菜更高。有数据显示，同等条件下，高效栽培番茄的维生素C含量比土壤栽培番茄高出30.7mg/kg，蔬菜在优良环境下长势强，本身的粗纤维含量也会大大降低。

消费者比较关心蔬菜产品中亚硝酸盐含量超标的问题，之前，人们普遍认为硝酸盐也对人体健康有所影响。研究表明，这种说法是错误的，只有亚硝酸盐才会对人体健康造成危害。在土壤栽培中，硝酸盐需要依靠硝化细菌分泌的硝酸还原酶转化成亚硝酸盐。在高效栽培中，栽培基质的大小孔隙度合理；营养液灌溉策略根据光照幅度可自动进行调整，供液频率由电脑控制，营养液的循环次数远高于土壤环境下的自然淋失，保证了营养液溶氧量始终处在较高水平，营养液的氧化还原电位较高，硝酸盐还原为亚硝酸盐的条件不足，因此设施高效栽培的蔬菜中亚硝酸盐的含量很低。

土壤栽培方式中的化学肥料利用率极低，氮肥在土壤中受反硝化作用和挥发的影响，最终利用率只有50%左右；磷肥容易被土壤中化合物固定，形成硫酸铁、钙、铝等的磷酸盐沉淀，利用率为20%～30%；钾肥受地表径流和灌溉淋失的影响，利用率有限。高效栽培中的作物根系直接接触营养液，且营养液组成物质均是沉淀系数较低的化合物，配制比例合理，极少产生沉淀，所以营养元素的利用率极高。目前，世界上设计的高效栽培灌溉方案多为封闭循环方式，欧洲部分国家制定的相关法律规定，到2000年，所有的园艺栽培都要实现营养液的循环利用。当前，营养液循环依靠的多是臭氧或紫外线消毒技术。所以，高效栽培属于环境友好型农业，不会对环境造成污染，其蔬菜产品也是安全食品。

第二节
政府监管体制

一、食品安全监管的理论分析

随着人们生活水平的提高，消费者的消费结构发生了变化，个性化、多样化、便利化、精深加工化趋势越来越明显。我国经济社会经历了中高速度发展之后，进入了经济新常态。经济新常态是强调结构稳增长的经济，而不是总量经济；着眼于经济结构的对称态及在对称态基础上的可持续发展，而不仅仅是GDP、人均GDP增长与经济规模最大化。经济新常态就是用增长促发展，用发展促增长。在市场经济下，我国消费者的食品安全需求得不到有效供给，增加食品安全信息有效供给是解决食品安全市场失灵的重要手段。

我国食品安全问题频发的症结在于生产者追求经济利益最大化而导致的市场失灵。

学界把食品安全问题分为“无知”和“无良”两种成因，“无知”型即对采用的新工艺、新技术所带来的风险的无知，是人的非主动意识行为，正如滴滴涕（DDT）的使用发展历程。在1874年，DDT被首次合成，但是这种化合物具有杀虫剂效果的特性却是1939年才被瑞士化学家米勒（Paul Hermann Müller）发掘出来。该产品几乎对所有的昆虫都非常有效。二次世界大战期间，DDT的使用范围迅速得到了扩大，而且在疟疾、痢疾等疾病的治疗方面大显身手，救治了很多生命，而且还带来了农作物的增产。20世纪60年代，科学家们发现DDT在环境中非常难以降解，直到1962年，美国科学家蕾切尔·卡逊（Rachel Carson）在其著作《寂静的春天》中质疑DDT进入食物链是导致一些食肉和食鱼的鸟类接近灭绝的主要原因。因此，从20世纪70年代后，DDT逐渐被世界各国明令禁止生产和使用。农药领域的六六六、兽药领域的瘦肉精等也曾作为新技术得到广泛的推广，而产生负面不良影响。“无良”型是行为人出于自主意识在生产过程中添加违禁品，属于制售假冒伪劣产品行为。如蔬菜生产过程中为了追求经济利益最大化，而使用国家明令禁止的农药产品。《中华人民共和国食品安全法》第四十九条规定：禁止将剧毒、高毒农药用于蔬菜、瓜果、茶叶和中草药材等国家规定的农作物；第一百二十三条规定：违法使用剧毒、高毒农药的，除依照有关法律、法规规定给予处罚外，可以由公安机关依照规定给予拘留。截至2017年，我国禁止生产销售和使用的农药有24种，限制使用的有25种，其中曾被广泛使用的百草枯水剂、毒死蜱等农药品种被停产或禁止在蔬菜上使用。“无知”和“无良”这两种行为在生鲜消费品市场缺乏信任感的当下无疑增加了蔬菜质量安全问题发生的概率。

对于上述两种食品安全问题发生的成因，应该制定有针对性的解决方案。对于“无知”型食品安全案例，建议加强生产源头控制和风险管控机制；完善突发事件预案，避免食品安全事件发生后引发的市场恐慌。对于“无良”型食品安全案例，应加大食品加工生产标准和规程的制定；明确管理责任主体，避免多头管理，统一标准；加大食品安全违法成本，形成生产者不敢违法、不愿违法、不想违法的生产局面；加强宣传，构建市场诚信机制，使得优质优价观念深入人心。

二、食品安全监管的制度设计

食品安全监管制度设计总的原则应该是以制度服务主体为核心的，即以人为本。食品安全监管制度在发挥其强制性、统一性的国家工具属性之外，还应充分考虑提高生产者的安全意识，激发生产者生产安全产品的积极性。

政府代表了公众利益，行使着食品安全问题的裁判者、监督者和协调者的角色，政府公权力的行使要以人为本，在规避人的消极性的同时，发挥人的积极性的一面。权利需要监督，绝对的权利导致绝对的腐败。党的十八大明确指出“健全权力运行制约和监督体系”，十八届三中全会提出“必须构建决策科学、执行坚决、监督有力的权力运行体系，形成科学有效的权力制约和协调机制”。习近平总书记在十八届中央纪委第二次全会上指出“要加强对权力运行的制约和监督，把权力关进制度的笼子里，形成不敢腐的惩戒机制、不能腐的防范机制、不易腐的保障机制。”这些指导思想在我国改革开放事业推进到深水区的历史关键时期，为完善我国权力运行机制明确了目标和总要求。

食品安全监管制度的含义包括监督、管理和服务。在监督和管理层面，监管机关即是监督者又是裁判者，容易和被监管对象产生利益联系，为了杜绝这种现象的发生，保证食品安全监管为广大消费者服务，就要从立法上保证监管机构的独立性和可监督性，明确监管机构的监管内容、监管职责、人员组成、机构设置、运行原则、运行机制，提高监管机构的透明度、科学性和民主化，构建合理的保障机制、权责分配机制、公众参与机制、问责免责机制、评估纠错机制、制度维护机制以保障监管机构的高效运转。

食品安全监管应当以预防为基本理念，食品安全关乎人的生命安全和经济社会的稳定。不管是从法律层面还是从道德层面来讲，食品安全监管智能的源头控制都是必要的。现代社会进入了移动信息化时代，信息的传播速度极快，而且人们往往难以对铺天盖地食品安全负面信息做出理性的判断，不加甄别的转发和评论常常会误导大众。食品安全事件发生后，包括问题食品的召回和公众媒体的宣传工作都处于被动局面，一方面造成社会公信力的损失，另一方面造成了社会资源的极大浪费，得不偿失。

三、国外经验借鉴

国际食品安全监管机制经历了从通用食品卫生原则的制定到生产关键环节管控再到全产业链食品安全监管的发展。GMP即良好生产规范，是一套适用于食品加工、制药等行业的强制性规范标准，可协助企业及时发现生产过程中的不安全因素，形成一套具有实际指导意义的可操作性规范，从生产原料、设备、环境、过程、包装、物流、质量检测等方面做出了具体要求。HACCP是指危害分析临界控制点，它是建立在企业良好的食品卫生管理传统基础上的一套预防控制体系，主张对生产关键过程中潜在的有害理化指标进行分析，从而保证终端产品的质量安全的，它不是僵化的参数指标体系，需要根据生产工艺和技术的不断更新而不断完善。

联合国粮农组织（FAO）认为，食品安全是一项基本人权，各国都应该重视食品安全问题，而不仅仅重视食品的供应水平，因为食品安全问题往往使得各国政府付出比食品供应更大的成本。SPS即《实施卫生与植物卫生措施协议》，是世界贸易组织（WTO）管辖的一项多边贸易协议，是对关贸总协定的补充，同时，也是一份乌拉圭回合谈判中重要的单独文件。作为在WTO框架下的技术壁垒工具，可以确保各地区和国家使用统一的技术标准，在国际上还有一些国际组织在积极推进国家间的技术标准一体化工作，如世界动物卫生组织（OIE）和食品法典委员会（CAC）等。其中，CAC是在1963年由FAO和世界卫生组织（WHO）联合组建的食品标准规划机构。

WHO认为，过去数十年，传统的食品安全监管措施已经被证明不能有效地控制食源性疾病，建立系统、有组织的危险性分析方法是提高公共卫生管理水平的重要手段。面对全球食品安全问题挑战，WHO提出的主要管理目标是降低食源性疾病对健康及社会的影响。实现这一目标的具体措施有加强食源性疾病的检测体系建设；改进危险性评价方法；创建评价新技术产品安全性的方法；提高WHO在法典中的科学和公共卫生作用；加强关于危险性因素的交流和宣传；增进国际合作；加强针对发展中国家的食品安全能力的建设。

美国的食品安全政府监管机制具有相关法律、法规配套齐全、部门间分工明晰、标准体系完备等特点，是分散管制模式的典范。美国农业部（USDA）、环保局（EPA）、食品与药物管理局（FDA）分别负责农产品质量安全管理、农药的管理以及动物疾病和兽药管理工作。美国食品安全监管法律体系中，地方法规不低于联邦法律标准，不会产生法律间标准不一致，互相矛盾的现象。目前，美国制定了35部涉及食品安全的联邦法律，其中最为人们所熟知的有FDA执行的《联邦食品、药品和化妆品法》；USDA下辖的食品安全检查局（FSIS）所执行的《联邦肉类检查法》《禽类制品检查法》《蛋类检查法》和《公共卫生服务法》；在《美国法典》的基础上，由USDA和FDA共同起草的《食品法典》等。各部门按照法律规定的职责行使权力，加之一致的法律标准，使得美国食品安全政府监管高效运行。

欧盟的食品安全监管体系被认为是当前世界上最为安全的生产链管理机制。欧盟理事会（EU）、欧盟委员会及其相应常务委员会、欧盟食品安全管理局（EFSA）、欧盟各成员国内的食品安全监管机构共同构成了欧盟组织间的纵向和横向的协调管理。欧盟委员会于1997年颁布了《食品法律绿皮书》，为欧盟食品安全法律体系框架的建立奠定了基础。2000年，《食品安全白皮书》的发表使得欧盟食品安全监管机制更加明晰，“从田头到餐桌”的全产业链管理理念贯穿其中，《食品安全白皮书》在欧盟食品安全监管体系中具有里程碑的意义，在此基础上，欧盟相继颁布了第187/2002号法令，拟定了食品法律的一般原则和要求。欧盟的食品安全法律、法规相当系统，并根据食品安全问题的发展不断加以完善，逐步简化监管环节、强调源头控制、加强入市产品的问责、提高市场准入标准、强化检查手段等是其几大发展趋势。

澳大利亚和新西兰两国共同设立了澳新食品标准局（FSANZ），其负责制定在澳大利亚和新西兰两国境内生产、流通、销售和进口食品的质量安全标准，联邦政府和地方政府官员共同组成部长委员会，指导FSANZ的运行。FSANZ和企业间的关系密切，以充分协商的方式保证了标准制定的科学化和透明化。不难看出，国外的食品安全政府监管体制有着健全的食品安全法律、法规；高效的管制机构；积极参与的食品安全利益相关者；严格统一的质量标准等共同特点。

四、我国食品安全监管体制的概况及分析

食品安全监管体制在不同的历史时期有着不同的侧重点，我国的食品安全监管体制的发展可以分为三个阶段。

从新中国建立到20世纪80年代，属于我国食品安全监管体制的萌芽阶段，在这段特殊的历史时期，解决人们的温饱问题是政府工作的重点，食品安全问题次之。我国在20

世纪60—80年代先后颁布了《食品卫生管理试行条例》《中华人民共和国食品卫生法（试行）》《中华人民共和国食品卫生法》。从预防食物中毒到食源性疾病的防控，我国的食品安全监管机制基本建立起来了。

20世纪末到21世纪初，我国改革开放事业取得了举世瞩目的成就。随着市场经济的飞速发展，我国的食品安全监管工作重点转移到“绿色”和“生态”食品上。1998年，国务院将卫生检疫、商检、动植物检验等多个部门合并，并设立了出入境检验检疫局。

21世纪初至今，我国食品安全监管工作有了快速进展。2001年，国务院将出入境检验检疫局和质量技术监督局合并为国家质量监督检验检疫总局。2003年，对药品监督管理局的职责进一步进行了明确，并设立了直属机构。2009年，我国颁布了《中华人民共和国食品安全法》（以下简称《食品安全法》）。根据《食品安全法》规定，为贯彻落实《食品安全法》，切实加强对食品安全工作的领导，2010年2月6日国家决定设立国务院食品安全委员会，作为国务院食品安全工作的高层次议事协调机构。2015年10月1日全国人民代表大会常务委员会修订并颁布了新的《食品安全法》，被媒体称为“史上最严《食品安全法》”。

我国2004年出台的《国务院关于进一步加强食品安全工作的决定》指出，我国的食品安全监管工作由多部门分工合作，多头管理。这种管理模式在实际运行中容易出现监管“真空”、互相矛盾的局面，虽然经过一段时间的改革，但是并没有从根本上解决这个问题。

当前，我国食品安全状况依然严峻。2010年，在河南发生的“毒蘑菇”事件暴露出了多头管理的弊端，农业部门、质监部门、工商部门、食药监督管理部门的多头管理不到位，造成了监管“真空”，使得违法者有了所谓的灰色地带；针对食品添加剂，更是存在执行标准不一致的问题，如增白剂、瘦肉精、三聚氰胺等曾经引起社会极大关注度。在实际执法过程中，部门间标准不一致很容易引起部门间的互相推诿，甚至产生不作为或失职、渎职的行为。据原国家食品药品监督管理总局的数据，2016年第一季度，食品中超范围、超限量使用食品添加剂问题占不合格总数的33.8%，食品中微生物污染问题占不合格总数的22.9%；第二季度，食品中超范围、超限量使用食品添加剂问题占不合格总数的33.6%，食品中微生物污染问题占不合格总数的25.5%；食品微生物污染问题仍未引起人们应有的关注。

2016年中央农村工作会议和2017年中央1号文件都强调，今后一段时期，农业工作的主线是农业供给侧结构性改革，调结构、转方式的具体表现是提高农产品质量和效益，注重由“量”到“质”的转变，增强市场竞争力是农业工作重点，食品安全监管作为农业供给侧改革的一项重要保障，关系到整个经济社会的稳定和发展，在我国进入经济发展新常态的背景下，加快理顺我国食品安全监管体制显得尤为重要。

五、基于监管体制视角下我国食品安全问题的解决途径

食品安全监管机制的主导权在于政府。政府职能的转变，加强监管机构的服务意识是食品安全监管体制得到根本性转变的基础。计划经济条件下，政府职能大而全，在市

场经济条件下，市场发挥着资源配置的主导作用，要求政府把微观主体的经济活动交还给市场，由原来的对微观主体的指令性管理转化到为市场服务上来。加强食品安全监管机构的宏观调控能力，加强监督管理部门的设置，减少经济管理部门的数量。用立法的方式明确部门权责，实现权责一致、分工明晰，使得有权必有责，权与责互相依托，相辅相成，且责任要大于权利。努力提高监管队伍建设，提高食品安全监管素质，通过对人员的专业知识的培训以及执法水平的提升，完善我国食品安全监管体制，提高我国食品安全最高管理机构的权威性和高效性，防止监管部门间的掣肘。实践证明，一方面，提高部门间自主的协调能力，另一方面，构建凌驾于监管部门间利益之上的最高管理机制是有效的制度。

企业作为食品安全的第一责任人，维护食品安全责无旁贷。以产品分类为基础，建立统一的生产技术规范，淘汰一批与市场脱节的老旧工艺和产品，建立严格的奖惩机制，在让违法企业付出沉重的违法成本的同时，对诚信度较高，连续保持食品安全生产的企业给予在税费、贷款等方面的政策性支持，鼓励企业自主的食品安全意识，从源头上保证食品安全。

食品安全监管是需要全社会全体参与的工作，没有人可以置之度外。在政府和企业作为大众权利代表和第一责任人之外，社会舆论监督是促使其权利和责任落到实处的有力保证。中国消费者协会于1984年12月经国务院批准成立，是对商品和服务进行社会监督的保护消费者合法权益的全国性社会组织，在对商品和服务进行社会监督、保护消费者的合法权益、引导广大消费者合理与科学消费、促进社会主义市场经济健康发展等方面发挥着不可替代的作用。健全食品安全中间层的管理，应给予社会组织足够的监督权力，保证在第一时间发现食品安全问题，承担好“上传下达”的社会责任。卡斯特尔（Manuel Castells）的网络空间理论认为互联网作为权力关系可重组资源，规范新的行为准则，改写权力流变和分配，进而改变着社会结构本身。现阶段，信息的传播方式多样化，平面媒体不再具有优势，信息的传播速度不再是人们获得消息的阻碍。面对这样一个巨大的信息网络，如何保证所传播信息的准确性远比保证其传播速度难度大得多。网络世界不是法外之地，应通过立法和技术手段，保障网络监督渠道的通畅和正确的舆论导向，维护好网络的食品安全监督平台的作用将会使得消费者的维权成本变得更低，食品安全监管机构的工作变得更有效率。

六、浅析新《食品安全法》

新修订的《食品安全法》经全国人大常委会表决通过，于2015年10月1日正式实施，针对设施园艺产业集群来说，其最终产品要实现标准化，必须符合新《食品安全法》相关的法律条款，在这里简要介绍一下新《食品安全法》的亮点和不足显得十分必要。

党的十八大以来，党中央和国务院十分重视食品安全工作，明确要求建立最严格的食品安全监管机制，积极推进食品安全社会共治局面的形成。2009年，我国颁布的旧版

《食品安全法》存在着以下几点不足：一是对安全食品的概念理解深度不够；二是针对食品标签的要求不够严格；三是对充分发挥社会监督作用的认识不足。基于此，新《食品安全法》确立了预防为主，风险管理，全程控制，社会共治，建立科学、严格的监督管理制度的立法理念。

以往，食用农产品进入流通环节后是按照食品归由食品药品监督管理部门管理，适用法律不一，新《食品安全法》明确了农产品的生产经营属于食品领域，应当遵守《食品安全法》。在食品国际贸易中，特别是我国加入WTO以后，食品安全标准作为重要的技术贸易手段起着举足轻重的作用。新《食品安全法》指出，由卫生行政部门会同食品药品监督管理部门共同起草食品安全标准并颁布，并由国家标准委员会提供编号。新《食品安全法》明确了进口食品的监管权归县级人民政府食品药品监督管理部门，避免了与出入境检验检疫部门的交叉执法。新《食品安全法》明确加强基层管理，可以在重点区域设立食品安全派出机构，权利进一步下沉，使得源头控制更有保证。

高度透明的各层次食品安全政策是保证消费者最大知情权的基础，及时的风险交流可以充分提振市场信心，新《食品安全法》构建了一套风险交流机制，规定了交流组织的主体、原则、内容及参与者的组成。针对现阶段食品安全领域中追溯和召回机制的不完善问题，新《食品安全法》规定企业应建立基于信息化手段的质量追溯体系。为了强化企业作为食品安全的第一责任人的责任，新《食品安全法》增设了企业建立自查和报告的制度，并要求企业定期做出报告，从而对潜在的风险加以控制。食品安全事件的发生往往具有突发性、群体性等不可预见的特征。鉴于此，新《食品安全法》鼓励企业购买食品安全保险，这样可由社会资本分担由食品安全所带来的巨额赔偿，把企业因此产生的风险降到最低。很多食品安全事件的起因是不了解食品加工的基本知识和技巧。针对这种情况，从新《食品安全法》明确许可的生产条件中可以看到，企业要配备食品安全管理人员，并强化对人员的培训和考核。

新《食品安全法》更加严格地规范了农化投入品的使用，除依照相关法律给予处罚外，可以由公安机关依照《食品安全法》对违法人员依法拘留。已经进入市场的农产品，市场机构应该配备有害物质检测设备，并对检测结果及时备案待查。在食品加工环节中，对故意为无证食品加工行为和添加非法食用物质等行为提供场所或条件的，没收非法所得，并承担生产经营者的连带责任。为了防止召回食品流回市场，新《食品安全法》做出了明确规定，召回食品应当向所在地县级人民政府报告、做定点无害化销毁，对于有必要的，食品药品监督管理部门还应实施现场监督。

针对发生在源头的食品安全问题，新《食品安全法》强化了食品生产经营者的第一责任人的主体责任。食品加工经营企业应当建立健全食品安全内部管理制度，作为许可条件，配备专职或兼职的食品安全管理人员。食品生产企业应当强化生产过程中关键环节的管理，并对产品进行质量安全自查并向主管部门报告，保证生产体系的有效运行。对于市场流通环节，应明确食品安全的追溯义务和缺陷产品的召回责任，对于通过网络平台交易的食品，要明确第三方交易平台提供安全食品的义务。针对特殊食品如特殊医学用途配方食品和婴幼儿配方食品的生产注册和备案制度，以保证特殊人群的食品安全需求。新《食品安全法》明确了地方政府属地管理责任，将食品安全工作纳入到本级国民经济和社会发展规划中，本级财政承担食品安全经费，加强食品安全监督管理的建设。

新《食品安全法》强化了食品安全监督管理职责，实行风险分级管理，明确了各级人民政府监督管理的重点、方式和频次。强化了执法能力的建设，加强了对执法人员的法律、法规、标准和专业知识的培训工作。增设临时限量值和临时检测方法可作为监督管理的依据，解决了非标检测方法的合法性问题。县级以上食品安全主管部门可以采用国家规定的快速检测方法给食品进行抽检。完善食品加工生产者的责任约谈，约谈和整改情况记入生产经营信用档案。加强食品安全信息化建设，建立统一的信息化平台，公开通报执法检查结果并及时分析可能误导消费者的不实信息。

新《食品安全法》强化了社会共治理念，规定任何人或组织都有权举报和了解信息和提出建议，并对经查证属实的举报案例，给予举报者奖励，且对举报者信息保密。充分发挥社会组织和消费者组织的作用，食品行业协会应当依照规程引导和督促企业依法生产，推动食品行业的诚信建设。

针对我国食品加工业基础薄弱，中小企业占据大多数，对一些为害性不大的轻微违法行为，新《食品安全法》规定了责令改正的处理措施，体现了宽严相济的原则，如在标签标识方面，在不影响食品安全并对消费者不会引起误导的情况下，允许在企业改正后重新入市流通。

新修订的《食品安全法》较老版《食品安全法》有了很大进步，但在与其他法律的衔接、食品安全主管部门整合、政府职能转变等问题上还需进一步完善。

第三节 企业食品安全管理体系

一、集中领导

食品安全问题的发生是规模性概率化事件，往往具有范围广、社会关注度高、危害程度高、突发性强等特点。对于企业来讲，构建立体高效的危机处理机构才能在第一时间掌握情况发展态势，协调各个职能部门各司其职、分工合作，使得相关资源以最快的速度部署到位，以对食品安全问题提供保障。食品安全风险是需要食品加工经营企业全体员工共同参与的，健全的食品安全风险管理体制需要各个职能部门间的无缝衔接，食品安全风险的意识在企业全体员工中形成共识，企业利益如同己任，食品安全风险意识应当融入到企业的日常管理和员工工作中去。

高层管理人员对食品安全的重视是企业食品安全管理工作的关键。企业高管对食品安全风险的重视程度会影响整个食品安全风险管理体系的运行有效性，因此食品生产经营企业建立由企业高管牵头的食品安全管理领导小组是十分必要的，其组成成员应该包括公司总裁级领导、各分公司领导以及技术专家等。其主要职责包括：制定食品安全发展战略；定期对本企业食品生产经营活动进行风险评估和分析，制定相关处置预案；负责危机处理过程中的重大决策和统筹以及高级别公关等。其下辖公司各部门骨干组成的直属行动机构，如信息小组、技术小组、公关小组、财务小组、销售小组等。从公司组织纵向架构上来说，集团总部采取权力集中制，各个分公司的生产、销售、财务、人力资源及行政管理由总部对应部门直接管理。组织架构贯彻“轻资产”前沿战略的组织指导思想，突出了组织架构的专业化、流程化和集中化。

专业化会使相关领域的研究更加深入，这些研究成果在食品安全风险冲力过程中更加具有说服力，为了使这些成果尽快转化成生产力，以便于在风险控制中发挥作用，就需要工作程序具有流程化，使得员工工作有章可循。这样，对重大食品安全问题的逐级请示制度，就使得权利向上集中，从而实现风险控制的集中领导。

在食品安全企业管理实现高层集中管理的基础上对其下辖组织施行分权管理，通过权力集中政策下的分散经营可实现两者的有机统一，企业食品安全决策权在安全管理领导小组中，各个专业小组在公司食品安全总方针和目标的引导下，充分发挥主观能动性，自主管理其日常食品安全生产经营活动。总公司和分公司之间形成清晰的权利、责任和利益关系，这样，既保证了总公司稳定的利益收入，又保证了各个分公司的积极性，有助于公司的进一步扩张发展。

为了实现企业食品安全工作的集中领导，需要从以下几个方面做好工作。一是加强领导人才的培养，特别是综合型高级经理人才。对于设施蔬菜产业集群的食品安全管理来说，需要既要懂得栽培管理又懂得食品安全经营管理的全能型经理人队伍，才能保证产业集群可持续、规范化地经营。二是注意公司资源的共享和避免部门间不必要的重复工作，有效保持部门间的有益竞争，有利于激发员工的工作积极性，但同时必须平衡总公司和分公司以及不同职能部门间的不良竞争，以免出现资源被无端内耗的问题。三是平衡赋予各个分公司和部门的权利，原则是责任要大于权利，不受监督的分权管理将损害公司的整体利益。四是加强基层人力资源管理工作，吸引高层次人才开展研发工作。持续不断的科技研发能力能够保证企业在食品安全工作中始终站在所在领域的前沿，在食品安全危机处理中充分掌握专业话语权。五是建立企业新闻发言人制度。它是国内外众多企业推行的一种基本的信息发布制度，这一制度体现了公开性和规范性，对促进企业由传统封闭型经营方式向现代开放式经营模式的转变，加强企业社会形象建设具有重要意义。六是加强信息化建设，现代化信息工具有助于企业高效地获得信息、下达指令等，利用移动互联网的优势可随时随地了解事态的发展，及时调整危机处理策略。

二、分级管理

原国家食品药品监督管理总局的《食品生产经营风险分级管理办法》是在我国食品种类多、风险隐患多、监管资源有限的大背景下提出来的，是按照风险管理评价指标制定的,《食品生产经营风险分级管理办法》把食品安全风险分为了由低到高的四个等级，即A级风险、B级风险、C级风险、D级风险。实施风险管理是识别、定位、排序并消除影响食品质量安全风险根源的程序，其出发点和落脚点都是为了保障食品质量安全，促进食品行业质量安全制水平的提升，这也是实施风险管理的根本意义所在。

食品生产经营企业应当建立适合自己本身的风险应对规程，做到食品风险来临时有章可循，有规可依。对于A级风险，企业应该加强监测检疫工作，根据风险的发展态势调整检测手段和精度。出现产品质量问题时，企业应组成由生产部门、销售部门共同组成的临时调查组，对事件进行实事求是的调查，并及时回购缺陷产品，避免造成引起社会层面更大的关注，形成更大的负面效应；对于缺陷产品确实为消费者带来损失的，要积极召回，制定合理的赔偿金额，防止事态的扩大，会同售后部门召开客户恳谈会进行协商以解决问题；对于企业信誉受到恶意损害的事件，要及时召开新闻发布会进行事实澄清。对于B级风险，企业应风险所在地的社会反映，有针对性的制定策略，从生产原材料、生产技术、产品销售等方面制定策略，对食品安全事件的发展态势有一个提前的预判和分析，做好社会解释工作；及时变更生产计划，对可能存在缺陷的问题产品应做好减产计划，并跟踪市场信息反馈，通过网络新媒体等多种媒介进行公司形象的正面公关，财务小组要做好资金准备，争取银行的支持；企业食品安全最高领导小组第一时间开展相关的公关工作，避免事态扩大。对于C级风险，要求集团总公司根据受风险影响的不同地域和程度对不同品种实施阶段性的减产；重新调整销售方案，促进销售，提振市场信心；财务小组启动融资计划，明确计划进度时间节点，暂停非重点项目的资金支持，集中资金应对风险；对内部员工、股东或投资人说明情况，凝聚人心；对上游生产资料供应商进行友好协商，争取暂缓支付货款或缩小应支付比例。对于D级风险，财务小组继续实施融资计划，争取政府支持，必要时可以争取内部员工的资金支持；果断处理库存产品，避免继续流向市场；公关小组应及时和媒体沟通，召开新闻发布会，向社会解释并诚恳地表明企业的后续处理方案；暂停在建项目的资金支付，集中资金应对风险事件；加强宣传工作，最大限度的争取员工、股东、投资人和政府的支持。

三、多维模式

企业的食品安全风险管理体系中的多维度模式是指产品市场供应方式的多样化以及应对风险保障机制的多元化。

随着我国市场经济的发展，市场竞争越来越激烈，企业间的竞争已经转变成为供应链的竞争，建立多维供应链联盟，在我国经济社会进入新常态的大背景下，已经是大势所趋。供应链战略联盟是基于一条完整的产业链条基础之上的，属于商业间的松散式联盟。各个企业间的决策权都是独立互不干涉的。在这个拥有多个供应链节点的多维决策博弈模式中，在这个产业多维供应链上实现独立决策权的环境下，企业的自身利益和整条供应链的利益互补，最终可实现企业间的互利多赢。要实现这一点，单单依靠数据上的测算是无法完成的，还要提高企业的文化共识，依靠成熟的企业道德和行业间约定。

以蔬菜供应链为例，我国当前存在着多种蔬菜生产供应模式，大致有散户经营、基地生产、公司+农户、公司+合作社+农户等几种模式。蔬菜的生产供应模式和食品安全状况有着必然关系。调查表明，蔬菜出口企业普遍实行了一体化经营，并配备了严格的农药残留检测设备；对于供给国内市场的蔬菜企业不同规模的实现了一体化经营，多以分散采购+统一批发方式为主，在注重品牌建设的同时，蔬菜的食品安全问题能得到一定的保障；大型基地的种植水平往往高于种植散户，在一定程度上降低了农残超标的问题。不难看出，农产品供应链的纵向协作越紧密，即产业间集聚越紧密，农产品的食品安全问题就越有保障，这可能和多重管理、重复博弈、奖惩措施及信息化建设的因素有关。

面对食品安全风险，企业应当有多维度的应对措施，也就是说，有足够的资源储备，这包括专业的技术、充裕的资金、诚实的客户以及融洽的公共资源。在危机处理过程中，能不能用专业的技术证明自己是能否化解危机的关键，在社会公众处于茫然的时刻，专业的技术性情况说明往往使得消费者变得理性，减少盲从的跟风行为，为企业赢得宝贵的处理时间。财务管理在日常工作中就要加强风险意识，设立专门的成本管理和风险预警机构，对预算资金进行专门监管，一旦发生资金或市场异动，应及时启动应对预案，同时保持良好企业与银行的关系。在企业危机发生时，争取银行的资金支持十分必要，制定阶段化的借款计划和比例，时刻做好关键时到的资金储备是一个成熟的企业财务制度所必需的。在日常工作中维护好与客户间的关系，培养一批忠实的客户群体，首先是保证产品的质量；其次是让客户有更多的获得感，让他们感觉到企业的诚意；最后还要积极开拓新市场和大客户群，积极主动地做好产品售后服务，充分发挥企业的服务功能，提高企业的情商，这是在食品安全风险来临时给客户公关的重要保证。当食品安全风险来临时，企业利用媒体进行社会公关工作，重新树立企业形象，赢得消费者的理解是整个危机处理成败的根本。因此，企业应当保持和社会媒体包括各级政府密切的沟通机制，当风险发生时，一方面积极主动地按照相关法律法规的规定汇报或备案，配合上级主管部门的工作，另一方面应争取媒体和政府的支持，保持事件内部处理的情况和进展及时向社会公开，这样才能动员社会公众共同度过风险。

四、预警体系

逻辑预警理论认为食品安全预警体系的工作是要明确食品安全预警的警素即内容，分析产生食品安全问题的警源即问题原因，判断和总结食品安全问题发生时的事件特征，得出问题发生的警度即风险严重程度。系统预警理论认为，食品安全预警体系是一个有机的整体，关注整体与局部之间，局部与局部之间，内部与外部环境之间的相互制约、影响和依赖的动态关系，目标是可预测的；系统是运动可变的，是有自身规律的。

世界各国和国际组织都有自己的风险监测和预警体系，FAO、联合国环境规划署（UNEP）以及WHO联合计划实施的全球环境监测网的食品污染监测与评估规划是一个成功的案例，它由WHO负责实施；欧盟的快速预警体系由欧洲自由贸易联盟食品监督局运营，数据处理由欧盟交流与信息资源管理中心（CIRCA）负责，所有欧盟成员国都可以通过其网络下载电子文本，并进行交流互动；美国的食品安全预警体系是基于由美国健康与人口服务部（HHS）和美国疾病控制与预防中心（CDC）管理的Epi-X电子网络系统，其发布的预警信息能够及时到达FDA和FSIS的官员那里。原我国农业部和原国家质检总局共同制定并实施了《中华人民共和国动物及动物源食品中残留物质监控计划》，针对动物或动物源性食品进行监测，卫生健康委利用污染物监测网和食源性疾病监测网定期发布污染物和卫生问题警情预报，系统分析全国的食品污染物状况，并给予评价。市场监管总局利用12315消费者网络平台建立了一个食品安全快速反应体系，主要针对流通环节中发生的食品安全问题进行管理。

对于食品生产经营企业的食品安全预警体系的构建，首先要确定食品安全风险预警的指标体系，其构建原则：一是全面性，能够全面地反映出企业的整个产业链条中关于食品安全的节点，具有高度的概括性，各个指标间既能高度关联，又能互相补充。二是客观性，食品安全问题是牵一发而动全身的问题，是整个企业发展过程中可以影响到企业兴衰成败的关键因素，所以指标的确定必须是客观真实的，杜绝人为编造。三是可量化原则，企业的食品安全风险预警体系是一个系统工程，是不断随着食品安全事件的发展而变化的，过度的抽象指标不利于各部门准确地把握事态的进展而发生误判，所以指标的量化能够协助企业高层领导小组准确地判定和分级食品安全事件。四是可比性，企业在食品生产和经营过程中会积累大量的生产技术和营销数据，数据的环比异动是风险发生的前兆，所以预警体系中的指标数据要具有可比性，需要一个可参照指标，这样有助于确定风险事件中各因素的权重。五是实时性，食品安全事件的风险因素是不断变化的，一起偶然性事件就有可能引起巨大的社会反响，所以保持风险预警指标数据的实时更新很重要，这样才能使得企业风险处理更加及时和高效。六是灵活性，食品风险预警指标的选取必须是具有高度灵敏性的，能够反映事件进展的微小性变化，是反映企业本质特点的因素。只有这样，才能够使得企业对风险事件的处理更加精准。企业食品安全风险的预警体系的构建可以根据食品风险权威理论和企业营销风险评价指标来制定，或者根据文献研究以及案例分析方法来确定，如借助已有食品安全的成功及失败的案例来确定。在我国企业食安全品风险方面可以借鉴的案例很多，可供研究的成功案例有广东温氏集团的食品安全风险管控体系，而失败案例可以选取河北省三鹿集团的案例。企业风险预警体系的构架层次是一个多层次的指标体系，因此要对层次化的结构进行细分，明确各个指标体系，将复杂的食品风险因素进行剖析，再将各元素进行分层处理。第一层确定企业食品安全预警的目标，第二层为子目标层，最后一层即确定食品安全预警的具体方案或措施。食品安全预警工作中的大量数据的处理，需要企业和科研部门紧密合作，建立起一套科学严谨的数据处理模型，利用大数据分析和云计算技术来指导企业的食品安全预警工作。企业的数据最终上传至国家食品安全预警网络，进行纵向及横向的数据分析，得出可靠的数据结果，用以指导我国的食品安全生产工作。

五、风险评估

食品安全的风险评估工作为食品标准的制定提供了科学依据，为确定食品安全风险检测和管理工作提供了科学依据，和食品安全相关的法律法规的实施效果的评价工作也需要风险评估工作来进行指导。

食品安全风险评估是随着食品安全问题的产生逐渐成熟的，世界上多数国家和地区已经认识到，通过风险评估、风险管理与风险交流对食品安全风险进行分析可以降低风险发生的概率（图6-1）。美国在1998年成立了食品安全总统委员会，并在2001年提交了《食品安全战略计划》，肯定了风险评估工作的地位。欧盟委员会于2000出台了《食品安全白皮书》，2002年和2006年的《食品通用法》以及《欧盟食品及饲料安全管理法规》等一系列法规风险评估在欧盟食品安全领域有重要地位。我国从2000年起开展了食品安全污染物监测网和食源性疾病监测网的建设工作，目前已经实现了对17个国家食品质检中心日常监测数据和31个省级、244个地市级以及377个县级食品污染物、食源性致病菌和食源性疾病监测点的组网工作。

企业的食品安全风险评估工作是基于预警体系基础上的，经过综合科学的评价分析后给出的用于指导企业及时调整发展战略的一项重要工作。其过程可以大致分为4个阶段，即食品安全风险的识别、危害描述、暴露评估、风险描述。食品安全风险的识别工作主要针对的是物理伤害、化学影响、生物侵染危害等3种风险。其中，物理伤害是指在农产品生产加工过程中的机械损伤等因素，是可以通过规范生产、加工规程和加强日常工作管理来规避的；化学影响是指农产品在生产加工过程中容易受到的化学投入品的危害，通常是在生产过程中违规或超标使用农药、化肥等农用生产资料，加工过程中违法使用防腐剂或增色剂等情况。对于化学因素影响可以通过流行病学调查、动物实验、结构–活性关系等方式对目标人群可能造成的食品安全风险进行评估；生物侵染危害往往是隐性的，且可随着环境因素的变化而不断变化，整个进程是动态的，难以定量测量，造成的危害较大，生物侵染危害的风险评估工作难度较大，目前还主要停留在概念阶段。食品安全风险的危害描述是指对各种危害因子的定性或定量的评价，研究的是危害因子对人体健康产生危害的定量指

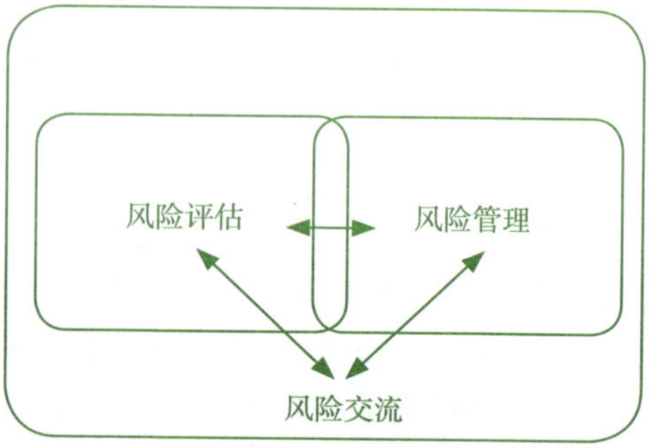

图6-1 风险评估框架

标，以ADI为例，是指人或动物每日摄入某种化学物质（食品添加剂、农药等），对健康无任何已知不良效应的剂量，单位一般是mg/kg体重，ADI值越高，说明该化学物质的毒性越低；对于食品添加剂应该制定PTWI值（即每周耐受摄入量）；针对蓄积性的污染物应该制定PMTDI（即每日最大耐受摄入量）；对于营养素，应制定RDI值（即营养每日摄入量）。暴露评估是根据各个地区或国家不同的饮食结构和各种危害因子综合计算得出人体对该危害因子的暴露量，每个国家人们的饮食习惯大不相同，因此暴露量不是一成不变的，而是随着地域变化而改变的。风险描述即对上述评价的综合描述，将各个数值间进行科学的对比，综合考虑多种不确定因素后的参考值，为企业决策者提供可供快速决策的指导参考。

六、快速反应

20世纪90年代中期，美国信息技术战略专家鲍尔（Berbard H. Boar）基于企业基本战略竞争理论，提出在信息技术飞速发展的时代背景下新的企业竞争优势，大致包括以下几点。一是企业更廉价的产品，即成本优势；二是更能激发目标客户的购买力的产品，即增值优势；三是满足顾客群体的个性化需求，即聚焦优势；四是企业比竞争对手更快的适应市场变化，即机动优势；五是企业比竞争对手更快的满足客户需求，即速度优势。随着科学技术的发展，低成本和差异化的竞争优势逐渐被竞争速度，即企业的快速反应能力所替代。

企业的食品安全快速反应能力的基础是企业对市场信息的快速获取能力。快速获得农产品市场动向信息、竞争对手的发展策略以及上下游企业的发展趋势是一个农产品经营加工企业核心竞争力的重要组成部分。现代化农业企业的标志之一是企业的信息化建设能力能否适应互联网日新月异的发展，信息化社会的信息获取成本被大大降低，人们可以轻易地获得自己关心的信息。随着全球一体化进程的加快以及我国改革开放事业的深入，农业经营加工企业走出国门的机会越来越多，国外先进的农产品生产加工信息对于我国现阶段的农产品企业有着重要的参考价值。数据流通是新信息化社会的典型特征，农业、食品等各相关部门的数据量是惊人的，有能力的食品企业应当投入一定比例的资金用于数据的搜集整理工作，利用云计算技术处理大量数据，从而获得企业所需的信息。

市场信息瞬息万变，企业的快速反应能力需要有一套科学的市场分析程序和周密的可行性论证，这样才能为决策者提供可靠的决策参考，以期在企业的发展关键时期进行相应的战略性决策，占领市场先机。决策者的素质能力影响着企业的快速反应能力，传统的层层审批方式已经不能够满足现代企业的需要了，及时建立简洁、高效的扁平化管理方式才能使得企业的决策在最短的时间内传达到执行者那里，企业决策者必须是业内人士，且具有相当的业务水准，对整个产业链条充分了解，具有企业家精神，勇于竞争，拥有高度的敬业精神。只有高素质的领导决策者才能够保证企业面对食品安全风险的挑战，始终保持敏锐的洞察力、冷静的行动力。

企业的食品安全快速反应能力还应该包括快速创新能力和快速市场推广能力。创新是企业发展的原动力，企业的食品安全工作也必须与时俱进，不断提高食品安全标准，和国际标准接轨，很多种开始作为新技术推广的食品类添加剂，现在都已经成为了限制对象。快速市场推广能力决定着产品价值的最终实现，是一个食品加工经营企业营销策略的成功标准，其构成要素主要是品牌战略。企业要始终把食品安全工作放在把控产品质量的首要位置，依靠科学技术，推行品牌策略，让食品安全意识深入到每个企业员工心中。

第四节 质量安全的产业链控制体系

一、源头控制

现阶段我国的蔬菜等食品安全问题迫切需要加强生产源头的控制，食品安全问题的突发性以及损失不可挽回性决定着该类问题往往威胁到人们的生命财产安全，一旦发生，后果常常非常严重且无法弥补，实施源头控制是提高设施蔬菜等农产品生产质量安全水平的关键。

设施蔬菜产业集群等项目建设常常是政府主导的当地农业转型的重点项目，环境评价工作在规划阶段同步进行，严格控制生产基地的外源性污染，按照绿色蔬菜生产标准，重点解决农化投入品以及周边养殖业对生产基地的污染问题，由当地主管部门主导，全面推行安全食品生产基地认证以及市场准入制度，加快规模化安全食品生产龙头企业的建设步伐，充分发挥产业集群的引导带动作用。按照我国对农化投入品的相关规定，部分农药品种是在蔬菜、茶叶等农产品生产中禁用的，且禁用名单条目还在逐年增加。现阶段，尽管国家主管部门也出台了许多有针对性的措施加强了管理，我国农化产品市场依然存在许多不尽人意的地方，这使到2020年我国农药、化肥零增长行动方案的成功实施存在障碍。应严格市场管理，严厉打击制售假冒伪劣产品以及使用禁用产品的行为。产业集群应当制定针对安全食品生产的标准化操作规程，严格执行现有农化投入品使用制度，规范生产技术环节，推广有害生物综合防治技术，加强病虫害的动态监测，完善蔬菜等农产品的采后包装规范。重视生产的每一个生产关键环节的食品安全控制工作，统一种苗供应，统一技术规程，统一投入品管理，统一包装物流，用工业化生产的理念实行产业集群的运维管理。

无土栽培技术是设施蔬菜产业集群中的一项关键技术，针对大家比较关心的无土栽培技术的蔬菜亚硝酸盐污染的问题，现简要介绍以下几点关键控制措施。一是品种差异，受遗传因素影响，品种间的亚硝酸盐积累有很大差异，可以由硝酸还原酶活性机制来作出解释，同时，同种蔬菜不同部位的积累也存在差异。基于此，果菜的亚硝酸盐的积累量远远小于叶菜类蔬菜，植株积累以根部和外部叶片最多。二是氮素的形态，现阶段无土栽培多是以硝态氮作为氮源，氨基酸作为硝态氮的还原产物，具有反馈调节作用，如果植株体内具有相当含量的氨基酸，硝态氮的吸收就会受到抑制。在果实中，氨基酸是运输到果实中的主要含氮物质，因此研究无土栽培中外源氨基酸的应用对蔬菜无土生产有着指导意义。因为目前无土栽培营养液的配方组成多以无机化合物为主，所以改变传统观念，科学实验，开发以氨基酸为主要组分的无土栽培营养液具有一定市场前景。三是渗调离子的影响，在收获前，去除生长介质中的氮素或用另外的物质代替硝酸根作为渗透调节物质，将有效降低植株中硝酸盐的含量。四是营养元素的选择，蔬菜硝酸盐积累的根本原因在于其吸收量超过其还原同化的量，钼和锰是硝酸还原酶的组分和活化剂，适量施用含有这两种微量元素的肥料将有助于激活植株体内的硝酸还原酶，从而减少硝酸盐积累量。也有研究表明，氯离子对硝酸根离子具有拮抗作用，适量施用含氯肥料品种可以降低植株中硝酸盐的积累量。五是外界生长条件和采收的影响，通过调节采收期，避开植株硝酸盐积累高峰期。例如，生菜的采收期应该选择在温度较低的早晨，因为高温会降低硝酸还原酶的活性。菠菜的采收应该选择在午后光照较强时进行，因为光照不足时，植株内的硝酸还原酶的活性会受到抑制，硝酸还原量会减少，植株体内的硝酸盐物质积累增加。

可见，通过提高专用品种的育种水平，加大蔬菜生产设施的现代化水平，改善营养液配制方式等几种技术攻关是可以从源头控制蔬菜安全品质的。

二、绿色植保

我国正在建设生态文明社会，“十三五”期间，国家把创新、协调、绿色、开放、共享的发展理念确立为经济社会发展的基本指导方针，生态农业作为生态文明社会的重要组成部分，食品安全工作是其核心，绿色植保方式也逐渐被上升为国家战略。绿色植保就是把植保工作作为人与自然界和谐系统的重要组成部分，突出其对高产、优质、高效、生态、安全农业的保障和支撑作用。这一定义的核心是强调植保措施要与自然界和谐友好，这也是建设生态友好型农业的核心工作。绿色植保强调把生产环境、人、农作物、有害生物作为一个整体进行统筹考虑，综合运用生态治理、农业防治、生物防治、物理防治等防治措施把作物病虫害控制在可接受的水平，以达到最佳的“三生”效益，设施蔬菜产业集群的病虫害综合防治是基于综合害虫防治（IPM）技术的。IPM从生态学观点出发，全面考虑生态平衡及社会安全、经济利益及防治效果，提出最合理及有益的治理措施，不着重害虫消灭，而着重于害虫数量的调节，达到不造成经济危害的目的。这种防治方法，强调自然调节因素的利用，因为留下一部分害虫可能对自然平衡反而有利。各种防治方法应协调配合使用，并尽量采取非化学的防治方法（化学防治法除非达到经济阈值时，一般不用）。这种有害生物防治理念也存在着一些不足之处，如忽视了释放天敌对自然生态环境造成的影响；忽视了自然的自我调控能力；忽视了有害生物的预防工作等。绿色植保是一项系统工程，要建立完善的绿色植保防控体系，首先要全面提高针对有害生物的监测和预警水平，加强农业重大灾害预防和控制的基础性研究。其次，需要加强相关关键技术的公关工作，引进和吸收开发适合我国国情的植保设备和农化产品。最后，要加强对外来生物物种和转基因品种的控制、示范、应用工作，强化生产者的食品安全意识，强化有害生物的变化规律、致灾机制和综合防治的分析预警研究工作。

在设施蔬菜产业集群的实际运行维护中，可以采取以下几种防治方式来控制有害生物的发生。一是轮换选种，延长良种的品种优势。目前，针对设施蔬菜产业集群的无土专用栽培蔬菜品种的研发工作滞后，一方面从国外引进的品种适合无土高效栽培方式，另一方面国外品种并不完全适合国人的消费习惯。研发适合我国大众消费习惯的无土栽培品种是育种工作的当务之急。二是合理布局，实施轮作制度，有针对性地科学安排生产茬口，避免与常规蔬菜种植方式形成价格竞争是规模化蔬菜生产所共同面临的问题，因为规模化集群式蔬菜生产的一次性基础设施投入较大，生产工艺在能够保证产品食品安全的同时，往往投入也较大，所以产品的生产成本较高，应一方面制定合理科学的营销策略，另一方面调整种植茬口，这需要种植者统筹考虑。合理的轮作能够抑制设施害虫的高发态势，如白粉虱、斑潜蝇、蓟马等。三是合理配置营养液，无土栽培方式是当前最灵活的栽培方式，可以通过调整不同植株生长阶段的营养液配方来调节作物的生长趋势，如开花前期以营养生长为主，花期、结果期以生殖生长为主，从育苗到种植管理，通过多种技术手段平衡植株生长，来达到最佳的投入产出比。四是严格执行引种防疫制度。实践证明，许多植物病虫害是在引进种苗过程中传入的，如番茄灰叶斑病、番茄黄花曲叶病毒病等，其危害之大往往是毁灭性的。所以，设施蔬菜产业集群必须制定严格的种苗引进制度，把种苗检验检疫工作放在食品安全工作体系的首位，杜绝引进渠道不明的种子和种苗，杜绝引进检疫证明不全的种苗等。五是贯彻“预防为主，综合防治”的植保方针。我国的植保工作八字总方针明确了重视预防工作的核心地位。设施蔬菜生产具有环境封闭、面积有限的条件限制，管理者应当抓住有利时机，做好预防工作，如种植前的消毒工作，种植后的植残体统一处理工作都应当提前筹划，统一安排。高效栽培体系中非常重要的一环是病虫害的监测工作。目前，可以利用过程计算机植保模型通过病虫害发生的初期症状和空间分布来指导植保工作。高效栽培方式主要利用无土栽培，从种植方式上极大程度地减少了根系侵染性病害的发生，但高密度的无土栽培模式，一方面应当从环境调控上制造不适宜病虫害发生的环境，另一方面可因地制宜，灵活选用多种植保方法来防治叶部侵染性病害及营养元素亏盈等生理性病害。六是科学合理地使用农药，把握用药时机，一般在昆虫幼虫大量繁殖并且大面积开始为害前使用农药；防止次生灾害的发生，在进行农药防治之前，需要认真评估所选农药品种对靶标的毒力作用以及对周边其他生物的影响，防止对外部环境造成影响；应考虑多种因素对农药药效产生的影响，施药次数、施药温度、施药时间、植株含水量等因素都对药效发挥有着影响，如正温度系数农药品种和负温度系数农药品种的施药时机不同，需要灵活掌握；应考虑农药有效安全间隔期，避免同一类农药品种的重复使用，在保证蔬菜等农产品质量安全的前提下，应延长有害生物抗药性的产生。

设施蔬菜产业集群在运维管理中应当大力推进绿色植保工作，全面推广高效、低毒等环境友好型农药品种的使用，完善绿色防控体系的创新和技术集成，切实保证农产的品质量安全，促进全面生态农业的建设工作。

三、农残检测

设施蔬菜生产中对食品质量安全影响最大的可以说是农药残留问题。农药残留是指，农药使用后残存于环境、生物体和食品中的农药母体、衍生物、代谢物、降解物和杂质中的总称。我国是一个蔬菜生产和消费大国，分散的生产模式中生产者的素质普遍不高。近年来，农药的生产量逐年递增，有数据表明，2011年的全国农药产量达264.8万t，全国商品农药需求量达98.4万t。我国的农药使用大多数是在设施蔬菜上，农药的使用在给设施蔬菜生产者带来可观的经济收益的同时，也对蔬菜等农产品和环境造成了严重的污染。资料表明，我国每年中毒的农民就达数万到十万人。

食品中农药残留的品种大致可以分为以下几种。一是有机氯农药，该类农药主要是六六六和DDT，这类农药的化学性质稳定，不易分解，并可不断迁移和循环，虽然该类农药的使用时间很早，但目前仍是食品中重要的农药残留之一。二是有机磷农药，该类农药的化学性质不够稳定，很多品种容易见光分解，不易在体内积累，因此得到广泛应用。随着使用频率的增加，其已经成为当前农药残留最为严重的品种，尽管我国早在2007年1月1日就已经禁用了甲胺磷、甲基对硫磷、对硫磷、久效磷、磷胺五种高毒有机磷类农药，并于2008年全面停产，但受限于农药经营者违规经营和蔬菜生产者片面追求经济利益和杀虫效果的因素，高毒有机磷农药残留仍不断被检出。三是氨基甲酸酯类农药，该类农药是继有机磷类农药后我国使用量最大的农药品种，由于该类农药的安全性较高，在蔬菜中出现超标的现象较少，但是其被证明具有致畸、致癌作用，因此该类农药品种的残留问题同样不容忽视。四是拟除虫菊酯类农药，该类农药具有良好的触杀作用，但随着害虫抗药性的增加，蔬菜生产者对该类农药随意增加用量的现象屡见不鲜，这也人为地造成该类农药的超标风险。

针对上述农药品种，目前已经形成了几种相对成熟的检测方法，包括气相色谱法（GC）、高效液相色谱法（HPLC）、气–质联用法（GS–MS）、液–质联用法（LC–MS）等。这几种经典的检测方法尽管在适应性、灵敏度、重复性、选择性等方面表现都较好，但是都存在过程繁杂、损害果蔬产品、仪器笨重等缺点。随着在生产流通环节越来越需要更快速的检测，一系列新型快速检测方式被开发出来，如酶抑制法、酶联免疫法、生物传感器法、近中红外光谱法、荧光光谱法、拉曼光谱法、核磁共振法等，其比传统方法更快速、便携、无损、环保、灵敏，更加适合大批量农产品的快速现场检测。

随着生物技术的发展，农药产业也由单一的化学品向着生化产品转变，农残检测的目标也随之向检测蛋白质、核酸等生物指标转变。也就是说，未来的农残检测要求要有细胞学、免疫学等基础学科的支持，农残检测将成为一门真正的生物系统工程，生物芯片技术或许在农残检测工作的发展中发挥着举足轻重的作用。

四、溯源体系

欧盟对食品溯源体系给出的定义为：对于食品、饲料、畜产品加工或预订加入食品和饲料中的物质，对生产、加工、流通的所有阶段进行跟踪和追溯调查的能力。对于蔬菜等农产品来说，我们所常见的是标签上的二维码或条形码标识，消费者通过这个识别码可以在互联网上查询到产品的品牌、企业、产地、土壤、水质等情况，以及在生产过程中的农化投入品的使用情况。我国的食品溯源体系的开发应用较西方发达国家较晚，大多停留在定性讨论阶段，国外的食品溯源体系建设始于20世纪70年代，欧盟的《食品安全白皮书》提出了“从农田到餐桌”的食品安全控制体系。欧盟法律规定从2005年1月1日起，在欧盟所销售的食品必须具备可追溯性；美国的食品安全溯源体系建设由政府推进，企业自愿建立，FDA要求所有参与食品运输、配送以及进口的企业必须保存相关数据备查；日本的食品安全溯源体系建设属于世界前列，不仅从法律层面给予追溯体系严格的规定，而且在零售阶段，大部分超市也安装了食品可追溯终端。

设施蔬菜产业集群的食品安全溯源体系的设计可以从以下几个方面着手。一是确定溯源流程和关键信息，明确蔬菜等农产品的关键供应节点，如种植管理、产品集成和包装、配送和物流等；二是建立企业电子档案，明确每个关键节点的数据来源，如生产节点的农化产品投入、土壤、水质等的技术参数等，流通环节采集仓储物流信息、出入库信息、理货信息、产品批次信息等；三是系统构架，记录生产主体的一系列农事信息，并将其保存在追溯中心数据库中，当产品到达销售终端时，通过编码规则，形成产品出库识别码；四是完善系统的功能模块，一般包括生产管理模块、物流管理模块、销售管理模块、溯源查询模块4个子系统。系统使用的开发语言有VB.net、C#、Asp、Html等，数据库选用SQL Sever 2005企业版，根据终端客户需要设计追溯系统查询机，软件可选用Windows操作系统、NET2.0框架、Supermarket查询软件等。利用Zigbee的自组网性，实时记录田间的环境信息；蔬菜等农产品在进入仓储前要先经过预冷，在这个阶段，农产品的溯源标签需要事先打印，以增加操作速度；在运输阶段，通过GPS记录运输车辆的轨迹；在销售阶段，每件包装贴有EQS认证标识，可以实现现场、短信、电话、网络、APP等多种查询方式。

食品安全追溯体系的建立在技术上的障碍基本不存在，但在我国的推广工作仍不尽如人意，大致存在着缺乏权威性、消费者认知度差等障碍。从消费者的角度看，一是溯源信息不够完整，关键技术参数多为企业自主添加，缺乏可信度；二是价格因素，出于成本的原因，现在市面的可追溯农产品的价格往往较高，主要面向高端消费者，难以被广大普通消费者所接受；三是普适性差，年轻消费群体能够较快地接受并操作智能终端，包括智能手机等来获得相关信息，而对于大多数老年人来讲，受电子产品的操作能力的限制，更习惯通过传统的感官方式来辨别产品的优劣；四是对有问题的产品能否得到及时的售后处理还存在疑虑。针对这些问题，需要国家相关部门、行业协会和企业多方面共同努力，制定相关法律法规和行业准则，明确任务和时间表，才能把我国的食品安全追溯体系建设工作推上健康发展的道路。

第七章

采后包装、物流及销售

第一节
采后分级及包装技术方案

一、采收操作规范

（一）番茄采收期及采摘方法

1. 采收期

番茄果实成熟期分为4个时期。

绿熟期或白果期（1级成熟度）：果面显白，果实已不再膨大，此时是催熟的适宜时期，可长途外运（2d以上运输距离）。

变色期（2级成熟度）：果实约有1/3开始变色转红，收后短时间储藏即可变红上市，可短途外运（1～2d运输距离）。

坚熟期（3级成熟度）：果实基本全部着色，但还有绿果肩，果实仍然坚硬。果实具有固有的色泽，是食用的最佳时期，适合就地销售。

完熟期（4级成熟度）：果实完全着色，开始变软，适宜采种。

番茄不同成熟度在各温度下的保存天数如图7–1所示，要根据不同销售群体适时采收。

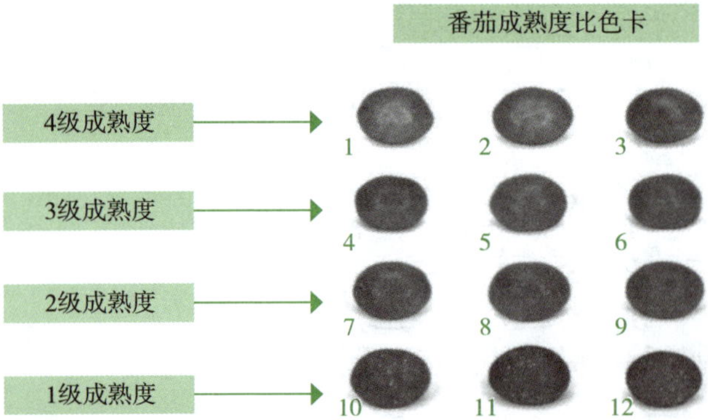

成熟度	保存时间/d	保存温度/℃
1～3	15～20	+4
4～5	12～14	+4
6～7	12	+12
8～9	6	+12
10～11	2	+18

图7–1　番茄成熟度等级

2. 采摘方法

高温时采收不利于采后贮藏。一般以在晴天清早气温和菜温较低时采收为宜。适时采收，第一穗果实宜适当早采，以利于植株发育和后续果实的生长。盛果期每周采收2～3次，果实不要带果柄，避免人为、机械等因素损伤果实；切忌果实与水接触，以防腐烂。

（二）彩椒采收期及采摘方法

1. 采收期

彩椒采收时期为果实充分膨大，果肉厚而坚硬，色泽正常，有光泽，成熟度适宜。门椒和对椒应适当早采，以免影响后续生长。

2. 采摘方法

采收要在早晨或午后温度比较低的时候进行，采收时应用锋利的消毒剪刀将果实剪下，保留植株上小于1cm左右的果柄，要做到轻拿轻放，不要伤及果柄和花萼，还要防止扎破或碰伤果实。彩椒采收工具如图7–2所示。

图7–2　彩椒采收工具

（三）黄瓜采收期及采摘方法

1. 采收期

黄瓜以皮色从暗绿变为鲜绿有光泽，花瓣不脱落时采收为佳。头瓜要早收，以免影响后续瓜的生长，也避免妨碍植株生长，形成畸形瓜和植株早衰，从而影响产量。黄瓜的采收标准为果型表现充分、果实膨大适中、果质鲜嫩。

2. 采摘方法

采摘黄瓜要在清晨温度较低时进行。采瓜时要用消毒剪刀将瓜带蒂3cm处剪下。采摘时要轻拿轻放，避免损伤果皮、刺瘤。为了防止运输途中的机械损伤，最好用筐装瓜，左手抓好瓜柄，右手握住瓜身，向上用力，保证每瓜带花，并轻拿轻放，并可在筐内衬垫软纸，冬季从温室采收的黄瓜，要注意保温运输。

根瓜应尽量早收，以防坠秧，以后采收应严格掌握标准，在瓜条长足时再摘瓜。秋冬茬黄瓜的结果前期，因光照充足，温度较高，瓜条生长很快，应缩短采收间隔时间，甚至每天摘瓜。随着气温降低、光线减弱，瓜条生长速度减慢，可2～3d，甚至3～4d摘1次瓜。到后期，气温很低，光照更弱，瓜条生长缓慢，市场黄瓜日趋短缺，更要尽量延迟采收。

（四）生菜采收期及采摘方法

1. 采收期

采收应适时，避免过早或过晚，避免人为、机械或其他伤害。散叶生菜30%长至单株重 0.15～0.35 kg，可开始采收；结球生菜30%长到单株重0.5～0.6 kg，球径达17～19 cm时开始采收。

2. 采摘方法

采收前1～2d必须进行农药残留检测，合格后进行及时采收。按标准分批采收，用刀从根基部截断，放入塑料箱内，可随时上市。需要贮藏的在2 h内应运抵加工厂，装卸、运输时要轻拿轻放。

在操作台上，除去外叶；剔除腐烂、有异味、黄叶、焦边、烧心、胀裂、膨松、侧芽萌发、抽薹、冻害、有病虫害、有机械伤等的生菜；用刀把根切至叶球相平。每切10株时，刀要放入高锰酸钾溶液中消毒；用干净抹布抹走叶球外叶上的泥渍、杂质、水滴。修整后，按相同品种、相同等级、相同大小规格集中堆置。

二、产品采收标准及分级

（一）番茄采收分级标准

番茄要严格进行挑选，剔除畸形果、裂果、腐烂果、有病害果、过熟果、未熟果及极小果，挑选分级后装入纸箱包装容器内，分批次、等级、成熟度分别预冷。待品温达到适宜贮藏温度时便可入贮。

根据果实的形状、大小、表面完整度，小番茄果穗数、穗重、果穗长度等质量指标，可将其分为一级品、二级品、三级品3个等级（大果型番茄以丰收、中果型以佳西娜、樱桃番茄以福特斯为例），如表7-1所示。

表7-1　番茄采收分级标准

级别	外观品质	果实大小	果实重量
一级	色泽好、均匀，果面光滑、新鲜、清洁、硬实，无异味，成熟度适宜，整齐度高；无烂果、过熟、日灼、褪色斑、疤痕、雹伤、冻伤、皱缩、空腔、畸形果、裂果、病虫害及机械伤	丰收果实直径9～10cm；佳西娜穗长25～30cm，穗果数8～10枚；福特斯穗长20～30cm，穗果数12枚以上	丰收200～250g；佳西娜350～400g/穗，单果重35～40g；福特斯180～220g/穗，单果重12～15g
二级	果形、色泽较好，果面较光滑、新鲜、清洁、硬实，无异味，成熟度适宜，整齐度尚高；无烂果、过熟、日伤、褪色斑、疤痕、雹伤、冻伤、皱缩、空腔、畸形果、裂果、病虫害及机械伤	丰收果实直径7～9cm；佳西娜穗长20～25cm，穗果数8～10枚；福特斯穗长20～25cm，穗果数10～12枚	丰收150～200g；佳西娜300～350g/穗，单果重30～35g；福特斯140～180g/穗，单果重10～12g
三级	色泽良好，果面光滑、新鲜、清洁、硬实，无异味，成熟度适宜，整齐度不高；无烂果、过熟、日灼、褪色斑、疤痕、雹伤、冻伤、皱缩、空腔、畸形果、裂果、病虫害，允许有不明显的机械伤	丰收允许果实直径小于7cm或大于10cm；佳西娜穗长15～20cm，穗果数8枚以下；福特斯穗长15～20cm，穗果数10枚以下	丰收允许果实重小于150g或大于250g；佳西娜小于300g/穗，单果重小于30g；福特斯单果重小于10g

（二）彩椒采收分级标准

彩椒采收分级标准如表7–2所示。

表7–2　彩椒采收分级标准

级别	外观品质	果实大小	果实重量
一级	整齐度高、果形圆正、色泽均匀，果面光滑、清洁、新鲜，无异味，无脱水变软；无烂果、灼伤、疤痕、冻伤、皱缩、畸形果、病虫害及机械伤	直径9～10cm	200～250g
二级	整齐度较高、果形较圆正、色泽均匀，果面较光滑、清洁、新鲜，无异味，无脱水变软；无烂果、灼伤、冻伤、皱缩、畸形果、明显疤痕、病虫害及机械伤	直径7～9cm	150～200g
三级	整齐度较差、果形较圆正、色泽较均匀，果面较光滑、清洁、新鲜，无异味；无烂果、灼伤、冻伤、皱缩、畸形果，允许有轻微疤痕、病虫害，无严重发软及机械伤	允许直径小于7cm	允许果实小于150g

（三）黄瓜采收分级标准

黄瓜采收分级标准如表7–3所示，以无刺长黄瓜和水果黄瓜为例。

表7–3　黄瓜采收分级标准

级别	单瓜长度	瓜形（内侧弯度）	机械伤、病虫害	色泽	口感	成熟度	其他
一级	维吉尼亚30～35cm	维吉尼亚小于2cm；水果黄瓜小于0.5cm	无	果色良好，顶部带花	新鲜脆嫩	成熟适度	无腐烂，无异味，无冷害、冻害
二级	维吉尼亚25～35cm	维吉尼亚小于3cm；水果黄瓜0.5～1cm	无	果色较好，顶部带花	新鲜脆嫩	成熟度较好	无腐烂，无异味，无冷害、冻害
三级	允许小于25cm或大于35cm	维吉尼亚小于5cm；水果黄瓜小于2cm	允许有轻微机械伤或病虫害	果色尚好，允许顶部不带花	较新鲜但质地未老化	成熟度尚好	无腐烂、无异味，无冷害、冻害

注：成熟度适中是指黄瓜充分长成，但种子未发育，果肉中为呈现木质脉径；成熟度较好是指黄瓜充分长成，种子开始发育，但不坚硬，果肉中开始呈现木质脉经；成熟度尚好是指黄瓜充分长成，种子明显发育，果肉中开始呈现木质脉经；新鲜脆嫩是指黄瓜质地脆嫩，不脱水不皱缩，剖果后有汁液溢出，清香瓜味较浓；较新鲜是指黄瓜质地较脆，稍有脱水和皱缩，剖果后无汁液溢出，具有清香瓜味。

（四）生菜采收分级标准

1. 品质标准

（1）标准商品

①具有本品种固有的形状、色泽。

②成熟度适宜，叶球包心紧实，质地脆嫩，无胀裂、无抽薹。

③叶球清洁、新鲜，外部无泥土和不可食叶片。

④无杂物、无病虫害及其他伤害。

（2）最低标准

①具有本品种固有形状、色泽。

②成熟度适宜，结球紧实，新鲜。

③叶球清洁，外部无泥土和不可食叶片。

④无杂物、无腐烂、无严重病虫害及机械损伤。

2. 大小规格

结球生菜可以叶球的重量作为分级依据，分为大（L）、中（M）、小（S）三级。具体的大小分级标准要根据实际的品种特性而定。

3. 分级

结球生菜采收时将标准产品与最低标准产品分别放置，将不够标准的产品剔除。将标准品和最低标准品按大小标准分别分级。

4. 等级限度要求

各等级限度规格要求，如表7–4。

表7–4 生菜、番茄、黄瓜、彩椒各等级限度规格要求

级别	整齐度	限度
一级	95%以上	每批样品不符合品质要求的个数不得超过5%，其中烂果不得超过1%，不符合果重要求的个数不得超过5%
二级	90%以上	
三级	80%以上	每批样品不符合品质要求的个数不得超过10%，其中烂果不得超过1%，不符合果重要求的个数不得超过10%

（五）卫生指标

番茄、彩椒、黄瓜果实及生菜卫生指标应符合《绿色食品　农药使用准则》（NY/T 393—2013）规定，如表7–5所示。

表7-5　绿色类蔬菜卫生指标

序号	项　目	指标/（mg/kg）
1	砷（以As计）	≤0.2
2	汞（以Hg计）	≤0.01
3	铅（以Pb计）	≤0.1
4	镉（以Cd计）	≤0.05
5	氟（以F计）	≤0.5
6	乙酰甲胺磷（acephate）	≤0.02
7	乐果（dimethoate）	≤0.5
8	敌敌畏（dichlorvos）	≤0.1
9	辛硫磷（phoxim）	≤0.05
10	毒死蜱（chlorpyrifos）	≤0.2
11	敌百虫（trichlorfon）	≤0.1
12	氯氰菊酯（cypermethrin）	≤0.5
13	溴氰菊酯（deltamethrin）	≤0.2
14	氰戊菊酯（fenvalerate）	≤0.2
15	抗蚜威（pirimicarb）	≤0.5
16	百菌清（chlorothalonil）	≤1
17	多菌灵（carbendazim）	≤0.1
18	亚硝酸盐（以NO_2^-计）	≤2

注：按照NY/T 393—2013规定的禁用农药不得检出，其他农药参照国家有关农药残留限量标准。

三、包装标准、标识及包装

（一）包装材料

根据不同蔬菜品种类型及不同等级，选择不同的包装材料和包装样式。大规模高效生产一般采用包装生产线，可提高商品价值和工作效率。常见瓜果类蔬菜包装材料如图7-3所示。包装材料应当分门别类整齐摆放（图7-4）。

（二）包装标准

用于产品包装的容器如塑料箱、泡沫箱、塑料托盘、纸箱等须按产品的大小规格设计，同一规格必须大小一致，整洁、干燥、牢固、透气、美观、无污染、无异味，内壁无尖突物，无虫蛀、腐烂、霉变等，纸箱无受潮、离层现象。包装应符合《蔬菜塑料周转箱》（GB 8868—1988）和《绿色食品　包装通用准则》（NY/T 658—2015）的要求。

按产品的品种、规格分别包装，同一件包装内的产品应摆放整齐紧密。每批产品所用的包装、单位质量应一致，每件包装净含量不应超过10kg。

（1）包装好的小番茄

（2）不同规格的包装箱

（3）不同规格的包装箱

（4）包装箱上包装线

（5）采摘筐

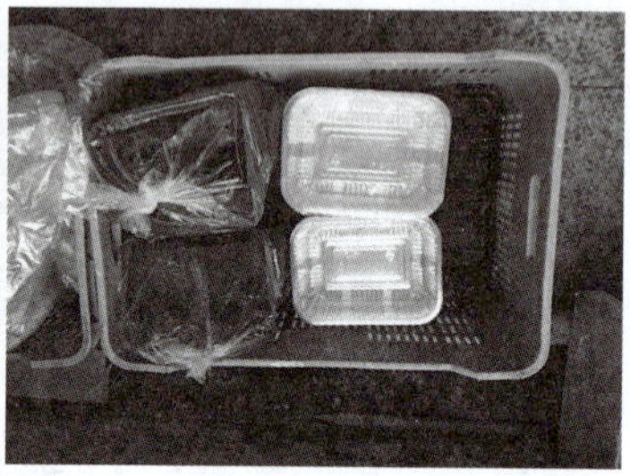

（6）包装盒

（7）包装泡沫箱

（8）包装礼盒

图7-3 常见果瓜类蔬菜包装材料及样式

图7-4　包装材料的摆放

（三）包装标识

包装上应明确标明绿色食品标志。每一包装上应标明产品名称、产品的标准编号、商标、品牌、生产单位（或企业）名称、详细地址、产地、规格、净含量和包装日期等醒目标识，标识上的字迹应清晰、完整、准确。

（四）包装检验规则

逐件称量抽取的样品，每件的净含量不得低于包装外标识的净含量。根据整齐度计算的结果，确定所抽取样品的规格，并检查与包装外所示的规格是否一致。常见农产品包装如图7-5所示。

（1）叶菜类包装

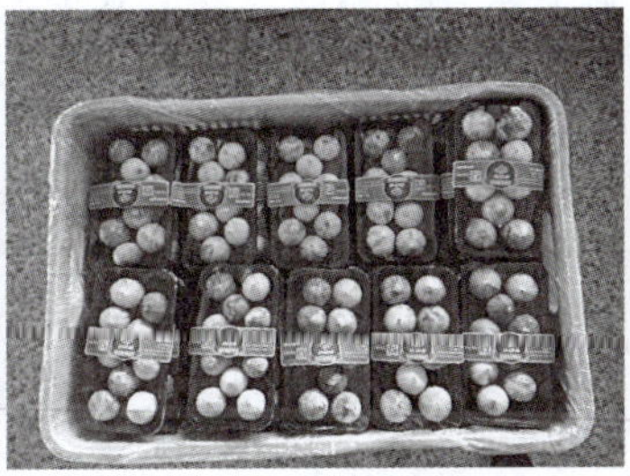

（2）大蒜包装

（3）茄果类包装

（4）小番茄包装

（5）茄果类精包装

图7-5　常见农产品包装

第二节 仓储及运输

一、预冷

采用差压预冷技术，对新收获蔬菜进行预冷。

1. 预冷前

（1）将预冷库温度调控在10℃。

（2）将封好的菜箱放置在差压预冷通风设备前，使纸箱有孔的两面垂直于进风风道，并使每排纸箱开孔对齐。

（3）风道两侧纸箱要码平，如预冷量少可两侧各码一排，如预冷量大可各码两排。堆码高度以低于帆布高度为准，两侧顶部和侧面均要码齐。

（4）依不同差压预冷通风设备的大小，一次预冷量不同。要预冷的菜量大时，可依据设备的大小码到最大量，剩余的再码入另一个设备。

（5）菜码好后，将通风设备上部帆布打开盖在菜箱上，注意要平铺不要打折，帆布到侧面要贴近菜箱垂直放下，防止帆布漏风。

2. 预冷

（1）打开差压预冷通风系统并将时间继电器调到要预冷时间，例如码放1排可调到3h，码放2排要调到4h。（如有真空预冷设备最好用真空预冷、预冷时间45 min左右）。

（2）到时间后会自动停止通风。

二、包装线及环境调控

包装车间如图7–6所示。

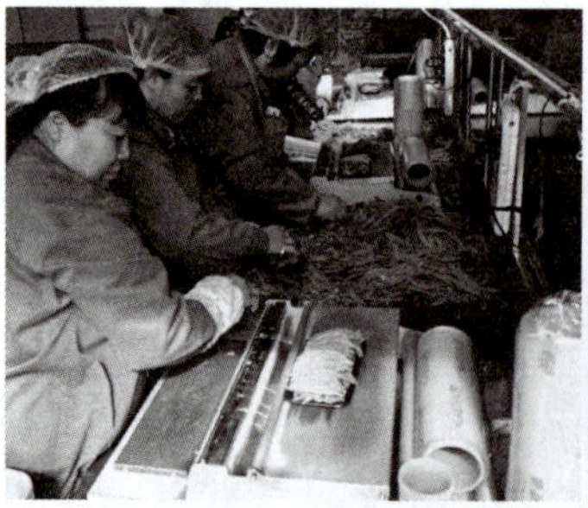

（1）人工包装

（2）机器包装

图7–6 包装车间

（1）入口缓冲线区域及出货区产品停留时间较长，温度要控制在10～15℃。

（2）加工包装车间及包装线操作区域温度控制在15～20℃。

三、冷藏

根据不同产品选择适宜的贮藏温度和湿度，如瓜果类蔬菜短期适宜贮藏温度在8～10℃，湿度控制在90%～95%。叶菜类贮藏温度控制在0℃，湿度控制在95%～100%。

四、仓库管理

（一）物资的验收入库管理制度

1. 数量验收

（1）是否与物料申购单一致，不一致的第一时间和采购人员进行核对，并查明原因待确认合格后方可收货。

（2）对来料数量较大的按大件全点、小件10%～35%的比例进行数量核查并做好抽查标识，对于较贵重的要做到数量全部清点准确，对有差异情况及时上报并作好记录。

（3）所有来货来料必须在数量清点完成后，在供收双方共同确认情况下签单收货，数量异常时签实收数量并要求送货人签名确认方可收货。

2. 品质验收

（1）库管员数量验收完成后，应第一时间对货物进行检验。

（2）库管员必须对检验结果进行跟踪跟进，待检验完成后，在送货单上签字，确认后方可入库。

（3）确认供应商，核对供应商送货清单的型号、数量、品名是否与物料申购单一致，出现不一致的情况应第一时间和采购人员进行核对，并查明原因待确认合格后方可收货。

（二）物资的出库管理制度

货物出库应遵循“先进先出、推陈储新”的原则。出库单内容包括收货单位，日期，货物入库时的批号、品名、规格型号、数量、仓管员签字等。

仓库一切货物的对外发放，一律凭有关人员签章的“申请单”或“出货通知单”由相关人员办理出库手续。出库程序及作业方法如下：

（1）复核　对照出库单核对数量、规格、品种与库存情况是否有出入；检查包装的完好性，凡包装破损未经修复加固一律不准出库，无论是否仓库原因导致的破损，均应修复；标识应清楚、完好。经复核确认无误后，才可允许放行出库。

（2）放行　根据货物实发情况，库房管理员开具出门证，交提货或发运人员作为出门交门卫放行的依据。门卫必须接到签发的出门证才可放行。

（3）登账　登记货物保管明细账，无论用计算机或手工生成，都应详细反映仓库货物进、出、结存的准确情况。主要内容有物品编号、出库日期、品名规格、数量、收入、支出等。

登记或消除保管账必须以正式收发凭证为依据。账目不得任意涂改。

账目应做到实记录入、出、结存数，账物相符；笔笔有结算，日清月结，不做假账；手续健全，账页清楚，数据准确；坚持会计记账规则，严格遵守；出现问题，经处理后，账面要有明确反映，并作如实说明。

（4）建档　参照入库管理制度的相关建档条例。

五、运输

（一）运输工具

采用适合果蔬长距离运输的冷藏集装箱运输（图7-7）；产品装载前，对集装箱进行认真的清扫、消毒，确保运输工具的安全卫生。

（二）装卸、堆码要求

装卸要求：防止野蛮装卸造成机械损伤。

快装快卸：防止品温因装卸时间太长而升温，造成低温冷链断链的现象，降低运输品质。

堆码原则：单位货物间留有适当的空隙，以使运输环境中的空气顺利流通；每件货物都不能直接与车厢的底板和壁板接触；货物不能紧靠机械冷藏出风口或加冰冷藏冰箱隔板或气调出气口；在装载堆码前，要注意在车厢底板上垫加具有一定高度的有利于通风换气和减震的物品。

（1）小型冷链车　　（2）大型冷链车

图7-7　冷链车辆

（三）运输环境的控制

1. 温度

温度是运输过程中的重要环境条件之一，低温运输对保持果蔬的品质及降低运输中的损耗十分重要。运输时间在10h以内可用保温车，超过10h要用冷藏车进行运输（夏天外温超过30℃、时间超过8h就要用冷藏车）。瓜果类冷藏车温度控制在5～10℃，叶菜类控制在0～5℃。

2. 湿度

湿度在运输途中对果蔬的影响相对较小。但长距离运输或运输时间较长时，要考虑湿度的影响。在运输途中要观察水分的散失状况，及时增加环境的湿度，防止菜蔬过度失水造成萎蔫，还要注意温度控制的不稳定，会造成结雾现象。

3. 防振处理

在启运前一定要了解路径状况，在产品进行包装时应采取增加填充物的方法，装卸堆码时尽可能使产品稳固或加以牢固捆绑，以免造成挤、压、碰撞等机械损伤。

第三节 销售

一、货架环境管理

1. 商品质检原则

收货后及时预冷降温。门店收到中心配送的果蔬后应尽早对其降温，能入冷库要尽快入冷藏库保鲜。保鲜温度为5～8℃，湿度为90%～95%。

2. 商品分类

将质检后的商品，采用分散或统一包装的方式售卖。用规格一样的包装盒或包装袋进行分装，用打包机进行热膜包装，以延长商品的保质期。用电子秤打价，并把标签贴在统一的位置上，如贴在包装袋的正中间或包装盒的右上角。

3. 商品陈列原则

（1）果蔬的陈列要丰满、货多，起到吸引顾客的作用，坚决杜绝货架上缺货、少货的现象。

（2）色彩搭配原则　果蔬的颜色丰富、色彩鲜艳，陈列的颜色适当组合、搭配，能充分体现出果蔬的丰富性、变化性，既能给顾客赏心悦目、不停变化的新鲜感，又能较好的促销所陈列的商品。如将绿色的黄瓜，紫色的茄子、红色的番茄、黄色的彩椒进行搭配等。

（3）标识清楚正确原则　商品的标识要做到标志牌与陈列的设备相匹配；通过标志牌变价的方式满足果蔬的频繁变价特征；标识位置与商品的位置一一对应；标识的品名与陈列商品一致；标识的价格、销售单位要正确无误，与系统一致。

（4）陈列具体方法包括以下几个类型，如图7-8所示。

（1）圆积型　（2）格子型　（3）阶梯型　（4）立体型

图7-8　超市农产品陈列方式

圆积型：主要用于陈列圆形的如大番茄或方形彩椒。陈列顺序：首先要决定底面最下层前面部分，接下来排边面，而后再排中央面第一层的部分；第二层要排在第一层商品与商品间的中心点；接下来再排第三、四层。

格子型：用于陈列分装的小番茄、大番茄、黄瓜等。

阶梯型：将包装好的商品摆放成宛如层层山丘的形状。

立体型：将包装好的商品按层摆放在立体商品货架上，可节省空间。

二、销售渠道

1. 大型批发市场渠道

批发市场是个汇聚买卖双方的集散地，是一个购销平台，它一般可以成批量地实现蔬菜的销售，因此受到各大蔬菜基地的重视，成为目前蔬菜销售的主渠道之一。二、三级产品（表7–4）可简装后直接批发给各大蔬菜批发市场。

2. 现代超市渠道

超市是近10年来兴起的零售业业态，也是蔬菜产品的一条可供选择的销售渠道。各大蔬菜基地可通过与大型连锁超市签订协议，不断形成自己的品牌。配送商品为一级产品（表7–4）。

3. 终端直销渠道

采取走出去的办法开展终端直销，建立终端消费客户群。比如，和一些大型学校、部队、机关、企事业单位的食堂、餐饮业饭店、宾馆、生态餐厅等建立关系，上门送菜。这些单位的蔬菜购买量一般都是很大的，值得蔬菜基地重视，并与其建立长期的合作关系。配送商品为一级产品。

4. 打包外销渠道

通过外销渠道与境外采购商进行合作，将蔬菜出口。通过航空运输等方式把蔬菜销售到境外地区，获得良好的收益。配送商品为一级产品。

第八章

案例分析

第一节
河北省邢台市南和县设施农业产业集群

一、南和发展设施农业产业集群的基础条件

（一）政策背景要素

河北省农业厅《河北省“十三五”设施蔬菜发展规划》指出，重点建设环京津设施蔬菜产业带和京广、津秦铁路沿线设施蔬菜产业带，着力提高设施生产机械化、信息化水平，强化标准化技术落实，加强生产能力建设，优化产业组织结构；提高设施装备水平。加快设施蔬菜信息技术装备，应用物联网，提高设施内地温气温、土壤水分、空气湿度、二氧化碳、土壤养分等环境指标自动化检测和调控能力，实现设施蔬菜的标准化、信息化、自动化和精准化管理。

河北省农业厅关于《高端设施蔬菜导则》和《大力发展高端设施蔬菜推进方案》指出，大力发展高端设施农业是省委省政府确定的农业工作重点之一，设施蔬菜是设施农业的重要组成部分。大力推进采用现代农业设施和数字化、信息化、智能化装备，通过轻简化、规模化、标准化和清洁化现代农艺流程，生产安全、营养、生态和竞争力强、市场影响力大的名牌蔬菜。

综上所述，国家及省市各级政府均高度重视设施农业发展，制定现代农业发展战略，出台各种设施农业有关政策，促进农业生产方式的转变，适应农业供给侧结构性改革，为设施农业发展提供了重要保障。

（二）涉农行业环境要素

我国是农业大国，农业在国民经济发展中占有举足轻重的地位，改革开放以来，农业生产取得了举世瞩目的成就，但目前农业生产仍然面临着诸多挑战。尤其是当中国经济进入新常态时，农业面临的内外发展环境发生了深刻变化，农业生产面临诸多威胁，加快建设农业现代化更加迫切。我国现阶段农业生产面临着以下四大挑战。

1．农业资源偏紧和生态环境恶化的制约日益突出

多年来资源条件已经绷得很紧，农业水源污染、耕地数量与质量下降（我国耕地面积18.26亿亩，人均不足1.4亩，仅为世界平均水平的40%）、地下水超采等问题日益凸显；特别是温饱问题解决后，社会公众对生态环境和农产品质量安全要求更高，农业生产面临可持续发展的威胁，迫切需要加快转变农业发展方式。如图8-1～图8-3、表8-1、表8-2所示。

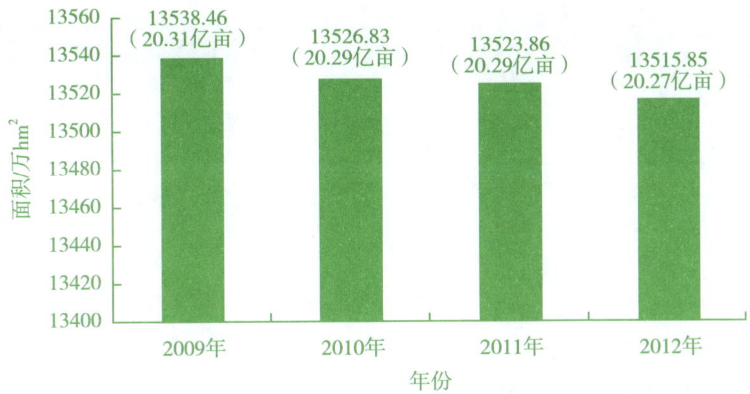

图8-1　2009—2012年全国耕地面积变化情况

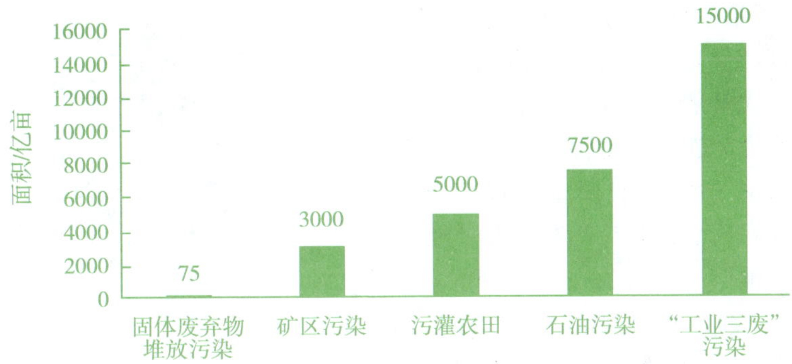

图8-2　我国耕地污染类型及数量

表8-1　全国耕地质量等级面积比例及主要分布区域

耕地质量等级	面积/亿亩	比例/%	主要分布区域
一等地	0.92	5.1	东北区、黄淮海区、长江中下游区、西南区
二等地	1.43	7.8	东北区、黄淮海区、长江中下游区、西南区、甘新区
三等地	2.63	14.4	东北区、黄淮海区、长江中下游区、西南区
四等地	3.04	16.7	东北区、黄淮海区、长江中下游区、西南区
五等地	2.89	15.8	长江中下游区、黄淮海区、东北区、西南区
六等地	2.25	12.3	西南区、长江中下游区、黄淮海区、东北区、内蒙古及长城沿线区
七等地	1.89	10.3	西南区、长江中下游区、黄淮海区、甘新区、内蒙古及长城沿线区

续表

耕地质量等级	面积/亿亩	比例/%	主要分布区域
八等地	1.39	7.6	黄土高原区、长江中下游区、西南区、内蒙古及长城沿线区
九等地	1.06	5.8	黄土高原区、内蒙古及长城沿线区、长江中下游区、华南区、西南区
十等地	0.76	4.2	黄土高原区、内蒙古及长城沿线区、黄淮海区、华南区、长江中下游区
合计	18.26	100.0	—

注：青藏区耕地面积较小，耕地质量等级主要分布在七至九等，占青藏区耕地面积的79.1%。

如图8-3所示，评价为一至三等这部分耕地基础地力较高，基本不存在障碍因素，应按照用养结合方式开展农业生产，确保耕地质量稳中有升。评价为四至六等这部分耕地所处环境气候条件基本适宜，农田基础设施条件较好，障碍因素不明显，是今后粮食增产的重点区域和重要突破口。评价为七至十等的耕地面积为5.10亿亩，约占耕地总面积的28%。这部分耕地基础地力相对较差，生产障碍因素突出，短时间内较难得到根本改善，应持续开展农田基础设施和耕地内在质量建设。

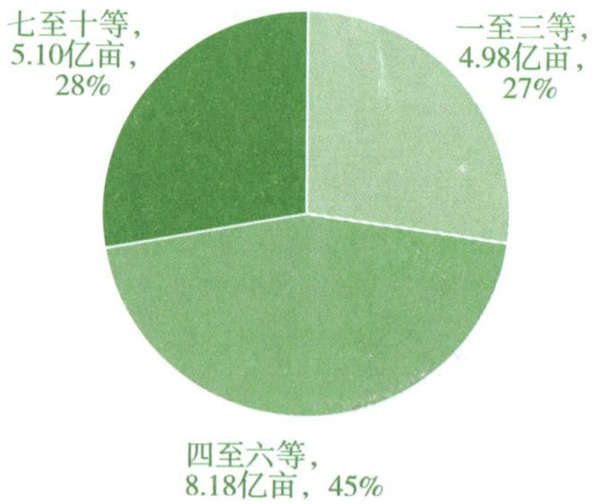

图8-3　全国耕地质量总体评价情况

表8-2　2015年我国农业生产化肥农药使用情况

项目	用量/万t	占世界用量/%	利用率/%	美国利用率/%	欧洲利用率/%
全国农业化肥施用量	8452	35	35.2	50	65
全国农药使用量	38	14.3	36.6	55	60

2014年，全国地表水国控断面中，9.2%为劣Ⅴ类水质，基本丧失水体使用功能；24.6%的重点湖泊呈富营养状态，不少流经城镇的河流沟渠黑臭，近海海域污染不容乐观。农业源、生活源上升为主要水污染排放源。其中，农业面源污染已成为全国化学需氧量最大的排放源，约占排放总量的48%；氨氮排放量仅次于生活源，约占排放总量的

31.7%，未被利用的氮肥、农药，一部分会残留在地表、土壤、农作物表面，还有更大一部分则会随着雨水、灌溉进入周边水体，造成污染。

农村劳动力结构变化的挑战日益突出，农村劳动力大量转移，农村劳动力素质出现结构性下降，农业兼业化、农民老龄化、农村空心化问题突出，今后“谁来种地”“如何种地”的问题日益突出，如图8-4、图8-5所示。

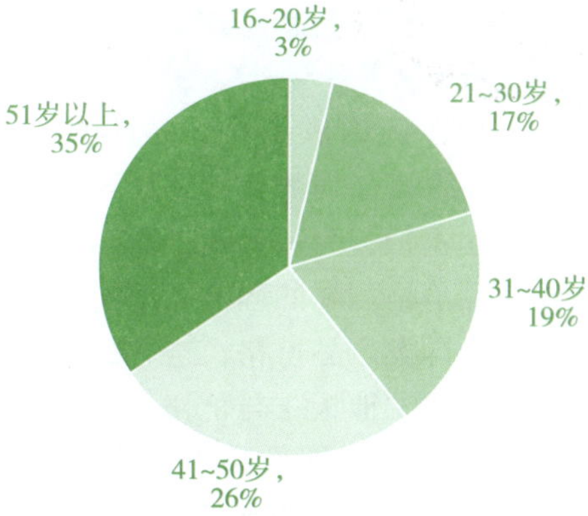

图8-4　我国农业劳动力的年龄结构

2. 农业生产结构失衡的问题日益突出，区域布局与资源禀赋条件不尽匹配

近年来，我国农业生产要素综合配置效率并没有明显提升，总体甚至呈下降趋势。由于生产要素重新配置受阻，农业增产只能长期拼资源、拼消耗，一些地方耕地粗放经营甚至撂荒现象不断加剧，农业质量、效益和竞争力难以大幅提高，农业生产结构失衡，区域布局与资源禀赋条件不匹配等问题凸显。

农业政策和资源要素投入主要集中在农业生产环节，对产前产后环节投入不够，农业科研、生产、加工、流通等产业链环节之间耦合性差，协同效应不强，导致了生产与消费的匹配性差。频繁发生的食品安全危机，导致人们对于“舌尖上的安全”十分关注，越来越多的人更加重视农产品的安全性了。除此之外，市场对于农产品需求呈现出多元化、高质量和品牌化趋势。在我国已经解决温饱问题的情况下，人们更加注重的是品质和健康，总之，农产品的整体质量还难以满足国民消费需求和国际竞争需要。

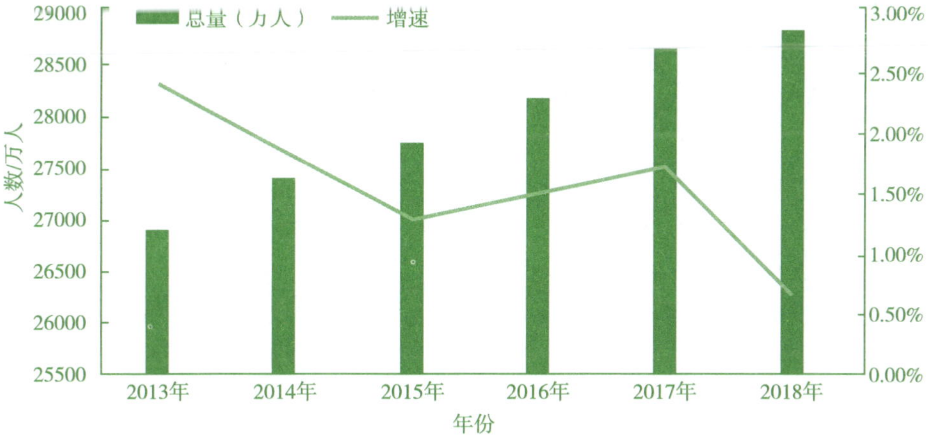

图8-5　我国外出农民工数量统计

3．农业比较效益低与国内外农产品价格倒挂的矛盾日益突出

一方面，国内农业生产成本持续上涨，农产品价格却弱势运行，导致农业比较效益持续走低；另一方面，国际市场、大宗农产品价格下降的程度已不同程度低于我国国内同类产品价格，这导致进口持续增加，成本“地板”与价格“天花板”给我国农业持续发展带来双重挤压。“地板”抬升，“天花板”下压使得农业生产空间越来越小。“双灯限行”，资源环境压力和农业补贴“黄箱”政策空间紧缩，使我国农产品安全供给和国外农产品的廉价优质形成强势竞争态势，使我国农业面临前所未有的新挑战，如图8-6所示。

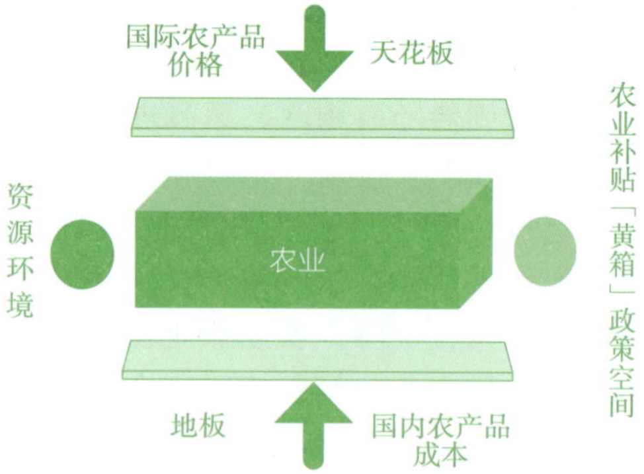

图8-6 “两板挤压”、“双灯限行”示意图

总之，农业的生产正面临着巨大的挑战和压力，上述问题都不是短暂现象，是带有明显的阶段性特征的。这都倒逼着农业必须“调结构、转方式”。

（三）社会、经济、产业基础环境

1．经济基础环境

2016年邢台市居民人均可支配收入达16320元，同比增加1535元，增长10.4%，增速高于全省平均，居全省各市第三位。其中，城镇居民人均可支配收入为23913元，同比增加2018元，增长9.2%；农村居民人均可支配收入为10006元，同比增加854元，增长9.3%。城乡居民收入均保持了稳步增长态势，而且农村居民收入与城镇居民收入的差距进一步缩小。

2016年，南和县实现生产总值56.8亿元，比2015年增长7.8%，比2010年翻了一番（图8-7）；固定资产投资60.6亿元，比2014年增长14.9%，是2010年的2.4倍；全部财政收入5亿元，比2014年增长14.4%，是2010的近3倍；城镇居民人均可支配收入22452元，比2014年增长10.2%；农村居民人均可支配收入11030元，比2014年增长11%；全市排名15，2015年三次产业结构为35.7：28.9：35.4（全国三产结构，第一产业占到10.1%，而发达国家美国只占到1.2%）。

南和县经济发展水平在邢台市处于中等水平。总体经济特征为第一产业比例较大，是典型的农业大县，从世界发达国家发展趋势及产业结构演进的规律来看，应对农业产业进行升级与结构调整，南和县的经济结构由第一产业占优势比例逐级向第二、第三产业占优势比例演进，达到“321”结构。南和县政府积极发展休闲农业与农产品加工业，增加第二、第三产业的产值比例，调整三产结构，增加农民收入，引导农民脱贫致富（图8-8）。

南和县历来是传统农业县，历史上有“不求天”和“畿南粮仓”之称，也是国家商

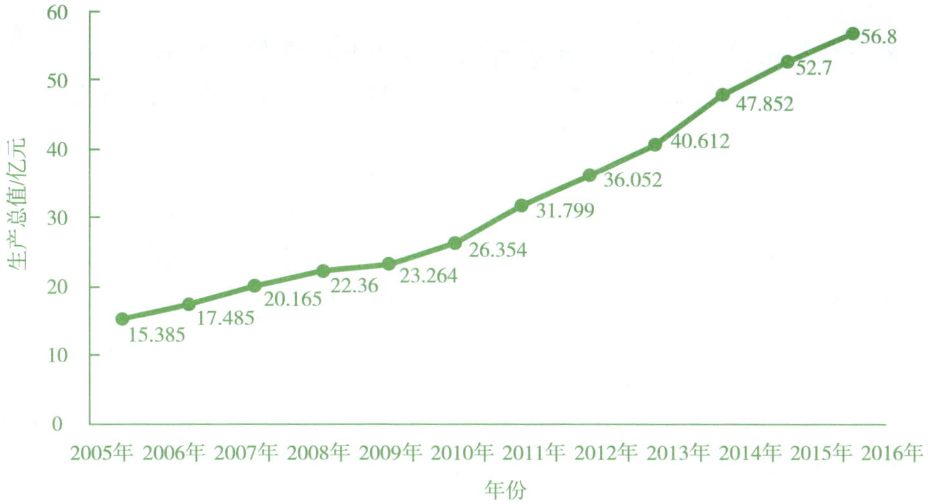

图8-7　南和县历年国民经济生产总值GDP

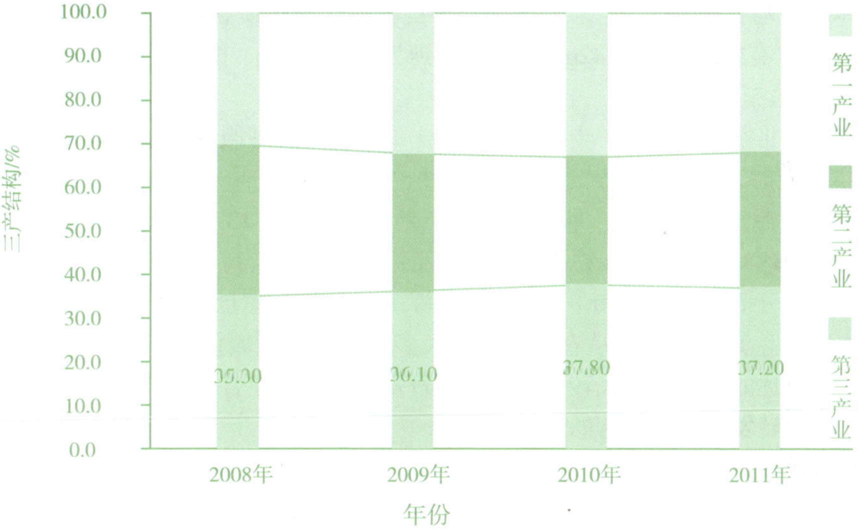

图8-8　近年南和县三产结构变化图

品粮基地、冀南蔬菜产销基地、苗木培育基地、农产品深加工基地。蔬菜种植面积9.3万亩，其中设施蔬菜3.5万亩，年产量39万t，年产值6.2亿元。南和县是河北省35个蔬菜生产重点县和15个省级蔬菜产业示范县之一，是河北省南部著名的番茄出口生产基地，具有良好的果菜生产产业基础。

2. 自然条件

自然气候：南和县属大陆性季风气候。年日照时间为2377.2h，年平均气温为13.0℃，≥10℃有效积温为4435.3℃，无霜期为210d，历年最高气温为41.7℃，历年最低气温为-21.9℃。历年平均降水量为489.1mm。

水利水文：南和县县内河流属子牙河水系，境内有四条河：顺水河（七里河）、南澧河、沙铭河、留垒河，均为季节性河流。顺水河干涸，排放污水；南澧河雨季有少量水，排放污水；沙铭河枯竭；留垒河正常流水2～3个月，属于引黄工程的一部分。计划开展引黄灌溉工程项目。工程建成后，可控制灌溉面积4万亩，配套建设田间高标准管道70km。

地形地貌：南和县属太行山前平原，素有“六洼二堤一沙地”之称，地势平坦，地形西高东低，由西南向东北倾斜。海拔为30.5～50.8m，坡降1：2500。由于流经县内河流的堆积、改道与决口，形成了大小不同的洼地、岗地、二坡地、沙丘、平铺沙地等微小地貌单元。

土壤条件：南和县土壤类型主要是潮土、风沙土，以潮土为主；土壤质地主要以轻壤土、沙壤土、黏质壤土、砂土为主，耕地土壤质地适中，土体结构良好，土壤肥沃。有效土体厚度均在150cm以上，土壤养分含量较高，有机质含量为15.8g/kg，全氮含量为0.0081g/kg，有效磷大于19.42mg/kg，速效钾为94.76mg/kg，微量元素较好。

3. 土地政策

2013年河北省邢台市进一步加强了农村土地流转的管理服务，使土地流转面积增至152.8万亩，同时，邢台市加大了政策、项目、资金、科技倾斜力度，着力培育农业规模经营主体。截至2012年底，邢台市农村土地流转面积达137.2万亩，流转率为15%，规模经营面积达87.9万亩。从效益看，规模经营户粮棉产量高于分散户经营平均产量，总纯效益高于分散经营效益10%。经调研分析，邢台市推进土地流转发展规模经营的时机点基本成熟，其主要标志是农村青壮年大多数已转移到城镇或其他非农行业；部分二三产业较发达的乡村，农民转包土地意愿较强；农民专业合作组织发展迅速，多数具备受让土地流转发展规模经营的能力和实力。

2013年该市土地流转比例增长1.7个百分点，达到16.7%，土地流转面积达到152.8万亩。为此，继续加强农村土地流转的管理和服务，加强农村土地流转的管理和服务，规范土地流转行为，强化流转合同及档案管理。充分发挥县、乡、村三级土地流转服务机构的作用，凡是规模流转的必须签订规范的制式合同，力争实现县、乡、村三级联网，并实现信息化管理。

邢台市积极开展农村土地承包经营权登记试点工作，狠抓土地流转服务机构建设和规范管理，着力抓好典型示范带动作用，强化园区项目建设，通过土地置换、出租、入股等方式，使土地经营由分散改为集中，最大限度地盘活了土地资源，在转变经营方式上解决了土地经营的根本问题，以推进产业化和龙头企业为抓手，解决了土地流转中存在的困难。要严格按照有关要求，深入开展好农村土地流转工作，提升土地经营管理水平，促进农村经济的发展，使土地发挥最大作用。

4. 社会需求

目前，我国传统蔬菜种植已经难以满足人们对蔬菜的需求，粗放型、小规模的设施农业已处于发展的瓶颈时期。在露地蔬菜无法完全满足市民的正常消费需求的同时，我国现有寿光模式（日光温室）的生产也出现了前所未有的危机。相较于此，在国际上已经有近百年发展史的荷兰高效集约化栽培模式显露出无可比拟的优势。

发展高效集约化设施农业是我国农业农村经济发展新阶段的客观需求，也是加快农业结构调整，促进转型升级和发展低碳农业的必然选择，更是克服资源和市场制约、应对市场竞争、促进农业增效和新型农民增收的重要途径。我国高端设施农业的集群化发展，已成为国家或地区的农业科技进步、土地利用率、劳动效率提高的必然趋势。

二、发展契机

（一）市场契机

京津冀一体化的产业背景下，为河北省邢台市发展设施农业产业集群提供了市场需求。

2015年4月中共中央政治局审议通过的《京津冀协同发展规划纲要》明确指出协同发展，资源组合，进行产业转型升级。河北省同时承接北京“后花园”、京津冀农产品供应基地、物流交通枢纽的重要节点。

2015年中央一号文件《关于加大改革创新力度加快农业现代化建设的若干意见》鼓励大中城市果菜就近供应，并再次强调了加快转变农业的发展方式，鼓励发展现代种养业、农产品加工流通和农业社会化服务。

根据前期项目调研，北京市蔬菜供应中，70%来自山东、河南，京津冀地区供给仅占10%。北京市常住人口和常驻外来人口均呈递增趋势（表8-3）。2014年末，全市常住人口为2151.6万人，人均日消耗蔬菜量0.7kg，年消耗蔬菜总量为542万t，市场容量极大。涿州设施农业集聚群，每年将为北京提供为5万t优质果菜。

表8-3 2011—2014年北京市人口统计一览表　　单位：万人

年份	常住人口	常住外来人口	城镇人口	乡村人口
2011	2018.6	742.2	1740.7	277.9
2012	2069.3	773.8	1783.7	285.6
2013	2114.8	802.7	1825.1	289.7
2014	2151.6	818.7	1859.0	292.6

注：该表摘自北京统计信息网报表汇总。

（二）科技支撑，项目推动契机

1. 创建果菜和种苗产业发展模式

将南和县建设成优良品种、生产技术、物流及加工体系的国际标兵，实现果菜生产机械化及其育苗的自动化，并带动周边地区现代果蔬产业和数字化物流产业的发展。积极推广应用节本增效和资源节约型技术，延长产业链，促进农产品的转化增值，提高单位面积生产的综合效益，从而带动区域产业发展。

2. 汇聚全球设施农业顶端高新技术和设施设备

融合国内外的顶级专家和行业精英。全面贯彻现代农业的标准，引进先进的生产理念，改进周边地区农业产业结构和种植方式，加强水土保持、环境保护观念。融入高新科学技术使种植区起到良好的生态农业示范作用。水的利用系数要由目前的0.4达到0.7，且高效栽培果菜类产量是常规日光温室产量的5～8倍，大大提高了土地利用率。

3. 汇聚农业园区，建立行业标准

南和县参照欧盟良好农业认证标准模式制定了统一的技术标准和管理标准，把分散的生产园区组织起来，从而确保了食品安全。通过物流中心形成极具市场竞争的规模效益和品牌效应。在国外，这已经变成一件很普遍的做法，但我国在农业标准化方面的发展与推进还十分缓慢。这将成为制约我国农业进入世界市场的重要障碍。要把工业上的全面质量管理思想引用到农业生产过程中，进行全过程的质量管理和标准化管理，实现真正的农业产业化，打造果菜生产产业链条的基础环节。

（三）农用工业转型契机

工业基础良好，农用工业发展潜力很大。南和县以钢制品及装备制造产业、农副产品深加工产业、玻璃产业为主导产业。钢制品及装备制造产业产品涉及仪表、仪器、重型机械构件、轧辊、轧板、制钉、制管、标准件、钢构汽车配件、机械制造、五金工具等多个行业；农副产品深加工主要包括食品、油脂、板材等行业，较大企业有燕京啤酒、金沙河面业、谷馨坊食品以及国玉食品等；玻璃产业主要有玻璃建材工业园，截至2010年入驻工业园的玻璃生产及玻璃深加工企业有10家，可实现年产各类建材玻璃2500万重量箱。2013年平板玻璃9287.9万重量箱，比2008年增长33.0%。

另外，以河北内丘工业园区尤为瞩目。南园即官庄大孟工业园，有煤化工和生物制药产业相关建滔（河北）焦化公司、建滔（河北）化工公司、河北英都气化工公司、河北恒祥扁鹊制药公司等十几家企业。中园即龙海工业园，规划面积2.25km^2，主要产业为钢及钢制品，入驻河北钢铁集团龙海钢铁公司、邢台龙海线材有限公司、邢台龙海钢铁集团发电有限公司等企业，累计投资63亿元。北园即清修岗工业园，规划面积3.12km^2，主要产业为新型化工、光伏和装备制造等。入驻企业包括中国昊华集团恒源化工分公司、河北联立硅业公司、河北三翰化工公司、邢台高利节能保温材料有限责任公司、邢台市军凯重型机械设备制造有限公司等20多家，累计投资25亿元。

三、发展进程

（一）规划方案

南和县现代设施农业产业集群是在接近设施果菜生产基地的区域范围内，同处或相关于设施农业产业领域的大量涉农物资企业和关联支撑机构，由于具有共性或互补性而相对集中在一起，从而形成的一个有机群体。农业产业集群主要涵盖果菜生产、果菜采后包装物流销售和农资交易三大板块（图8-9、图8-10）。三者相互独立又相互联系，按照区域化布局、产业化经营、专业化生产的要求，各自发挥优势，在地域和空间上形成了高度集聚的集合，共同实现了集聚效应和品牌效应，大大提升了经济效益。

1. 生产区

主要包括工厂化育苗、核心种植、农艺高科展示三大板块。工厂化育苗区主要生产外销的穴盘苗和项目自用的岩棉块种苗；种植核心区以生产高产高效种植番茄、彩椒和黄瓜为根本；农艺高科主要展示最新的农艺科技和高新技术设施设备。

图8-9　蔬果菜综合服务图示

2. 采后包装仓储物流区

与生产区配套的采后包装仓储区域和物流交易中心。承担着附近大中城市的果菜安全监测追踪和果菜物流中枢枢纽。

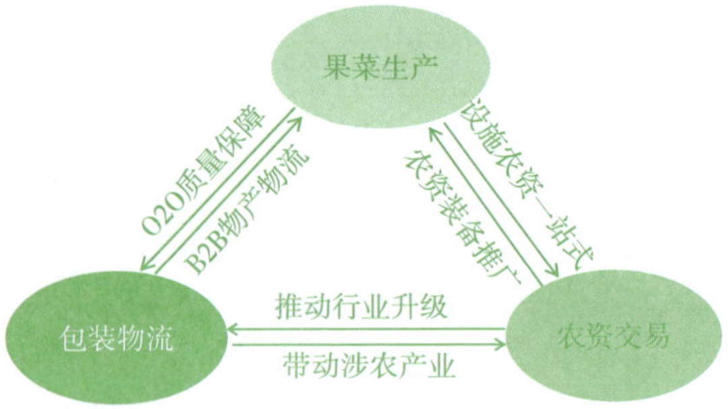

图8-10 果菜综合服务图示

3. 农资交易区

以生产区的供给消耗为引爆点，汇集全球最高新的农业投入品和高精尖设施设备及配套的农业技术服务体系，以此为交易内容，形成区域性的现代农资交易中心。

4. 综合服务区

承担配套的办公、雨水收集、废弃物处理等职能，有效管理项目地，为项目提供一个良好的环境，保障项目的生态、良性发展。

设施农业集聚群总占地140hm^2。其中，连栋温室建设102hm^2，设施农业高产高效果菜生产90hm^2，工厂化种苗生产10hm^2，农艺高科新品种新技术示范展示2hm^2；采后包装仓储物流区24hm^2，建设有冷库、仓库、包装车间等配套用房；农资交易区6hm^2，主要是交易大厅及商务洽谈区等；综合服务区占地8hm^2，主要包括办公室、能源房、废弃物处理、雨水收集系统等，如图8-11所示。

（二）建设实施现状

目前一期10hm^{2}高效生产型设施农业产业集群已经建成，工厂化育苗温室和包装、物流等相关配套设施正在按照计划施工。

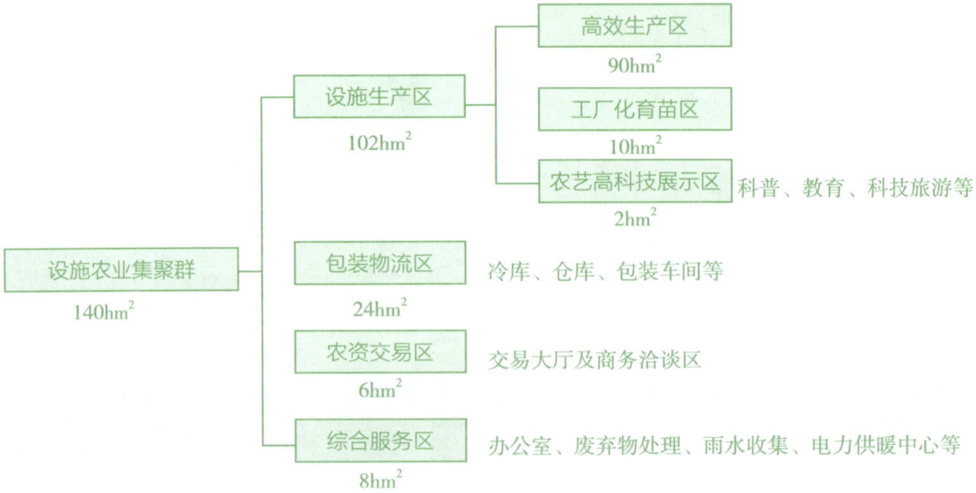

图8-11 设施农业产集聚群

1. 建设过程实景照片

建设实景照片如图8-12、图8-13所示。

图8-12 一期10hm²高效生产温室建设过程航拍图

（1）施工现场

（2）连廊骨架安装

（3）立面覆盖安装

（4）温室外道路建设

图8-13 邢台市南和县设施园艺产业集群建设过程

2. 建成投产运营实景照片

投产运营实景照片，如图8-14所示。

（1）自走式温室液压升降车（方位一）（2）自走式温室液压升降车（方位二） （3）滴箭

图8-14 建成投产运营实景照片

（三）发展目标

1. 形成果菜生产和农用工业生产为一体的交易中心，带动邢台地区农用工业产业的兴起

发展高效集约化设施农业集群，可以把分散的生产园区组织起来，从而确保食品安全，通过物流中心形成极具市场竞争的规模效益和品牌效应。把工业上的全面质量管理思想引用到农业生产过程，进行全过程的质量管理和标准化管理，实现真正的农业产业化，打造果菜生产产业链条的基础环节。除此之外，以现代化的高效生产产业集群为引爆点，汇集全球最高新的农业投入品和高精尖设施设备及配套的农业技术服务体系，以此为交易内容，带动涉农物资（钢材、玻璃）、设施设备等相关第二、第三产业发展，充分挖掘高新农业生产物资，尤其是先进的设施设备和农业投入品，成为了全国性设施农业涉农物资、设备集散中心。

2. 汇聚全球设施农业顶端高新技术和设施设备，融合国内外的顶级专家和行业精英，拟在中国建立现代农业科技硅谷

其一，生产优质净菜，为市民提供绿色优质果菜产品为根本。可形成“分散生产、集中加工、统一销售”的模式，保障果菜全程生产安全，保障安全果菜的有效供给。其二，建立行业标准，汇聚高新技术涉农企业，带动涉农物资、设施设备等相关第二、第三产业发展，成为全国性设施农业涉农物资、设备集散中心。

3. 示范带动产业标准化生产

项目建设充分发挥中国农业大学的技术人才优势，通过集成创新、示范效应和基地带动作用对外不断进行扩散和延伸，形成集空间扩展、技术研发推广和模式示范于一体、生态保护与功能性产品开发并行的产业集群体系。同时园区建成后，可为附近农户的果蔬新品种引进、新技术应用起到示范带动作用，为当地果菜产业化发展奠定基础。

4. 确保京津冀地区优质安全果菜供应

项目建设可确对保项目区及周边地区周年持续稳定供应优质果菜产品，在遇极端灾

害天气或交通问题情况下，可为大中城市市民及时提供新鲜优质果菜。不仅提供质与量的保障，也对保障菜价稳定具有积极作用，保障经济社会稳定，同时满足人们对产品的安全卫生、营养价值、新鲜保健以及优良的口感风味等更高层次的消费需求。

5. 促进农业结构优化和农业增收

项目采用先进、成熟的现代设施技术和生产技术，实行现代化、规范化的管理，以确保产品质量，降低成本，增强竞争力。本项目建成后可促进当地农业生产由从事低附加值的传统农业向高附加值的劳动密集型生产、由低技术含量的普通农业向技术密集型的优势农业、由无序分散经营向有序集约规模化生产的转变，合理利用资源，增强农民抵御风险的能力。同时，可以促进农业产业结构的优化升级，推动农业的多元化发展，带动当地社会经济发展，进而创建区域品牌，提升整体区域形象，扩大地区影响力。项目区建成后，通过对高科技农业展示，可以开展农民培训，提高农民对现代农业技术的利用能力和素质，增加农民就业机会，带动农民增收致富。

第二节 山东省寿光设施蔬菜产业集群

寿光是我国著名的“蔬菜之乡”，自20世纪80年代中期起，寿光设施蔬菜的种植规模就不断扩大，经过近20余年的发展，寿光的设施蔬菜产业已经形成了产业集群。目前，寿光作为中国乃至国际的设施蔬菜知名地标，影响力极为深远，寿光农业产业集群从产生、成长到成熟逐渐演进的发展过程是中国设施蔬菜产业集群的典型代表。

一、寿光蔬菜产业的起源与形成

（一）历史背景要素

20世纪70年代末，中国进入了改革开放和现代化建设的历史新时期，其中农村改革，土地经营权的变革和人民公社体制的变革进入一个历史转折点。

1978年11月，安徽省凤阳小岗村生产队18户农民出于“填饱肚子”的原始冲动，作出了大胆决定“分田单干，包产到户”的决定，签订了全国第一份包干合同书。

1978年12月18—22日，十一届三中全会召开。全会深入讨论了《中共中央关于加快农业发展若干问题的决定（草案）》和《农村人民公社工作条例（试行草案）》，并同意将这两个文件发到省、市、自治区讨论和试行。全会认为，目前全党必须集中精力把农业搞上去。这不仅是个经济问题，也是关系到我国政治形势稳定的问题。因此，必须首先在农村实行改革，推行联产计酬责任制，调动我国几亿农民的社会主义积极性，必须在经济上关心他们的物质利益，政治上保障他们的政治权利。在这个思想指导下，全会提出了当前加快发展农业的一系列政治措施和经济措施。

《十一届三中全会公报》指出，实现四个现代化，要求大幅度地提高生产力，也就必然要求多方面地改变同生产力发展不适应的生产关系和上层建筑……现在，我国经济管理体制的一个严重缺点是权力过于集中，应该大胆下放，让地方和工农业企业在国家统一计划的指导下有更多的经营管理自主权，应该着手大力精简各级经济行政机构，把它们的大部分职权转交给企业性的专业公司或联合公司，应该坚决实行按经济规律办事，重视价值规律的作用。认真解决党政企不分、以党代政、以政代企的现象。

1980年11月中央下发了文件对包产到户制度予以肯定。

1982年中央一号文件肯定了“双包”（包产到户、包干到户）制是社会主义农业经济的组成部分；1983年重庆开始城市经济体制综合改革试点；1989年7月1日《人民日报》发表关于党和国家领导制度的改革报道。

1982年中央1号文件：在社会主义工业、商业和集体农业占优势的情况下，土地集体所有（公有制）和在生产队领导下的“双包”不会脱离社会主义轨道，没有什么复辟资本主义的危险。

1985年国务院一号文件：从今年起，除个别品种，国家对农产品将取消统购统销实现合同订购和市场收购。

凤阳民谣“大包干，大包干，直来直去不拐弯，交够国家的，留足集体的，剩下都是自己的。”安徽凤阳粮食产量增长情况：1976年产粮0.77亿kg；1982年增至7.15亿kg；1957—1978年的22年中，小岗队未能向国家交售1斤①粮食，反吃了国家12.5万kg返销粮。1979年以来的两年半时间，这个队向国家交售了5万kg。

这样的历史背景条件，为寿光蔬菜产业提供了萌发的土壤。尤其是家庭联产承包责任制的实施，使寿光蔬菜产业的发展完全摆脱了政策的束缚。自20世纪80年代，改革开放带来的经济增长和人民消费水平的提高，使人们对蔬菜品种和质量的要求也不断提高，这促进了寿光蔬菜产业集群的进一步发展和扩张。

（二）产业自然要素

生产自然环境要素。寿光地处平原，属暖温带半湿润气候，中南部土地肥沃，地下水丰富，拥有良好的自然条件。

气候（1959—2001年）：寿光地处中纬度带，北濒渤海，属暖温带季风区大陆性气候。受冷暖气流的交替影响，形成了“春季干旱少雨，夏季炎热多雨，秋季爽凉有旱，冬季干冷少雪”的气候特点。

气温：寿光地区年平均气温为12.7℃，年最高气温为14.2℃，（1998年），年最低气

① 1斤=500g。

温为11.4℃（1969年）。月平均气温7月最高，为26.5℃；1月最低，为-3.1℃。月平均气温年较差为29.6℃。极端最高气温为41.0℃，出现在1968年6月11日；极端最低气温为-22.3℃，出现在1972年1月27日。春季温度回升较快，平均气温为12.9℃，月平均气温以3、4月回升最快，4月可升温7.7℃。夏季天气炎热，平均气温为22.0℃，日最高温度在35℃以上的时间平均每年有9.8d。秋季气温逐渐降低，平均气温为13.8℃，11月降温幅度最大，较10月降低7.9℃，有寒潮出现。冬季越来越暖，平均气温为-1.3℃，日气温低于-10.0℃的时间平均每年有14.6d。

降水：寿光地区历年平均降水量为593.8mm。最大为1286.7mm（1964年），最小为299.5mm（1981年）。季节降水高度集中于夏季（6、7、8月）。全年平均降水日数有73.7d（≥0.3mm为一降水日），7月最多，平均有13.6d；1月最少，平均有2.4d。

日照：寿光地区全年平均日照总时数2548.8h，日照百分率为57%。年平均日照最多为2827.4h（1968年），最少为2276.0h（1964年）。一年中以5月日照时数最多为270.6h，日照百分率为62%；12月最少为173.0h，日照百分率为58%。大于0℃期间的日照时数为2050.1h，占全年总日照时数的80%。大于10℃期间的日照时数为1548.4h，占总日照时数的61%。

太阳辐射：寿光地处中纬度，太阳辐射能比较丰富。历年平均太阳总辐射量为520kJ/cm^2，5、6月最多，为63kJ/cm^2；12月最少，为23.8kJ/cm^2。

积温：寿光地区指标温度0℃的年平均积温为4799.9℃，80%保证率积温为4564.7℃。指标温度10℃的年平均积温为4303.8℃，80%保证率积温为4167.7℃。指标温度15℃的年平均积温为3685.4℃，80%保证率积温为3487.6℃。指标温度20℃的年平均积温为2665.9℃，80%保证率积温为2444.1℃。

蒸发：寿光地区年平均蒸发量为1834.0mm，最大年为2531.8mm，最少年为1453.5mm。年内蒸发变率较大，3—5月占全年蒸发总量的30%~35%，6—9月占45%~50%，10月至翌年2月仅占20%左右。

湿度：寿光地区年平均相对湿度为66%，月平均相对湿度以8月最高，为81%；3、4月最低，为57%。

风向、风速：寿光地区全年主导风向为南偏东南风，出现频率为10%。冬春季盛行西偏西北风，夏秋两季盛行南偏东南风。年平均风速为3.1m/s，4月最大，平均为3.9m/s；8月最小，平均为2.4m/s。最大风速为23.0m/s，出现在1984年3月20日。

地面温度：寿光地区年平均地面温度为14.9℃。12月至翌年2月，月平均地面温度在0℃以下，以1月最低，为-2.7℃；7月最高，为29.9℃。4—10月各月平均地面温度都在平均值以上。历年平均最高地面温度为30.7℃，最低为6.1℃。地面极端最高温度为68.5℃（1992年7月18日），极端最低为-29.4℃（1972年1月27日）。

地中（0~20cm）温度（简称地温）：寿光地区土壤浅层地温变化与气温变化大致相似。其特点是：各月地温均比气温高，深度越浅地温变幅越大，地温较气温有明显的滞后性。冬季0℃以下开始封冻，3、4月地温迅速回升，7、8月地温最高，从10月开始又急剧下降。寿光4—5月为春播期，主要利用5和10cm地温。

冻土：出现在10月至翌年4月。冻土初日平均在11月18日，最早在10月29日，最晚在12月13日。冻土终日平均在3月15日，最早在2月18日，最晚在4月9日。地中10cm深土壤冻结初日平均在12月15日，最早在11月8日（1981年），最晚在1月15日（2001年）；平均解冻日期在2月24日，最早在2月5日（1978年），最晚在3月14日（1969年）；历年平均最大冻土深度32cm，最大冻土深度57cm（1984年2月10日—11日）；历年连续最长冻土日数为87d，出现在1967—1968年间。地中30cm深土壤冻结初日平均在1月20日，最早在12月24日，最晚在2月5日；平均解冻日期在2月5日，最早在1月5日，最晚在3月11日；历年连续最长冻土日数为72d。

（三）生产人文要素

20世纪80年代末，北方大中城市的领导们一入冬便为市民的“菜篮子”发愁。在经历粮食、果树种植收效甚微后，寿光市孙家寨镇三元朱村党支部书记王乐义远赴东北学习大棚技术，在推广大棚蔬菜种植过程中克服各种困难、力排阻碍，改变了中国北方冬季无法种植蔬菜的历史。

1989年，王乐义顶着重重压力，冒着极大的风险带领村民建起了17个冬暖式蔬菜大棚，取得了惊人的经济效益，在冰天雪地里种出了五颜六色的反季节蔬菜。鲜嫩的黄瓜、番茄、青椒等走上居民的冬季餐桌。这项技术创新，不但改写了我国北方城乡居民冬季食用蔬菜品种单一的历史，也是我国蔬菜生产方式上的一次革命，掀起了一场蔬菜反季节种植的技术革命，结束了北方寒冷冬天不能生产蔬菜的历史。冬暖式蔬菜大棚生产技术在寿光得到了迅速推广和发展，寿光蔬菜种植也由季节性露天生产发展到“四季常青，四季有菜”的新局面。

（四）寿光蔬菜产业集群的形成

1979—1983 年（20 世纪70年代末至80年代中期），改革开放的推动作用促进了寿光蔬菜产业的兴起。在十一届三中全会以前，寿光农民只能在自留地和自家庭院中种植蔬菜。到 1978 年，寿光地区农作物种植面积大约为0.5万hm^2，产量不足1亿kg，而且品种非常单一，主要是大白菜、萝卜和大葱等，以地产地销为主，效益比较低下。十一届三中全会以后，家庭联产承包责任制在寿光开始实施，这在很大程度上解放了农村生产力，农民对农业生产具有了更大的自主权，这大大调动了农民进行蔬菜种植的积极性。人们开始打破单一的粮食种植结构，发展蔬菜种植，蔬菜的种植面积迅速扩大。1983年寿光市人均收入达到300多元，粮食和经济作物的种植结构由7：3调整到6：4。蔬菜品种也由原来的大白菜、萝卜、大葱等十几个品种发展到三十几个品种，这成为寿光蔬菜产业发展过程中一个重要的里程碑。

由于市场发育的滞后，流通不畅以及蔬菜深加工能力薄弱，农产品基本都以初级产品的状态出售。随着农村生产力的发展和种植面积的增加，产与销之间的矛盾日益严重，出现大量蔬菜滞销的现象。为了避免此类“菜贱伤农”事件的发生，寿光市当时的领导决心搞活蔬菜流通市场，在1984年3月1日在九巷村正式成立了寿光蔬菜批发市场。寿光蔬菜批发市场的建立成功地解决了当地蔬菜的销售问题，并且进一步推动了寿光蔬菜产业的发展，形成了基地带农户、蔬菜市场带基地的发展模式。寿光蔬菜批发市场的年交易量和交易额也在逐步攀升，从1984年的1.57亿kg和5509 万元的年销售额增长到了1988年的5.54亿kg和32148万元的年销售额。寿光蔬菜产业的发展反过来又有效地促进了寿光蔬菜批发市场规模的迅速扩大，市场带动型的蔬菜产业集群已经初步形成。

1989—1997年，科技创新使寿光蔬菜产业集群进入发展、扩张阶段。1990 年，全市冬暖式大棚发展到了5000个，1992年发展到7.5万个。到了1995年全市蔬菜的种植发展到50多万亩，其中冬暖式的大棚将近20万个，年总产量达到20亿kg，总收入超过17亿元。寿光常年有4000多名蔬菜种植技术员奔赴于全国各地指导蔬菜种植技术，使蔬菜大棚生产技术发展到周围市县以及青海、新疆、甘肃等全国20多个省、市及自治区。同时，蔬菜品种的结构也不断实现了产业优化升级，各种精细、稀有菜的种植面积不断增大。这带动了寿光农业生产资料生产企业、蔬菜加工企业和各种科研培训机构的发展。在这一阶段，寿光先后建立了各类大型专业市场三十几处，农产品加工龙头企业40 多家。农药、农膜、化肥、种子等农业生产资料企业也纷纷成立。例如，山东寿光双星农药厂、瑞士先正达种子公司、山东福瑞化工集团、寿光市农友种苗公司等都是在这已发展阶段成立起来的。中国农科院、山东农业大学等在寿光设立了科研机构并进行新品种和新技术的研发试验，并且在1996年研发了微机控制的高标准大棚。

随着农业产业集群中的各微观主体的不断增加和扩张，寿光蔬菜产业集群的大体轮廓已经基本形成。从 1995 年开始，我国先后建成并开通了寿光至北京、上海等地的多条“绿色通道”，寿光地区与国内300多个城市建立了产销网络。

二、产业发展与现状

（一）发展机遇

寿光蔬菜产业集群的形成和发展，与外部环境影响的是分不开的。最初是由于十一届三中全会以后，国家开始实行家庭联产承包责任制，鼓励多样化经营。农民拥有了农业生产更大的自主权，并逐渐开始改变先前单一的粮食种植结构。因为寿光蔬菜种植历史悠久，蔬菜生产的自然条件优越，所以寿光地区开始不断扩大蔬菜生产，蔬菜产业集群逐渐开始形成。此后，随着我国经济迅猛发展以及人民收入的提高，尤其是城市居民消费水平的不断提高，对蔬菜品种要求更多样化，对蔬菜质量的要求也在不断提高，这刺激了寿光蔬菜产业集群的进一步发展和扩大。后来，改革开放和科教兴国战略的实施，为寿光的蔬菜产业走出国门、开创国际市场创造了有利的条件，而且也为寿光蔬菜栽培技术的创新、种子的改良以及生产设施设备的更新提供了保障和条件。

近十年，山东构建了以批发市场为主、集贸市场为辅、产销紧密衔接的蔬菜销售网络。所产蔬菜的70%，就是通过500多处专业批发市场销往省外的。寿光蔬菜批发市场作为全国最大的蔬菜集散地，年交易量280万t，已成为全国的蔬菜集散中心、价格形成中心、信息传播中心。为使北京市民的菜篮子不受波动影响，公安部专门给寿光的运菜车辆颁发了“绿色通行证”。

目前，寿光与10多个国家以及国内300多个城市建立了产销网络，仅北京对寿光蔬菜年需求量就达到了20亿kg，占北京市民年蔬菜总需求量的1/4。寿光还建有全国最大的蔬菜集散、配送中心和蔬菜生产基地，而且还先后开通了从寿光到北京、上海、南京、新疆、内蒙古、海南等地的多条“绿色通道”。所以寿光蔬菜产量的不断增加既能满足国内市场和国外市场对蔬菜的需求，也是满足当地蔬菜加工企业需求量的关键。

（二）发展现状

寿光蔬菜产业驰名中外，是我国冬暖式大棚种植的发祥地。寿光地区是著名的中国“蔬菜之乡”。目前全市蔬菜种植面积约为5.7万hm^2。其中保护地蔬菜栽培面积约为3.7万hm^2，全市无公害农产品基地 4.3万hm^2。种植着国内外1400多个蔬菜品种。年产蔬菜产量超过40亿kg，收入超过40亿元。有“乐义”蔬菜等23种农产品注册了商标，有20类100个蔬菜品种获得了国家绿色食品发展中心颁发的“绿色证书”。有机食品基地3处，面积达到153hm^2，共有62个产品。现在全市农贸批发市场发展到26处，集贸市场186处。建设的农产品超市、连锁店已超过100家，发展蔬菜经营公司逾400家，蔬菜运销专业户、经纪公司等中介组织1.7万个。与全国逾 200 个大中城市农产品市场及国家机关、大型企业开展了直供直销、连锁经营、配送业务，产品销往国外逾10个国家和地区。到目前为止，寿光地区止已成功举办了20届中国（寿光）国际蔬菜科技博览会，已发展成为我国为数不多的农业产业集群之一。

寿光蔬菜种植区域的结构分布。由于存在竞争优势的原因，寿光蔬菜的生产主要集聚在寿光市南部的乡镇，而蔬菜的集聚种植所产生的规模经济效应、正外部性以及技术溢出效应又有力地促进了蔬菜集聚种植规模的进一步扩大。现在，寿光南部有 26 处乡镇被定为蔬菜的生产基地。根据自然条件、历史、技术等各个因素的差异，寿光建立起了不同的瓜菜专业生产基地，如大棚、大路菜生产基地、阳畦菜生产基地、稀有菜生产基地等。现在，寿光地区基本上实现了“一乡一品”，如古城镇的番茄生产基地、化龙镇的胡萝卜生产基地、纪台镇的辣椒生产基地、文家街道的韭菜生产基地等。

三、关联产业

山东寿光地处山东半岛中部，蔬菜种植历史悠久，是中国著名的“蔬菜之乡”。寿光凭借良好的区位、市场、技术创新及政府支持等优越的条件，以蔬菜产业为龙头，带动了良种产业、食品加工业、工物流产业等多个产业的发展；活跃了上游的化肥、农药、竹竿、竹器、钢筋、农膜生产资料市场，促进了餐饮、旅游等第三产业的发展。经过多年的发展，寿光地区已经形成了以蔬菜为集聚产业的产业集群，并在不断发展扩大，为其他地区农业产业集群的发展提供了借鉴和参考。因此，认真研究寿光蔬菜产业集群的形成和发展对我国农业产业集群的发展具有重要的指导意义。

1. 蔬菜加工企业

伴随着蔬菜种植面积和蔬菜产量的不断扩大，蔬菜深加工工业应运而生，从无到有，由小到大，逐步发展并且不断增强实力。尤其是以寿光蔬菜产业集团和山东赛维绿色科技有限公司为首的蔬菜深加工企业，在国际上取得了越来越大的影响力。寿光蔬菜走出国门，远销美国、日本、东南亚等国家和地区，使寿光蔬菜在国际上占领了一定的市场份额。中国山东寿光蔬菜产业集团成立于1998年，注册资本1.15亿元，总资产2.4亿元，是一家以蔬菜产业为主，多业并举，集蔬菜品牌营销、种苗研发推广、基地标准化与物流配送、加工出口、批发市场运营管理、新技术新产品研发推广、科技培训与信息服务于一体的企业集团。

2. 蔬菜产销批发市场

山东寿光蔬菜批发市场有限公司始建于1984年，公司的注册资本为1.1亿元，是银行系统“AAA”级信用企业，也是首批 151 家“农业产业化国家重点龙头企业”、“全国农副产品综合批发市场五十强”“全国蔬菜批发市场十强”“农业部首批定点鲜活农副产品中心批发市场”之一，是全国农产品市场协会常务理事单位。市场以规模大、档次高、品种全闻名全国。

3. 蔬菜拍卖市场

在信息化建设方面，建成了江北最大的蔬菜批发场，有先进的电子拍卖市场，全国首家网上蔬菜交易市场以及遍布城乡的蔬菜代购销售网络。国内第一家蔬菜电子拍卖市场在寿光成立，电子拍卖中心凭借其规格化包装、标准化重量、质量等级化和客户会员化以及交易电子化的五化模式引发了中国蔬菜流通史上的再一次革命。寿光市投资1500 多万元建立了一处大型的农副产品质量检测中心，每周定期对上市的蔬菜进行抽检，先进的市场检测手段保证了交易蔬菜的安全。

4. 蔬菜农资行业

寿光蔬菜龙头企业和农业生产资料企业的迅猛发展为寿光蔬菜产业集群提供了强有力的支撑，促进了产业集群更快、更好地发展。龙头企业作为蔬菜生产基地的下游企业，蔬菜生产基地为其提供了生产加工所需的原材料。农业生产资料企业、种苗公司、种子公司是蔬菜生产的上游企业，蔬菜生产基地和农户需要上游企业为其提供生产蔬菜所需的生产资料和种子。前寿光的蔬菜企业及相关的农业生产资料企业正在迅速发展，除了上述介绍的几个龙头企业以外，寿光地区还有很多知名的蔬菜加工和流通企业。寿光光大食品有限责任公司、山东联盟化工集团、山东自康塑料有限公司、山东寿光绿洲农化有限公司等企业的肥料、农膜等产品除了满足国内市场外，还远销往日本、美国、韩国、东南亚、欧洲等十几个国家和地区。

5. 人力资源及技术协调发展

寿光有大量的著名专家和蔬菜科技人员，寿光市与中国农业科学院、山东农业大学等46所省级以上科研单位和院校合作，成立了山东省蔬菜工程研究中心。潍坊科技学院立足寿光蔬菜产业发展需求，积极服务寿光经济社会发展、服务寿光菜农，解决种子问题的重大科研课题，是学院苗锦山博士历时11年的一项研究项目。成果顺利通过蔬菜新品种鉴定，推出了“潍科1号”和“潍科2号”两个大葱新品种，将有效地改变国外种子垄断中国市场的尴尬。技术引进和创新优势。先后从世界范围内引进蔬菜良种 2000 多个，经过试验，成功推广400多个。目前，全市共推广应用24类300多项国内外蔬菜生产新技术、1000 多个新品种和 30 多种新种植模式，科技对农业的贡献率达到 67%。2006年3月，寿光市农业局成立了农业信息服务中心，开通了远程的视频咨询服务系统，在寿光350个农资经营点建立了服务站，配置了电脑、网络摄像头、电话等设备，每天有2名专业的“蔬菜医生”在网上为农户提供远程作物病虫害的诊断和农业技术的指导服务，服务范围覆盖了全市600多个村，并延伸到周边十余个县市区，被当地农民形象地称为“科技眼”。全市还建设了30多处各类大型专业市场，培植了40多家农产品加工龙头企业，促进了与农业相关的主导产业的发展。

四、存在问题及发展战略

（一）资源环境受损问题

农业资源条件和生态环境这两道紧箍咒的约束日益变紧，使农产品成本“地板”和市场价格“天花板”的双重挤压日益严重。

1. 生产要素方面

虽然寿光地势平坦、种植面积大，但是人口众多，导致人均种植面积少，种植比较分散，各户都进行独立经营，很难形成规模效应。另外，因菜农的文化水平比较低，不能快速及时地获得最新的市场信息以及缺乏掌握和处理信息的能力，所以菜农对蔬菜产销趋势不能很好的预测，往往盲目地扩大蔬菜产量或者是只种植单一的蔬菜，导致了蔬菜结构比较单一，甚至有时候还会出现蔬菜过剩的现象。大多数菜农意识比较保守，没有长远的眼光，只注重眼前的利益，而忽视了长远利益。除了从事蔬菜种植的农户以外，科研人员比例、高学历人员比例偏低，特别是后继专业人才缺乏。

人力资本是产业集群发展的最有效的推动力，是企业在国际化进程中能否取得胜利的关键。近年来，寿光市虽然与山东农业大学、上海交大农学院、中科院蔬菜花卉研究所等科研院所建立了长期的合作关系，出台了一些相关的激励措施来吸引高素质专业人才，但始终是非常缺乏人才的。总结其中的原因可以概括为以下三点：第一，在山东众多高校的毕业生，基本都会选择青岛、烟台、济南、潍坊等经济发达地区而不倾向于去县级市的小城市就业。第二，寿光市在外就读的优秀学子很少回到原籍工作，更不愿意从事与农业相关性比较大的工作。由于知名高校多数都分布在经济发达的地区或省会城市，所以习惯了大城市生活节奏的当地学子，宁肯在大城市为找工作四处奔波，也不愿意回到家乡从事农业生产。第三，寿光市中小企业对外招的专科和本科生居多，很少招研究生。其中部分原因不是因为研究生不去，而是企业为了减少工资成本而取消研究生招聘计划，这也就造成了寿光一流人才的缺乏现状。根据调查数据显示，在人才分布层次上，2010年寿光高层次人才153名，占农村实用人才总数的0.07%；村级管理人才3791人，占1.93%；农村经营人才11782人，占5.8%；农村实用技术人才184710 人，占90.3%；其他农村实用人才4027人，占2.0%。

2. 相关产业和支持产业的表现方面

尽管寿光拥有一定数量的蔬菜生产、加工、储藏、配送及外贸的大企业，但是大多数中小型企业规模比较小。当地最著名的蔬菜龙头企业寿光蔬菜集团和寿光蔬菜加工有限公司的规模相对于别的产业集群中的龙头企业来说，规模也很小。集群中的龙头企业特别是技术水平高、加工能力强的蔬菜加工企业是集群利润的主要来源，其发展水平和层次体现了一个集群的发展程度。寿光蔬菜产业集群中的龙头企业主要以蔬菜流通为主，从事蔬菜加工的企业较少，而且规模都比较小，企业资产规模多数都在500万元～1000万元，其中规模最大的蔬菜加工企业注册资本也仅仅只有1.15亿元。蔬菜加工企业的加工以及生产技术普遍比较落后，而且有一部分加工企业基本上没有什么生产技术可言，只是对蔬菜进行最基本的分级、清洗、消毒、包装、配送，以生产冷冻蔬菜等中低档产品为主，基本上没有对菜品的精、深加工，产品的附加值较低。这也导致了其只能在较低的层次上竞争，竞争力很小。企业的技术创新能力弱，管理水平较低，科技人员和经营管理人才缺乏，不利于企业技术水平的进一步提高和长远发展。

3. 企业结构和战略方面

目前，蔬菜企业在产业结构方面存在的问题主要是产业链不完整、业内发展深度较浅、业间比例失衡、衔接不紧密等。农户小规模家庭式经营是寿光当前蔬菜种植的主要模式，蔬菜企业很少拥有自己的蔬菜种植基地，蔬菜生产基本上分散在千家万户。这种生产模式导致了蔬菜生产力低下并且使蔬菜的质量难以得到保证，与千变万化的市场之间缺乏必要的有效的连接载体。不少蔬菜产品产销脱节的现象比较突出，市场发展、社会化服务还不能适应蔬菜产业高效发展的需要。蔬菜销售困难及积压的现象比较普遍，个体蔬菜种植存在很大的市场风险，这也严重制约了山东寿光蔬菜产业结构的优化升级和协调发展，限制了蔬菜业集群的“关联”效应的发挥。

（二）劳动效率低下问题

社会结构变革、老龄化率的攀升、农村大量劳动力外出务工、产能过剩和环境人为污染等现状与趋势，为设施蔬菜产业的发展提出了新的问题和新的目标。蔬菜种植属于劳动密集型产业。目前，寿光蔬菜的种植和生产还主要以体力劳动为主，机械化程度不高。寿光的设施蔬菜比国外园艺发展水平较发达的国家起步晚，设施农业机械的发展也相对缓慢。因此，寿光地区在提高蔬菜种植、机械化生产水平上，可以借鉴国外的先进经验。例如，美国等国家对温室中作业机具进行了系统的开发、研究、推广和应用，从整地播种到收获和采后处理，几乎都实现了全面的机械化，部分作业还实现了自动化。因此，可以结合寿光地区的实际情况，引进先进的蔬菜农机器具，不断提高蔬菜生产的机械化水平，提高劳动生产率，把农户从繁重的体力劳动中逐渐解脱出来。另外，政府可以借鉴我国在小麦、玉米等农机购置上的补贴政策，对菜农购买设施蔬菜农机器具也给予一定补贴，这样会提高菜农购置农业机械的积极性。寿光地区的蔬菜种植设施和种植技术有所提升，但是在蔬菜生产、加工过程中的机械化水平较低。从事蔬菜种植的农民每天的劳动时间长、劳动强度大，再加上设施蔬菜需要特殊的生产环境，这使得菜农要长时间处于体力超支的劳动状态中，容易患各种职业病，如风湿、颈椎病、腰腿痛等，影响了农民正常生活，并导致菜农的身体水平和生活质量的下降。同时，这种种植管理的方式也增加了蔬菜生产的成本，降低了寿光蔬菜产业的竞争力。

（三）食品安全、产品竞争力不良

产业集群的空间集聚竞争力因寿光环境地域而不同。寿光虽然有众多的蔬菜生产加工企业，但是规模较小，运营模式落后。作为产业集群中的主导产业——蔬菜产业，蔬菜生产基地集聚竞争力明显，而与主导产业相关的生产加工企业、相关支撑机构的集聚力有待加强，企业之间缺少有效的合作。

产业集群中利益分配的合理公平与否不仅影响到各方的收入而且直接关系到集群的存亡。寿光蔬菜产业集群中实行的产业组织形式，大多只是松散的联合体，农户仍只享有出售原材料的收入，而未享受到农产品加工增值的利润。一些企业毁约损害菜农利益的事情时有发生。企业与菜农签订的合同中，对农产品的收购质量有明确的要求，而实际上能够达到该要求的产品很少，而一旦达不到该要求，企业就会以质量不过关为由压低农产品的价格，使农户遭受利益上的损失。当然也存在菜农为了自身利益而损害企业利益的事情。例如，在市场供不应求、市场价高于合同价时，部分菜农就会置合同契约于不顾，偷偷地将农产品拿到市场上高价售卖，使企业利益受损。

（四）发展战略

（1）适度规模的设施蔬菜产业集聚有三种规模经营形成 一是集体规模经营，二是以园艺场为主体的规模经营，三是以专业大户为主的规模经营。此外，采取土地股份制，由种菜个人承包，也是一种新形式。这有利于改变分散经营的形成，保证菜田设施建设的顺利进行。彻底改变了分散兼业经营的形式，大大提高了土地利用率和劳动生产率。崇明县规划落实新菜田，坚持农业种植集中成片，面积在1000亩以上，单个模块10hm^{2}以上。这有利于菜田设施建设的集中统一管理、统一规划，提高了资金的使用效率。这还有利于实施科技兴菜，迅速提高菜田生产水平，从而提高经济效益，如育苗工厂化、耕作机械化、排灌自动化、栽培保护化、商品包装化、运菜车辆化、管理企业化、产加销一体化、经营集约化等。

（2）设施类型高端智能规模化　连栋温室高产高效，相较于日光温室有着不可比拟的优势，是现代农业的重要标志，也是今后农业的发展战略。

①可优化生产环境和改善劳作措施，使作物的生长环境，工人生产操作环境优化。

②食品安全有保障：日光温室，环境相对较差，土壤污染情况严重，病虫害防治难以规范化，存在着极大的食品安全风险。连栋温室，环境调控有保障，采用有机基质培及配套技术措施，100%达到绿色标准，有效地保障了食品安全。

③生产效率高：连栋温室采用智能环境调控系统和数字化联动管理系统，配以植保智能管理和智能化用工管理系统，大大降低了单位生产用工等单位产量运营成本。

④节能高效：连栋温室产量是日光温室产量的6～8倍（以番茄为例），单位土地净产量是日光温室12～15倍。连栋温室高效生产的用水量是日光温室用水量的1/3。

连栋温室高效栽培的蔬菜采用绿色生产、洁净包装的工艺，完全能达到净菜上市的要求，蔬菜免洗，即取即食。

（3）智能精准生产标准　智能温室采用了温室智能化控制系统，在参数设定等方面请专业人员进行过现场指导，并有专门对示范园工作人员开展的专业技术培训。这对园区科技实力的提升和现代设施农业种植区的运行打下良好基础。利用计算机对植物生长发育的温度、湿度、光照、二氧化碳浓度以及营养液等环境条件进行自动控制，很好地达到了减少工作量以及使农作物优质、增产、增收的目的。

（4）标准实施，建立质量管理体系，形成行业标准　关键在于对生产过程的把控和检测，而不能仅限于对末端产品的检测。从生产环境监控、农业技术措施、病虫害预测、农药使用细则、质量溯源体系、质量检测体系6个方面入手，按照欧盟良好农业生产规范进行生产，充分利用黄板、黏虫带、防虫网及温室四段变温管理法等物理生物栽培措施，实现蔬菜的绿色生产。

第三节
西班牙阿尔梅里亚设施农业产业集群

一、西班牙地理位置和设施农业的基本情况

西班牙位于欧洲伊比利亚半岛，面积50.6万km^2。据2010年统计，西班牙全国人口4460万人，GDP为1604亿美元，人均GDP为35220美元；耕地面积1260万hm^2，农业人口占总人口的4%，农业增加值为481.2亿美元，占GDP的3.0%。主要农作物有葡萄、玉米、小麦、甘蔗、马铃薯和各类蔬菜。多年以来，橄榄树栽培面积和橄榄油产量位于世界第一，葡萄酒产量位居世界第二或第三。位于西班牙南部的安达卢西亚自治区（Andalucia）是西班牙现代农业发展的中心，南临大西洋、直布罗陀海峡和地中海，面积8.73万km^2，人口约700万人，是西班牙的第二大区。阿尔梅里亚省位于安达卢西亚自治区的东南部，是其所属的八个省之一，面积8774km^2，人口63.6万人。年平均温度在15℃以上，夏季温度达到40℃；气候干燥，从1976—2003年，平均年降雨量为300mm，近年来年降雨量均没有超过400mm。该省农业包括蔬菜、水果、油料、畜牧和水产业，农业增加值占当地GDP的24%，从事农业生产的人数约60000人，有13000多个种植户，农民人均收入达到18000~20000欧元/年。虽然阳光充足，气温较高，但气候干燥，且地貌大部为山区、丘陵和沿海滩涂，蔬菜和西甜瓜只能在温室中生产，设施农业成为了当地的支柱产业。阿尔梅里亚是提供欧洲其他地方冬、春季蔬菜和瓜果的主要生产基地，因此有欧洲“菜篮子”之称。

事实上，阿尔梅里亚地区原来曾是极度贫穷的地区，如今已转变为拥有14500hm^2的塑料温室群。这个地区生产欧洲最早的作物，其中一些在国内消费，其余出口。如今，9万人在阿尔梅里亚生活，由于温室分别由1.35万个小规模的农场经营，因此直接提供工作岗位4万多个。在设施农业带动下，阿尔梅利亚经济经历了西班牙近现代史上最快的增长。

1970年，西班牙只有300hm^2的塑料温室。大约30年后，温室面积已经增长到25000hm^2，平均每年设施面积增加约600hm^2。在1983，薄膜覆盖面积已经超过32800hm^2；到1987年，这个数字增长为53000hm^2，年均增长率为16%。几乎所有的棉花和瓜类都需要覆膜种植，其他作物，如芦笋，也需要覆土种植。

目前，该地区设施农业总规模已超过30000hm^2，其中番茄种植比例为40%。玻璃温室大约有100hm^2，主要用于育苗和科技展示，其余均为塑料钢架大棚（温室），集中分布在阿尔梅里亚沿海的西部一带，密度居世界第一。

温室设施类型：

①平面屋顶：屋顶为平面并用薄膜覆盖，其中有孔用于排出雨水，不具备通风设

施；高度为2m。

②斜面屋顶：由多个屋顶向两侧倾斜的大棚单元组成，高于平面屋顶温室，但两者使用的材料是相同的；高度：顶峰为3～4.2m，顶谷为2～2.8m。顶部通风。

③联栋拱形屋顶：屋顶为圆拱形。空间更加宽敞，微气候可控性更高；宽度为6.5～9m，高度为3.5～6m。

阿尔梅里亚蔬菜和西甜瓜年产量约300万t，是西班牙第一、世界第五生产地（世界前四位分别是中国、印度、美国和土耳其）。多年来，阿尔梅里亚的蔬菜产量超过西班牙全国的30%。近年来，西班牙已经成为世界上蔬菜和西甜瓜出口量最大的国家，排在其后的依次是荷兰、意大利、墨西哥、美国和中国。2007年至今，阿尔梅里亚每年出口130万t左右新鲜蔬菜和西甜瓜到欧盟、美国和加拿大等国家和地区。除番茄和甜瓜外，阿尔梅里亚的每一种蔬菜和西瓜的出口量都占全国的50%以上。当地的集约化农业衍生出了现代农业产业集群，涉及包括温室建设和维护、塑料薄膜、种子、种苗、包装品、农业化学投入品、生物农药、无土栽培基质、苗床、农业机械、农业灌溉系统、环境控制系统、质量检测和农药残留检测系统以及废弃物处理、金融服务、农产品物流、农产品储藏、农产品加工、运输和超市等各类企业250家，其中西部的大面积设施农业带分布约200家企业，吸收劳动力10000多名参与设施农业产前、产中和产后服务，年经济效益40亿欧元。

二、西班牙阿尔梅里亚设施农业的发展历程

（一）设施农业起步阶段

由于恶劣的自然环境，1954年以前阿尔梅利亚大部分地区都是旱作农业，主要种植谷物、林果（柑橘、橄榄和扁桃仁）以及放牧，只有非常少的灌溉农业。1954年，阿尔梅利亚引入了类似于中国甘肃、宁夏等省份压沙种植的技术。做法是先将土地平整好，铺上一层发酵好的肥料（60～100t/hm^2），最后铺上一层厚度10cm洗好的细沙或粗沙。每过三四年，换一次沙，并补充肥料。覆沙地块通常用秸秆围起来挡风。这种方法为塑料温室技术的采用打下了基础。1956年，布列顿镇附近经水文勘测发现了地下200m处的含水层，自此开始实施打井和灌溉工程，由于主要采用电力抽水，大大减少了劳动力，降低了经济成本。1961年，该地在覆沙耕作的基础上开始了覆膜试验，1962年，建立了第一个塑料温室，此后温室数量迅速增加，主要是在现有覆沙耕种基础上进行改造。温室较为简易，多为竹木结构。初期的园艺产品销售主要由一家商业集团Alhondigas控制，该集团主要在国内销售，少量出口主要由摩尔西亚、瓦伦西亚等地的商业组织控制，他们购买阿尔梅利亚的产品后贴上自己的商标出售。

（二）设施农业快速发展阶段

1971年，阿尔梅利亚从以色列引入了滴灌技术，温室由此快速发展起来，1975年达

到3000hm^2，1985年增加到1.14万hm^2，阿尔梅利亚集中了西班牙66%的温室，伴随温室面积增长，蔬菜产量增加了几乎4倍。灌溉面积也从1960年的448hm^{2}增加到了1976年的6710hm^2。由于夏季气温高，主要的生产季节是10月至翌年6月，产品主要有番茄、黄瓜等。温室大大提高了园艺生产的效益。1986年，温室、覆沙耕作和传统耕作的每公顷产值比为6：2：1。

从20世纪70—80年代，合作社迅速发展。合作社无力与Alondigs在国内竞争，转而向国外出口，建立了自己的销售渠道，出口大量增加。80%的出口都通过合作社来进行，大多数产品用冷藏货车直接销售到出口国，不需要经其他国家中转。1986—1987年生产年度，阿尔梅利亚的农产品出口量达到了31.6万t，主要目的地是德国和法国。但是直到20世纪80年代末期，大部分投入品都是从外部购买的，尚没有形成支持本地生产的生产资料生产和供应产业。

（三）设施农业升级阶段

20世纪90年代以后，计算机控制的肥水一体化系统应用日益广泛，可以在作物生命周期中实现水肥的最优配置，20世纪90年代后期也出现了大型的工厂化温室，用玻璃或半硬化的塑料建成，可以更好地控制生长条件，使工作效率更高。

2000年以后，温室面积基本稳定下来，技术更加集约化、生态化，分工更加多样化，形成产业集群。生物控制、病虫害综合防治、质量认证产品等得到了推行。水培、基质培等无土栽培方式得到推广，在阿尔梅利亚，温室内用基质培的已占20%，病虫害综合防治技术普及的面积已达到2.5万hm^2。有机种植面积不断增加，约占温室面积的10%以上。这是一个标志性的转变：从生产导向到以顾客为中心，从商业产品到专业产品。20世纪90年代初，当地的生产资料制造和供应企业开始发展起来，到2008年，这里有了14000家企业，收入超过86亿欧元，就业岗位5万个，出口总额17亿欧元。

随着合作社对销售渠道的控制性增强和产品竞争力提高，阿尔梅利亚园艺产品对外出口从20世纪90年代开始迅速增加。目前，温室园艺产品的出口占阿尔梅利亚出口收入的80%以上。2004年，阿尔梅利亚的番茄出口占西班牙番茄出口总量的38%以上，成为西班牙最大、最重要的番茄出口省，产品主要出口到法国、德国、荷兰和英国。

三、阿尔梅利亚发展设施农业的主要技术和做法

（一）开展设施的低成本、规模化和标准化建设，有效提高土地利用率

在推进城市化过程中，阿尔梅利亚当地政府部门从私人手中购买土地，并经统一规划和完善基础设施建设后，把温室以成本价（现在约为18万欧元/hm^2）卖给或者贷款给农民，每个农户的温室面积2～3hm^2。当地政府和技术部门高度重视温室的规模化建设。在大力发展设施农业的同时，逐步以大面积的温室代替小型温室，集中发展成连片温室，提高温室规模，生产用温室的面积从1～20hm^{2}不等，温室分布地带的土地利用率

在85%以上。在发展规模化温室的同时，根据当地的光照、温度、水和土地资源条件，温室建设全部实行标准化。

（二）大力改良土壤，推广设施农业节水技术

当地绝大多数的温室（70%~80%）土壤为“三明治式”结构，即底层是从外地运来的土壤，中间层是经过发酵的有机肥，上层是沙子，每隔3年更换一次中间层。这种结构不仅减少了土壤水分蒸发，而且减轻了连作障碍。正是通过这种形式的土壤改良，当地人战胜了自然，创造了人间奇迹。随着有机农业的发展，基质培技术逐步得到应用。目前，阿尔梅里亚的基质培面积占全部温室面积的20%以上，约是我国基质培面积（3000hm^2）的2倍。在节水农业方面，当地政府和农业推广部门一方面充分利用了丰富的海水资源，实行海水淡化，另一方面从改善温室结构、土壤改良、节水灌溉等方面着手，推广了设施农业节水技术，温室园艺作物每吨水的效益达12.5欧元。阿尔梅里亚的农业节水措施有如下几个方面：①推广使用喷雾和滴灌系统；②推广温室集雨技术；③发展小型的和以家庭为基础的水利设施。

（三）推广有机农业生产技术

阿尔梅里亚率先按照良好农业生产（GAP）规范（UNE155001）要求，进行农业生产并做了进一步改进。主要措施如下：杜绝使用PVC和PRFV薄膜；优先使用各种栽培和生物学措施，尽量避免使用化学手段；使用传感和分析系统，避免能量和资源的浪费；土壤消毒严格禁止使用溴甲烷；在采后和销售前严格进行农药残留检测；务必保证喷雾和滴灌系统处于良好的状态，避免系统损坏而导致的水资源浪费；完善残留物控制体系；最大可能使用生物天敌代替化学农药；栽培本地原生物种作为温室的隔离带；培育、使用抗病虫新品种，减少化学农药的使用；推广使用可循环利用的包装箱。相对地说，有机农业产量较低，发展有机农业的关键是确保产品的质量。

（四）加强农产品质量安全监管

在阿尔梅利亚每一个农民专业合作社和农业龙头企业，都有一支农业技术人员队伍，他们负责提供农业技术服务和农产品质量检测监测服务。每年在生产和出口两个环节上，控制产品安全方面的投入达1000万欧元。检测蔬菜、水果可能携带的葡萄灰孢霉、晚疫病菌、沙门菌以及病毒的次数超过10000次，农药残留检测达到6000次。当地所有的农民专业合作社和农业龙头企业都建立和使用农产品追溯系统。每个合作社或龙头企业的技术人员负责监督农产品质量，不符合质量或者农残超标的农民不仅将无法出售其产品，而且应退出合作社或龙头企业。阿尔梅里亚在发展设施农业的同时，高度重视农业生产环境卫生和清洁生产。农业生产环境整洁不仅是现代农业特别是观光休闲农业应该具备的，而且极大地减少了环境对农作物病害发生的影响。为了推动蔬菜产品质量升级和标准化生产，目前在各个农民专业合作社、龙头企业都广泛对果类蔬菜进行了

机械化、自动化分级。例如，根据番茄的大小、色素、光滑度等进行分级，通常分为4级。

（五）发展农产品现代物流业

大量蔬菜、瓜果的销售和出口依赖于现代物流业。阿尔梅利亚港运、公路运输发达。当地农产品的销售渠道主要有农超对接以及通过龙头企业、农民专业合作社的农产品竞卖系统把农产品销售到世界各地。与荷兰的花卉竞卖相似，当地的农民专业合作社和龙头企业普遍使用农产品竞卖系统，每天早晨来自各地的中间商和经销商参加竞卖。这一系统的广泛使用可以保证在12h之内将当日蔬菜或水果以各方满意的价格运抵欧盟各国。

（六）培训新型农民，改善劳动力结构

当地政府投入大量资金培养新型农民，并且免费为农民专业合作社、龙头企业培养技术人员，吸引年轻的、具备专业化生产技能的高素质劳动力从事农业生产经营。安达卢西亚自治区政府规定：所有40岁以下、经过注册的农民在上岗前都需要进行培训，培训课程包括基础班和提高班，培训总学时要达到270学时。通过培训并获得生产资格证书后，农民可获得政府提供的贴息贷款和其他优惠政策支持。农民培训一是注重实效，如农民可根据自身种养殖情况和所在地区农业区划情况，选择生物防治、动物疫病防治、作物改土、草莓/蔬菜栽培、农产品加工、银行信贷与动物福利等课程；二是严格规范，以农药培训为例，农民只有通过农药培训获得使用资格后，才有资格使用农药，对没有参加农药培训或培训时间达不到相应学时的，可申请有农药使用资格的人帮助使用农药，重点培训农民的自律意识。自治区政府还规定，对40岁以上的农民，不强制参加培训，但限定只能在原有土地生产经营，并不享受贷款和其他政策性支持，直到退休。

（七）大力推广使用现代农业科技

阿尔梅里亚设施农业的飞速发展主要得益于农民渴望科学技术并积极接受、使用现代科技手段发展农业生产。许多新的技术诸如土壤改良、植物营养、籽种农业、设施农业、生物防治、农业清洁生产、农业污染防治、农业水资源保护、设施专用农机具以及农产品加工等技术得到迅速推广，特别是近年来发展起来的集成化农业生产理念深入人心，其应用和管理水平在世界上也是领先的。阿尔梅里亚大学是当地唯一的承担农业科研、示范和推广的科研教育机构，现已经成为当地农民和农业企业的技术依托。这所大学的突出特点是紧紧围绕当地设施农业开展多方面的研究和技术推广，如温室结构与生产功能的关系研究，包括遮阳网的颜色与光照强弱之间、防虫网孔大小与病虫害传播之间、温室的形状与生产性能之间的关系以及温室地面、地上设施建设等。

（八）大力发展农民专业合作社

西班牙各地的农民专业合作社发展比较成熟，组织化程度高，管理规范。大型农民专业合作社不仅带动了当地农业产业升级，而且主要起到了市场和投资的作用。安达卢西亚自治区共有119个农民专业合作社，按照规模和管理职能已经形成了多个层次，如大型农民专业合作社、联合社、合作社联盟等。其中，阿尔梅里亚有55个农民专业合作社，当地60%以上的农户都已加入农民专业合作社，平均每社约有150个农户，农民专业合作社的蔬菜和西甜瓜生产市场占全部市场的65%～70%。高度发达的农民专业合作社不仅带动了农业生产的发展，而且促进了与农业相关的一系列产业的发展，如农业生产资料、设施工程建设、农产品物流业和农产品加工业。

四、阿尔梅利亚发展设施农业的借鉴意义

阿尔梅利亚的设施农业是欧洲最为成功的农业发展模式之一，吸引了多国政府部门、农业企业、农民专业合作组织、农场主以及科技人员前往学习和交流。阿尔梅利亚设施农业的发展在很大程度上得益于当地的光照、温度等自然条件，然而水和耕地匮乏，农业生产主要以一家一户为基础，其设施成本低、蔬菜单位面积产量也较低。但是，当地出台的一系列政策措施有力推动了设施农业发展，诸如推行设施低成本、规模化、标准化建设，花大力气改良土壤、推行节水技术，大力发展农民专业合作社和农产品物流业以及高度重视农产品质量、大力推广生物防治技术。当前，我国把设施农业视为主要发展途径，设施农业面积迅速扩大，农产品质量安全处于全国最高水平。然而，阿尔梅利亚发展设施农业的一些做法仍然值得我们学习和借鉴。

从长远看，需要引导与设施农业相关的产业集群发展这一产业集群能够就近提供各种生产资料，及时维护、更新各种设施设备，减少生产成本和时间以及农业生产的风险，将不断增强设施农业的竞争力。

稳步增加设施农业面积，推行温室的规范化、标准化建设，进一步提高温室质量，确保温室能够应对各种自然灾害，能抵御严寒和干旱、强光或弱光、节水、防虫等功能于一体。推广节水农业技术，要从温室地上和地下设施设计、温室周边集雨设施建设等方面下功夫。

逐步扩大单栋温室的规模，提高土地利用率目前，还要考虑到如何控制和保持温室的温度、光照、湿度、二氧化碳浓度等的均衡。另外，在耕地越来越紧张的情况下，可以学习阿尔梅里亚的经验，开发土地资源，实行土壤改良，扩大设施农业可利用的土地面积。

大力发展农民专业合作社，特别是培养大型农民专业合作社、联合社，提升农民专业合作社的能力和水平，以合作社为基础发展现代农产品物流业和完善农产品安全生产，如规范有机农业生产、扩大基质培面积、推广集成化生产技术和农产品质量追溯系

统、完善农产品质量监管服务体系等。

加大农业科技投入，着力引导农业科技人员开展一系列与设施农业相关的技术研究和示范推广。总之，应把设施农业看成是专门的学问，不仅要在思想上高度重视，而且需要系统地、深入地研究，从而进一步完善我国设施农业政策，提高竞争力、实现可持续发展。

第四节 以色列产业集群

一、以色列设施农业发展概况

（一）以色列自然地理环境

以色列位于地中海的东南方向，北纬34°，是一个西亚巴勒斯坦地区的国家，处于亚、非、欧三大洲结合处，具有典型的地中海型气候特征，夏季漫长且炎热干燥，冬季湿润短暂。沿海地区为狭长平原，东部主要是山地和高原，南部是内盖夫沙漠（12000km^2），干旱的沙漠占据了以色列的一半土地面积，因此耕地面积甚是有限，而且北部沿海地区年均降雨量约800mm，南部沙漠地带降雨量仅有25mm，降雨量非常匮乏，耕地面积少及水资源匮乏成为以色列的两大难题。

（二）以色列设施农业发展现状及规模、影响力

以色列从1948年建国以来，在自然环境及国内外政治经济环境严峻的形势下，大力发展高效、集约的现代设施园艺，在农业用水仅增加了3倍的情况下使得农业产出增长了12倍，土地产出率和水资源利用率得到了大幅度的提高，单个农业工人可供养人数从17人上升到113人，在沙漠里创造了农业的新奇迹。以色列设施园艺总面积约2.6万hm^2，生产鲜切花温室面积约1.1万hm^2，1.5万hm^{2}大棚种植蔬菜，瓜菜、花卉等农产品的生产不仅能满足自身需求，而且大量销往欧洲市场，有“欧洲厨房”之美誉（以色列蔬菜、水果生产及贸易情况如图8-15、图8-16所示），以色列农业从先天不足走向世界前列，设施园艺产业集群的形成，现代设施农业的发展是关键。

以色列设施园艺由于走高效、集约的道路而极度发达，设施种植面积规模宏大，温室主要分布在特拉维夫与海法之间的地区，其中在阿西图夫（Ahituv）有大面积温室群（图8-17），且集聚程度最高，有事农业生产经营活动的管理咨询、温室工程、设备供应安装等公司，生产资料供应商、农产品加工厂、科研机构、交易所和生产服务组织等，以契约或股份作纽带，从产业链上将产、供、加、贸等连结起来，产业化经营，组

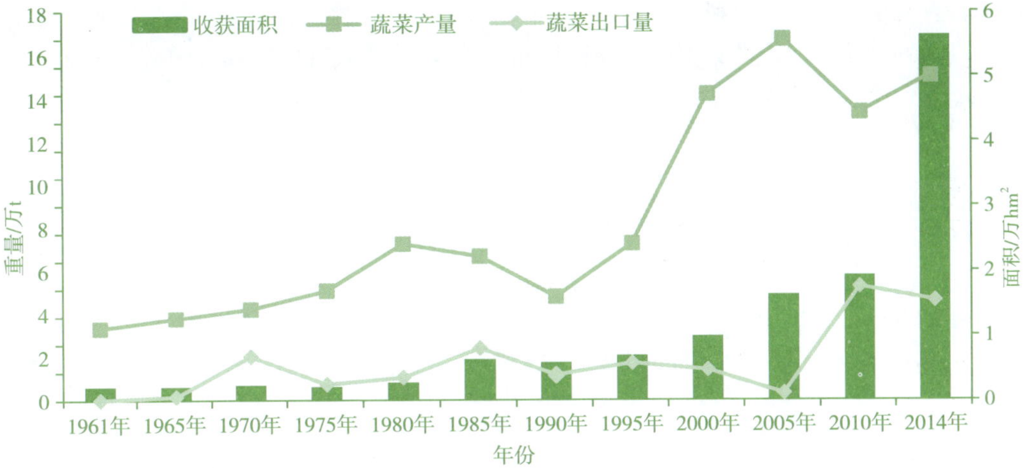

图8-15　以色列新鲜蔬菜生产及贸易情况统计图（1961—2014年）

数据来源：FAO官方网站数据库，为官方网站统计数据，http：//www.fao.org/home/en/。

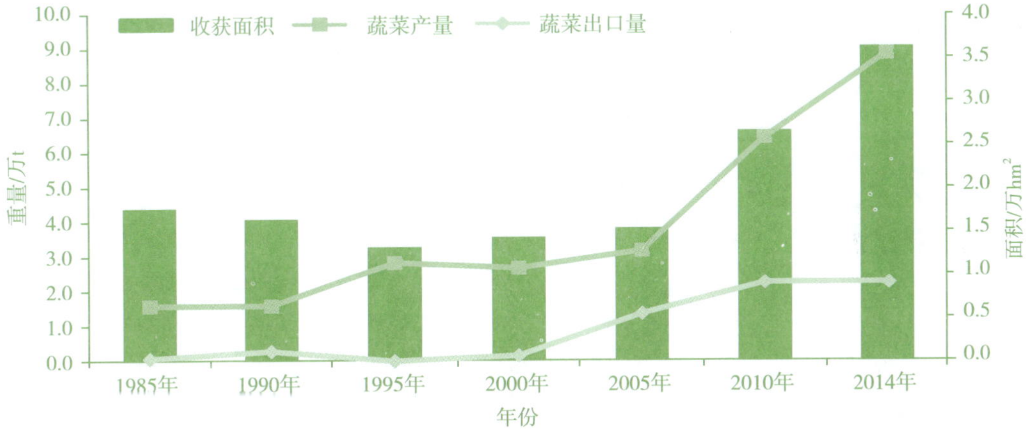

图8-16　以色列水果生产及贸易情况统计图（1985—2014年）

数据来源：FAO官方网站数据库，为官方网站统计数据，http：//www.fao.org/home/en/。

图8-17　以色列阿西图夫温室群

成了具有密切竞合关系的利益共同体，为农户或生产企业提供农业生产各阶段的综合服务，以色列设施农业产业集群随即便应运而生（以色列温室群基本信息如表8-4所示，相关部分企业信息如表8-5所示）。

表8-4 以色列温室群基本信息

形成时间	面积/hm²	温室结构	种植类型	涉及企业	温室群组织形式	自然条件
1960—2010年	5000	大型塑料薄膜连栋温室	蔬菜、花卉	生产材料供应商、加工物流贸易商、服务组织	合作组织：基布兹（35%）、莫沙夫（33%）、莫沙瓦（32%）	北纬34°，可用耕地仅占国土20%，南部沙漠干旱年降水30mm；夏季炎热干燥，冬季温和湿润

表8-5 以色列设施园艺产业集群部分企业信息

企业或组织名称	企业概况
Azrom阿森沃亩创新农业公司	生产高科技温室系统，蔬菜温室生产制作公司
Greenarava	成立于2002年的Arava地区现代农产品开发商和生产商，GreenArava是以色列最大的私营农业公司之一。大面积的露地种植、产量创纪录的高品质温室蔬菜种植以及采后包装和冷链物流设施，产品主要供给当地市场，部分出口周边国家
Dagan	Dagan农业自动化是与最常见的农业学科相关的领先技术提供商之一，大根自动化在农业自动化领域提出的解决方案包括温室、苗圃、网房、露天场所等
IAT灌溉设备公司	生产灌溉设备、温室系统，农业技术咨询
Netafim耐特菲姆	耐特菲姆提供广泛的温室结构选择，以适应各种不同的气候条件，可以适应所有的气候区。耐特菲姆提供全面的服务和解决方案，包括数据收集、设计、安装和售后服务
基布兹、莫沙夫	农村经济的主要组织形式，20世纪初发展起来的，基布兹集社会、经济于一体，为农业生产提供综合服务
Haifa Chemicals（海法化工集团）	一家私营国际公司，主要生产农业和工业用硝酸钾，特种植物营养物和食品磷酸盐。 海法化工集团是在各种气候、天气和土壤条件下开发和供应硝酸钾和特种植物营养素的先进农业的世界先驱。海法还生产用于农业、园艺、观赏植物和草皮的控释肥料（CRF）

注：资料来源于中农富通公司国际考察资料。

（三）设施农业的概念及发展史

从整体上来说，要首先把握“设施农业”的概念，先理解“设施农业”的含义，再看它的历史。设施农业，实质上就是保护型的农业，它有几个英文说法，如Facility Agriculture、Protected Agriculture（设施农业）等。随着设施集群的发展，又出现了一个新的名词Plasticsculture，发展至今已在全球范围内各协会官方采用。

所以设施农业的发展历程，就要从保护型农业开始说起。为何称之为保护型农业？众所周知，以色列是一个特殊的农业国家，当地气候干旱，降水稀少，水资源极其匮乏。然而其农产品产量依然可以大量出口，鲜花出口也排名世界第三，对世界农产品贸易、农产品出口做出很大贡献。按照以色列的人口比例，其农业产出率是很高的。而以色列农业这些成就的取得，来源于两项基本技术——温室和灌溉——这两项从基本上解决了作物生长的环境保护问题。让作物在特定的环境下生长，再加上灌溉技术，以色列的农业就是这样逐步发展起来的。以色列的温室设施农业的规模及技术投入、资金投入，在世界农业领域是相当可观的。

二、以色列设施农业集群发展史及成因

以色列自1948年建国，初时土地都是沙漠，十分荒芜。在1950年以前，不论城镇乡村都是荒凉一片。在1980年以前，以色列的设施农业基础基本为零。因而可以说以色列如今先进的设施农业，是从20世纪80年代开始起步。

以色列突出的农业技术主要包括温室、节水灌溉、育种及园艺技术等。以色列农业快速发展的主要原因之一就是它的特殊体制。基于以色列的特殊背景——土地主要为沙漠、戈壁滩，且与邻国关系并不和睦，所以20世纪50—60年代的以色列基本处于战争当中，之后国内才逐步稳定下来。为了确保粮食的供给，他们必须选择保护型农业。由于以色列南部和海法以北以沙漠为土，昼夜温差极大，故只有现在海法以北的近城镇乡村地区先搭建简易棚并在里面种植，作物才能成长。后来相关技术逐步发展，这种种植模式也扩展到南方。从20世纪80年代起步开始后的20年间，以色列设施农业已逐渐形成规模。到21世纪，以色列设施农业已发展为现代化、工厂化、机械化的大规模设施化产业集群模式。

综上所述，以色列的设施农业集群可大致分为三个阶段：第一阶段是1980—1990年间，此期间是以色列设施农业的起步阶段；随后是1990年至20世纪末，此时期是以色列的设施农业集群规模基本形成，开始稳定发展阶段；而20世纪末至今，则是以色列设施农业快速完善提升的大发展阶段。

而以色列设施农业产业集群形成的主要影响因素则可概括为以下几点。

（1）历史情况　20世纪90年代早期，苏联的大量犹太人开始移民至以色列，给本来人均耕地少的以色列带来更大的农产品生产压力，同时也带来了大量的劳动力，也在某

种程度上促进了设施农业产业集群的快速发展。

（2）市场需求　欧洲有巨大的农产品消费市场，在以色列设施农业产业集群发展的后期，在满足自己农产品需求的情况下，依靠良好的区位条件和农产品质量，打开了欧洲市场的大门。以贸易带动设施园艺产业的发展，贸易相关企业及服务机构是连接产地与市场的桥梁，贸易的不断增长，企业的增多与集聚，使设施园艺产业集群不断发展与完善。

（3）政府　以色列强大的农业科研、教育、科技推广体系和完善的服务组织是其高度发达和集约化的设施园艺的后盾和支柱。政府极其重视农业科研经费的投入，经费投入约占农业产值的3%，大量的经费投入使得农业科技得到迅速发展，以色列历来重视教育，在教育上的投资毫不吝啬。

（4）技术创新　以色列设施园艺高度重视农业科技，依托企业和研究机构，以科技代替资源，走科技密集型道路，因地制宜地把现代科技融入到设施农业生产中的每一个环节中，包括育种、育苗、施肥、栽培管理、节水灌溉设备、温室设计与环境调控等各个环节，在温室材料、节水灌溉技术、栽培技术上以色列均属世界一流，在设施灌溉技术上处于世界领先地位，其高效节水灌溉系统可以严格控制设施土的盐渍化程度，使科技投入促进了效率的提高。总之，通过科技创新来弥补自然环境条件的劣势，为设施园艺产业的发展保驾护航，从而创造了沙漠奇迹。

（5）关联产业集聚　在以色列农业发展的过程中，设施农业从无到有，设施园艺产业集群规模从小到大，相关企业与服务机构从少到多。在设施园艺生产的带动下，设施设备供应企业、温室设计安装企业、产品集运公司、生产资料供应商、农产品加工企业、科研院所、交易所、生产和销售服务组织等不断发展。由于规模效益和集聚效益，区域化集聚明显，相互关系更加密切，产业集群逐步形成并不断强化，形成地区经济增长的“发展极”，带动周边区域发展。

总之，以色列的设施农业是在特殊的自然条件、地理条件及混乱的周边政治环境下，迫于生存的压力而逐步产生的。建国初期，自然条件恶劣，且新迁入的犹太移民与日俱增，农产品供应极度匮乏，发展设施农业成为提高农产品供应的重要手段；同样，土地、水资源匮乏的自然环境条件促进了科技创新，滴灌技术、温室覆盖材料等技术突破使设施农业迅速发展并走上了高效、集约之路。20世纪70年代，由于设施农业的快速发展，导致农产品生产供过于求，以色列人随即调整产业结构，使附加值更高的花卉、瓜菜等种植面积快速增长，逐步转向出口，设施农业生产面积扩大并趋于稳定。产业集群发展过程中的生产资料供给、科技创新、加工流通、贸易等活动均是通过相关企业及研究机构来完成的，大量配套产业逐步发展并向设施园艺生产地集聚，最终形成高效、集约的设施园艺产业集群。

三、以色列设施农业对世界的影响和对中国的借鉴意义

以色列农业对世界的影响是一种样板效应。无论是对国外还是在国内，一个个体的

农业技术发展得好，就会吸引别人来学习效仿。以色列农业是一个高起点、高投入的典型，而中国农业则是一个逐步发展的产业。如今我国也有农业集团公司开始投资发展农业嘉年华、田园综合体等，资金和技术也必须像以色列一样一步到位，逐步走向高投入、高产出的模式。中国农业人已经逐渐意识到这一点并开始实践。不能吝惜前期投入，只有高投入，才能得到更丰厚的回报。以色列只有1%～2%的农业人口，生产的粮食却养活了整个国家，甚至还能大量出口。而我国新疆等地地理环境恶劣，与以色列南部沙漠区自然环境有很多相似之处，以色列的农业发展经验、农业模式都值得我们借鉴学习。具体来说可分为以下五点。

1. 科学技术是促进农业快速发展的关键

我国属于缺水国之列，人均淡水资源仅为世界人均量的1/4，居世界109位。人均土地面积仅0.4hm^2，且各地区自然条件差异大，特别是西部地区干旱、沙化日渐严重，为此很有必要借鉴以色列农业的成功经验，加快农业发展，促进社会主义新农村的建设。以色列的自然条件比我国西部的许多地方更为恶劣，但以色列人仅用50年左右的时间，创造了“沙漠奇迹”。以色列人创造的沙漠大棚温室、节水滴渗灌技术、沙漠菜田等奇迹启示我们：只要树立信心，落实科学发展观，坚持可持续发展战略，走科技兴农的道路，就一定会在尽可能短的时间内使我国农业发生巨大变化，特别是使我国西部地区的农业面貌根本改观。

2. 水资源的合理科学使用是农业发展的基础

缺水是制约包括中国在内的任何国家经济发展的主要因素，合理分配水资源与节水灌溉的应用已成为农业发展的基础。目前，中国农村的水资源利用率普遍只有40%左右，在宁夏仍然大水漫灌，每千克大米耗水近2t，如此缺水，又如此挥霍。为此，必须建设节水型社会，从根本上解决中国水资源问题，加强水资源管理，并尽快逐步采用先进的农业节水技术，国家在财政、贷款上应给予扶持。

3. 应当不断加大对农业的科研投入和开发力度，加快农业科研成果的推广和应用

农业的科技创新和科技推广，是优化农业结构和提高农产品竞争力的钥匙。以色列以最大的投入用于农业的研究与开发，推动科研成果尽快转化为先进生产力的做法值得借鉴。我国农业科研体制的改革方向，应是政府加大对农业科技的投入，对一般应用性开发研究要大胆推向社会，形成多元化的科研推广体系；在健全有关法律、规章的前提下，支持民营企业投资于农业科技领域，参与农业科研成果的开发利用，提高科研成果的转化率和应用率，满足农业发展多样化的需求。科研立项不能闭门造车，而应在农业生产实践中寻找课题。要用高新技术来装备农业。科研人员要到田间、地头去，要实行长期蹲点制度，可以转化为生产力的科研成果论英雄。

4. 大力加强农业职业教育及培训工作

目前，我国农村人口接近5.7亿，我们必须正视在今后数十年时间还会有数亿人口以农为业并继续生活在农村这一基本现实。农业要发展，必须要有高素质的农业劳动力。为此，必须采取倾斜政策，长期在全国范围内重点加强农业职业教育及培训，从而

造就数以亿计的新型农民。只有这样，才能为学习、运用先进的生产技术，接受新生事物，提供可靠的保障。

5．不断加强环境保护以实现农业可持续发展

以色列在生态环保上，政府重视，全民参与，长期坚持，效果明显。我国是一个人口众多、人均资源贫乏的国家，减少对农村的污染，防止土地的沙漠化、贫瘠化、盐碱化，有效治理水土流失，保持生态平衡，促进植被的恢复和提高，是农业可持续发展的迫切要求。资源合理配置、生态良性循环的环境，不仅对提高农业的国际竞争力，而且对我国整个经济和社会的发展，都是十分必要的，并且具有长远的战略意义。

第五节 加拿大设施农业

首先要说的是加拿大乃至整个北美的温室发展基本搬了荷兰的技术，本土创新很少。到目前为止，温室行业的种子、生物防治、计算机控制系统等主要方面几乎被荷兰公司垄断了，技术骨干中，荷兰人也占了很大比例。

加拿大现代温室发展大约始于20世纪40年代。安大略省利明顿（Leamington，加拿大番茄之乡）的意大利移民从荷兰引进了荷兰温室模式。利明顿本来就有陆地番茄生产历史和经验。截至亨氏（Heinz）2012关闭其在利明顿的工厂前每年为亨氏生产大约100万t陆地加工用番茄。利明顿的温室主要是以家庭农场的形式发展，1967年成立了行业协会——安大略温室蔬菜种植者协会（OGVG）。温室主要是双层塑料，高约4m，直到20世纪90年代末开始建设6m及更高的温室结构，大约2005前后玻璃温室开始流行。近年发展的温室多为玻璃温室。目前，利明顿以其约10000m^2的生产面积、多渠道完善的销售和服务体系而成为北美最大的温室集约化生产地。

加拿大及北美第二大集约生产地在大温哥华地区的低陆平原，发展几乎和利明顿同步，但主要以投资的方式发展，有很多荷兰人担任技术经理（Grower）。1973年成立行业协会BC Hothouse，实行行业配额准入制度，使规模发展受到限制。不列颠哥伦比亚省（BC省）大约拥有6000m^2的生产面积，温室以玻璃结构为主，规模不及利明顿，但技术水平强于利明顿。

美国温室蔬菜生产基本处于零星发展状态，以家庭农场模式为多，不成规模。近20年，加拿大温室公司进入美国发展了一些大型温室。但美国现代化温室面积不及加拿大一半。

随着加拿大日益高涨的能源和人工费用，大约20世纪90年代后期开始，加拿大美国

的温室公司、销售公司及投资人开始转向墨西哥寻求发展。墨西哥气候温暖光照充足、人工便宜，再加上墨西哥出口美国的内部动力，在短短的20年左右的时间里原有低科技温室基础上面积翻了一番。温室总面积达到15000hm²，其中蔬菜温室约占一半。温室蔬菜总面积远远超过加拿大和美国。但墨西哥温室散布于墨西哥中部（70%）、东部和北部多个州没有形成集约化生产。另外，低、中、高科技混杂，技术力量薄弱，管理不佳，员工素质差等，使得生产效率及质量方面不及加拿大和美国。在美国市场及加拿大市场的销售公司影响下，许多高科技现代化温室在产量、质量及食品安全方面严格规范，统一标准，迅速发展了起来。作为美国的菜篮子，墨西哥温室蔬菜生产最终领跑北美只是时间问题。

现代化温室具有革命性的发展包括以下几个：计算机自动化控制；无土栽培，从最早的NFT和深水栽培到全营养均衡基质培；以生物防治为主的病虫害综合防治；悬浮桥的使用；嫁接技术和嫁接苗的使用。

在加拿大，温室主要用于园艺业、蔬菜种植和苗圃。加拿大的温室种植有着明显的地区差异，因为气候、能源和地理位置上的优势，加拿大温室广泛分布在安大略省、不列颠哥伦比亚省、魁北克省和阿尔伯塔省。

安大略省农业部关于安大略省和加拿大2005—2007年温室业情况的相关统计如表8-6所示。

表8-6 安大略省和加拿大2005年至2007年温室业统计

条目	安大略省			加拿大		
	2005年	2006年	2007年	2005年	2006年	2007年
玻璃温室/m²	2667	3077	3006	5885	6387	6352
塑料温室/m²	7777	8346	8361	14006	14722	14593
温室产品销售额/千加元	1174366	1233725	1246085	2151614	2265372	2283870
温室总数	1200	1115	1200	3425	3095	3475
投资总额/千加元	1621800	1800000	1820000	3304670	3707434	3736434

加拿大的温室蔬菜种植主要集中在安大略省和不列颠哥伦比亚省，其中，安大略省占66%，不列颠哥伦比亚省占24%。加拿大温室蔬菜种植的生物害虫防治技术和计算机化温度控制技术均属于世界领先水平。据加拿大农业农产品部（Agriculture and Agri-Foods Canada）统计，加拿大主要的温室蔬菜作物包括番茄、黄瓜、青椒和生菜。

加拿大的温室花卉种植也居世界首位，安大略省是继美国加利福尼亚州和佛罗里达州后的第三大温室花卉产地。据温室花卉专家Wayne Brown和Graeme Murphy统计，安大略省的温室花卉产品相当于整个美国花卉产品的25%和整个荷兰花卉产品的10%。

随着科学技术的发展，新技术被大量应用在提高光线透明度，保持室内温度、光线、湿度和二氧化碳含量，促进灌溉、害虫和疾病防治，可提高生产效率。加拿大的温室工业正在迅速发展，产量不断提高。据统计，2007年加拿大温室养殖业创造了23亿加元的产值。由此可见，温室工业已经成为加拿大农业非常重要的组成部分，在加拿大经济中扮演着至关重要的角色。

据官方统计数据，2008年加拿大的温室总数为3295个，总面积2075.2hm^2，总产值20.9亿加元。其中，玻璃温室661.1hm^2，占31.9%；塑料板材温室面积214.5hm^2，占10.3%；塑料薄膜温室面积1199.6hm^2，占57.8%。加拿大的温室主要是大型连栋温室，自20世纪90年代以来，双层充气塑料薄膜温室的比例逐渐增加。

在所有温室中，种植蔬菜的温室面积1034.1hm^2，占温室总面积49.8%，产值占温室总产值38.9%；种植花卉和观赏植物的温室面积894hm^2，占温室总面积43.1%，产值占温室总产值61.1%。从温室面积的分布多少来看，安大略省、不列颠哥伦比亚省（BC省）、魁北克省、艾伯塔省、马尼托巴省、萨斯喀彻温省等六个省占据了前6位，总面积占全国温室总面积的97.8%，其中仅安大略省的温室数量就占到全加拿大36.1%，面积占55.4%。而在安大略省，2009年的温室总面积759hm^2，其中近86%分布于黎明顿地区。

一、环境控制和栽培技术先进，温室蔬菜高产高效

加拿大设施园艺发展较早，经过多年研究和实践，已形成了相对完善的生产体系。自20世纪90年代开始，温室种植面积迅速扩大，与此同时，玻璃覆盖材料逐渐被双层聚乙烯塑料薄膜所代替，不仅提高了隔热性能，而且降低了生产成本。20年前，温室种植技术发生了重大变革，从传统的土壤栽培、增施有机肥、管道灌溉发展成为了现在的计算机精准控制和无土栽培。目前，温室蔬菜生产全部采用无土栽培，通过计算机自动控制，使光照、温度、湿度、二氧化碳浓度、灌溉等条件维持在适宜作物生长的水平。

温室蔬菜无土栽培，主要以岩棉、椰壳纤维等为介质，营养液的母液分开储放，通过计算机自动组配、调整和供给，多余的水和肥料将被收集和循环利用，大大减少了肥水浪费和生产成本，保护了生态环境。由于蔬菜生长在完全可控的环境下，为高产高效创造了条件。据统计，2007、2008年加拿大全国温室蔬菜生产的平均产量，番茄为44.0～44.4 kg/m^2，黄瓜为117～127条/m^2，甜椒为22.9～23.3kg/m^2。在部分地区和生产条件下，年产量可分别达到黄瓜71.6 kg（207条）/m^2，番茄60kg/m^2，甜椒30kg/m^2。

二、栽培管理实现机械化和自动化，劳动生产率高

加拿大是设施园艺业高度发达的国家之一，劳动生产率位居世界前列。在温室蔬菜生产过程中，通过改变栽培方式和生产条件，推广应用各类机械与装备，实现了生产过

程的省时、省力和高效率。环境调控和栽培管理的诸多环节都可以借助机械完成，如遮阳网或保温幕揭盖、通风降温、二氧化碳施肥、喷雾喷药、产品采后运输和分级包装等。此外，引进熊蜂授粉，省去了开花期大量的人工授粉作业；将栽培槽高度提升到70～130cm，便于底部加温，促进了近地面空气流动，避免了重复弯腰操作，减轻了劳动强度；灌溉和施肥通过计算机自动精准调控，种植行间人工作业需借助轨道车实现快速移动等，都显著提高了劳动效率。以番茄种植为例，人均管理温室面积在生长前期可达到2668m^2，后期可达1334～2000m^2。采用生态控制和生物防治病虫害，可保障食品安全。

加拿大高度重视食品安全，建立了完善的监管系统，由食品检验局负责检测和监控蔬菜产品质量，以确保其符合等级标准并遵守安全制度。为了提高产品质量，生产过程中普遍采用黄板诱杀、地面覆盖、防虫网、杀虫灯、生物防治等新技术，以减少病虫害发生频率，最大限度地避免化学农药使用。生物农药和生物天敌（如丽蚜小蜂）等得到广泛应用。借助熊蜂授粉提高了冬季栽培番茄、甜椒的坐果率，严禁使用植物生长调节剂。产品采收后，经过挑选、清洗、分级、包装后进入超市，减少了中间流通环节，保障了食品安全。

三、生产过程实现高度社会化

加拿大的设施蔬菜生产更多地体现了现代化、精准化、标准化和专业化特点，真正做到了规模化种植、标准化生产、商品化处理、品牌化销售和产业化经营。更值得一提的是，温室蔬菜生产的各个环节社会化分工非常明确，从而大大方便了种植经营者。温室骨架和覆盖材料、栽培基质与营养液、环境调控系统与装备、熊蜂租赁与病虫害防治、栽培管理需要的各种资材等，均由专门的公司生产和经营，需要时可通过电话或网络联系订购，对方可以及时、周到地提供各种服务。

四、降低生产成本依然是主要目标

加拿大的温室生产由于建造和运行成本较高，获得性效益相对较低。温室建筑成本高，电力和天然气能源消耗大，劳动力缺乏等均成为制约其温室产业发展的重要因素。据加拿大农业与农业食品部统计，温室蔬菜生产中的劳动力、电力和燃料成本分别占总运行成本的24.4%、3.6%和20.2%。因此，无论研究者还是生产者，都想方设法通过增加产量、生产特色高档产品、扩大种植规模、改造加温设备、减少劳动力成本等措施，以求获得最大经济效益。

为了进一步降低能耗和提高周年栽培果菜的产量，近年来在温室结构和节能材料、地表–冠层散热系统配置、液体泡沫保温覆盖、变温管理和二氧化碳动态调节、可再生生物质能源利用等方面开展研究并取得了系列成果。人工补光是提高温室高秧栽培黄瓜产量的重要途径，通过人工补光可使黄瓜周年产量从71.6 kg/m^{2}增加到100 kg/m^2。过去的人工光源主要是高压钠灯，功率密度大，补光时间长，成本较高。目前，科研人员正在尝试将植株顶部补光和行间LED补光相结合的方法，并配合动态温度管理，以改善群体内见光条件和微环境，降低能源消耗。

第六节
墨西哥设施农业

墨西哥气候复杂多样，由于多高原和山地，垂直气候特点明显。高原大部分地区气候比较温和，平均气温为10～26℃；西北内陆为大陆性气候，沿海和东南部平原属热带气候。大部分地区全年分为旱、雨两季，10月至翌年4月为旱季，5～9月为雨季，雨季集中了全年75%的降水量。每年最旱月份为2月，降水量仅5mm，降水最多月份为7月，降水量约170mm。70%的地区气候干燥，西北地区年平均降水量不足250mm，内地为750～1000mm，墨西哥湾沿岸中部与太平洋沿岸南部为1000～2000mm。国土面积中湿热地区占4.8%，干热地区占23%，温带地区占23.1%，干旱地区占28.3%，极旱地区20.8%。因墨西哥境内多为高原地形，冬无严寒，夏无酷暑，四季万木常青，故享有“高原明珠”的美称。

根据墨西哥农业部发布的年鉴资料，2014年墨西哥种植面积2690万hm^2，种植业从业人口600万人，畜牧业用地面积1.1亿hm^2。墨西哥主要周期性经济作物有玉米、高粱、菜豆、小麦、土豆和青椒等，多年生作物有咖啡、橙子、芒果、柠檬、鳄梨、香蕉、葡萄等。农业主要产区为锡那罗亚州、米却肯州、萨卡特卡斯州和瓜纳华托州。

墨西哥农业具有明显的二元化特点：一是与美国毗邻的北部和西北部地区为发达的现代化商品农业，大部分为大面积耕作、高度机械化、灌溉系统和基础设施好的大农场，主要适合商品粮、水果、蔬菜和花卉种植；二是中部和南部地区为传统的小农经济，经营规模很小，耕作方式相对落后，主要种植玉米、菜豆等农作物，单位面积产量低。

一、设施保护农业总体情况（2012—2013年）

以下设施保护农业生产情况有关数据来自墨西哥设施保护农业协会（AMHPA）2013年的统计（表8–7）。

表8-7　墨西哥32个州/区农业生产面积情况

州名/区名	设施保护地/hm^2	面积/hm^2
阿瓜斯卡连特斯州	229	87.70
北下加利福尼亚州	1247	2647.07
南下加利福尼亚州	321	797.65
坎佩切州	176	51.70
恰帕斯州	3631	273.52
奇瓦瓦州	257	1495.92
科阿韦拉州	284	353.99
科利马州	247	403.60
联邦地区	2527	152.10
杜兰戈州	355	74.55
瓜纳华托州	769	655.27
格雷罗州	842	150.57
伊达尔戈州	2276	233.69
哈利斯科州	2777	3310.16
米却肯州	859	1004.06
莫雷洛斯州	1036	237.63
纳亚里特州	522	121.05
新莱昂州	278	106.64
瓦哈卡州	3154	352.73
普埃布拉州	2933	1045.2
克雷塔罗州	563	240.61
金塔纳罗奥州	144	52.02
圣路易斯波托西州	1029	894.01
锡那罗亚州	1057	4743.72
索诺拉州	649	1174.73
塔巴斯科州	86	12.81
塔毛利帕斯州	256	205.95
特拉斯卡拉州	1118	79.79
韦拉克鲁斯州	211	93.38

续表

州名/区名	设施保护地/hm^2	面积/hm^2
尤卡坦州	345	67.67
萨卡特卡斯州	654	411.04
合计	30932	21530.52

墨西哥设施保护农业年增长1200hm^2，主要是遮阴棚和低技术水平的温室。农业设施保护地平均年增长12%，基础设施安装投入价值35亿美元。农业生产约50%的露地和保护地种植集中在三个州：锡那罗亚州占22%，哈利斯科州占15%，北下加利福尼亚州占12%。

墨西哥设施保护农业协会会员数量从2008年的70个增加到2013年的284个，增长了4倍。协会会员温室和遮阴棚面积自2009年起至2013年年平均增长13%；2009年比2008年增加了140%。2008年时为2596hm^2，至2013年总面积达到8545hm^2。估计设施农业协会成员的基础设施价值将近14亿美元。

设施协会将设施保护生产技术水平分为三种方式：主动技术型（温室气候自动控制、采暖锅炉、播种的水培设备、防结露塑料薄膜覆盖以及其他）；半主动技术型［塑料膜、半自动系统（加热、通风、灌溉、冷却等）］；被动技术型（没有自动设备或系统，采用塑料膜或网，被动对应气候变化）。

二、墨西哥温室的主要类型

小生产者一般以协会的形式由12～13个会员共同运营5～12hm^2温室生产面积，而具有园艺商业专业经验的大型生产者一般拥有超过15hm^2面积的温室。通常大型生产者比小型生产者用到的技术更为先进。中等或高技术水平的温室通常分布在北部的锡那罗亚州、北下加利福尼亚州、索诺拉州或者克雷塔罗州。克雷塔罗受惠于周年温和气候可以进行全年的生产，而北方州温室主要进行冬季生产实现反季节供应。

超过51%的生产者更喜欢采用遮荫棚而不是温室，由于较低的投资和技术要求。其主要的基础设施有滴灌系统、防虫网、控制光和空气系统等。高技术水平配套玻璃结构带有加热、补光和二氧化碳施肥的温室很少得见，主要由于气候原因以及投资门槛过高，不过仍有个别荷兰公司在墨西哥实施了一些荷兰型的玻璃温室项目。哥特式结构的、带有顶和侧通风的塑料薄膜联栋温室是生产者最为常用的类型，如图8-18～图8-20所示。

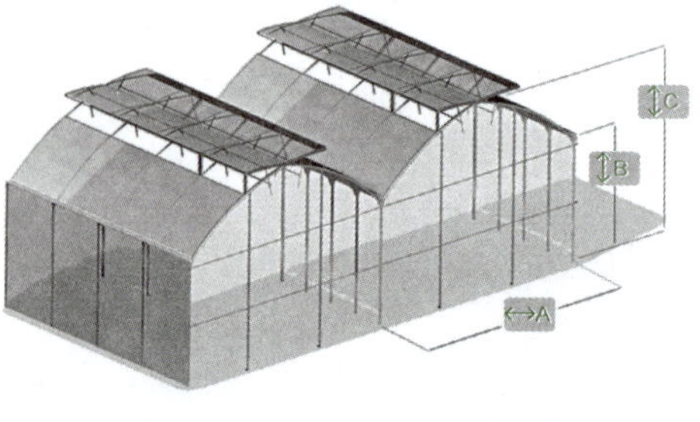

图8-18　哥特式屋脊双侧通风型

（1）实物图（局部）

（2）实物图（局部）

（3）实物图

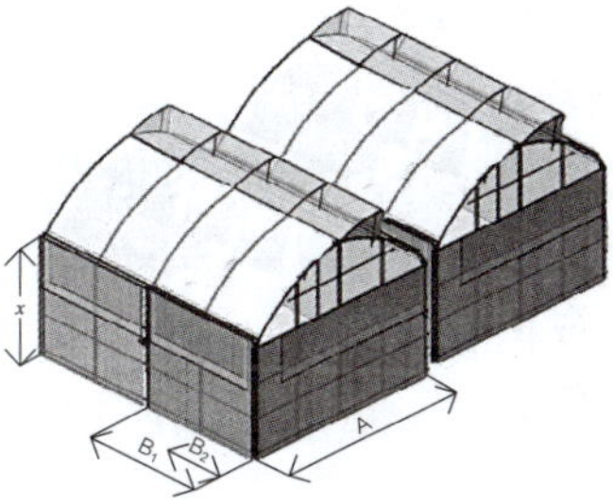

（4）示意图

图8-19 哥特式屋脊单侧通风型

图8-20 天沟单侧通风型

第七节
荷兰设施农业集群

荷兰位于欧洲西北部，纬度位于北纬50°，西、北濒北海，面积约41548km^2，海岸线长1075km，围海造田面积大，总体地势低平，是世界著名的“低地之国”。荷兰属海洋性温带阔叶林气候，内陆地区和沿海地区平均气温差别不大，夏季约16° C，冬季约3°C，年降水量约797mm。荷兰的农业受到许多不利条件的制约，首先荷兰处于较高纬度，光照不足，平均仅1600h，对农业生产有较大影响。其次，荷兰基本全境为低地，低于海平面的国土面积约24%，由于地势较低易受河流泛滥的威胁。最后，荷兰国土面积狭小，人均耕地面积仅有0.84亩，是世界上耕地面积最小的国家之一。

虽然荷兰的自然资源条件并不优越，但其科技投入多，土地产出率极高，农业高度集约化，农业产值约占GDP的1.5%，从业人员20.8万人，由于农业的高效益性成为世界第二大农产品出口国。近几年，荷兰设施蔬菜种植面积相对稳定，约4500hm^2，产品出口约占80%，鲜蔬菜的贸易量占欧盟的40%，并且荷兰拥有发达的花卉产业，世界上最大的花卉生产和出口国，占国际花卉市场的60%左右，总体贸易优势明显。

从某种程度上讲，荷兰的现代农业是以连栋温室为代表的现代化设施农业，随着经济的不断发展，在农业生产领域，温室产业成为荷兰的特色，在世界上处于领先地位，荷兰连栋玻璃温室主要用于种植蔬菜和花卉，面积约占全世界玻璃温室面积的1/4，在荷兰设施园艺产业中，连栋玻璃型温室占有很大的比例，荷兰连栋玻璃温室主要分布在史基浦机场区、韦斯特兰（Westland）、德伦特省和林堡省，这些地区是设施园艺业的集聚地，拥有大面积的温室群，网络化的道路系统将各个温室相连接，单栋温室面积约5hm^2，通常每栋温室只种植一种蔬菜的单一化农产品生产是其最突出的特色，主要种植番茄、茄子、甜椒、黄瓜。荷兰的温室群最集中的地方在西南部的韦斯特兰地区，主要为玻璃温室，玻璃温室总面积约为1.3万hm^2，而且多集中成片，不仅有生产型温室，更是集聚了众多设施农业生产相关企业和服务机构，围绕园艺生产，不仅有温室公司，还有生产资料供应、各种工具等为生产服务相关的公司；在技术服务方面，政府帮助建立相关企业、科研机构及科学研究、技术推广体系；在产后服务方面，建立拍卖公司，帮助农民及企业包装、运输、储藏、加工温室产品，并在技术、信息、金融等方面也给以支持，形成了规模宏大的设施农业产业集群，创造出了世界第一的土地产出率，为荷兰农业发展做出了巨大贡献。

在温室种植方面，荷兰的韦斯特兰地区是全世界最重要的地区之一。韦斯特兰地区名称来自于其位于荷兰西部的地理位置，自公元1300年起开始成为农业生产集群地，以可追溯的悠久历史为傲。在围海造田的基础上，20世纪60年代通过科技创新，发展设施园艺，在人与自然顽强斗争的触发下，在国内优良政策环境的支撑下，设施园艺生产得到了迅速发展，同时在国内及国际两大市场的催动下，规模效益与集聚效益的带动下，设施园艺生产的规模化与集聚化成为必然，韦斯特兰地区连栋温室生产集群的不断集聚与扩张，带来为之服务的生产资料供给企业、温室设计安装企业、加工企业、流通企业、服务组织、研发机构等关联产业的区域化集中，逐步形成区域化设施园艺产业集群，农业生产效益得到极大提升。该地区位于人口密集、土地短缺的大都会区域，因此温室产业需要在链条的每一个环节都做到精益求精，生产目标为国际市场的高价值产品。

韦斯特兰地区集中了最先进的生产、交货、贸易、分销和加工公司于一体，各个环节都紧密相连。本地区集聚了进出口商，包装、冷藏、物流公司，种植者，饲养者，运输公司，海关，种子公司，仓库和办公室。韦斯特兰在设施农业产业集群方面拥有丰富的知识和经验，为世界各地提供健康美味的蔬菜和优质花卉。他们还不断发展创新，将专业知识和经验传播到全世界。

韦斯特兰地区是世界上最大的成片温室种植区。本地区的温室种植面积在2016年达到2385hm^2，占荷兰温室种植总面积（9234hm^2）的26%。温室种植农场在2016年达到670家，占荷兰总农场数量（3808家）的18%。农场平均温室种植面积为3.6hm^2，全荷兰的农场平均温室种植面积为2.4hm^2。2016年数据显示，韦斯特兰地区温室种植总面积的36%为蔬菜种植，31%为花卉，24%为植株，3%为幼苗，2%为花卉种球，2%为育种，2%为树木种植（以上数据由荷兰使馆提供）。

荷兰园艺界100强创新型企业中，超过50%植根于西部地区，其中80%以上是家族企业。创业基因深深扎根于该地区的文化。

作为全球最大温室种植区，韦斯特兰地区成为企业家发源地。从种子、育苗、生产，到贸易、加工、物流等相关产业高度集中且相互联系紧密。另外，有专门的财务金融、冷链及物流、技术创新及市场销售等一条龙服务。这里80%为家族企业，业务涵盖种子与育苗、蔬菜种植、花卉种植、企业合作联盟、技术与农资、温室系统与建造、技术咨询与研发、包装与物流、贸易及出口等。

在知识与创新方面，韦斯特兰成立了绿港（Greenport）创新园区。园区集政府、科技、教育、研发、金融于一体，综合知识、价值、信任、竞争与合作，实现专业技术、知识分享及跨领域的创新，打造企业、教育、政府共同创新、连接、创造及引领的平台。

在精准与专注度方面，韦斯特兰地区被称为荷兰温室产业的首都。不同的绿港专注不同的优势，区域之间形成协同发展。产业的集群也是实用知识和创新的集群。面对未来，企业、政府及知识和教育机构共同努力，为未来发展注入创新及可持续发展动力。韦斯特兰计划2050年实现全面绿色能源，以一半的资源消耗产生双倍的食物产品，同时大大降低了全球化学杀虫剂的使用。

荷兰的园艺业之所以在世界范围内享有盛誉，因为这是创新的集群，能培育、加工和运输最优质的产品，如蔬菜、水果、花卉和植物等。园艺工艺创新成为集群的核心。

韦斯特兰集群的发展成果主要归功于其独特的生产、营销、贸易、物流、温室建设、技术和商业服务、教育和知识的结合。这些元素的在地理方位上的集中程度和元素之间的传统牢固联系在世界上是独一无二的。总的来讲，荷兰之所以形成规模宏大的设施农业产业集群，主要受以下因素影响。

（1）自然环境压力　荷兰国土面积小，大部分土地低于海平面，因国土面积小、人口密度高，所以人均耕地少，而且阴雨连绵，年日照时间短，总体来看，自然环境条件恶劣，人生存压力巨大，通过做设施温室，尽可能利用光照，在一定程度上抵御严酷的外界环境，所以在恶劣的自然环境逼迫下，人的生存需求促使了设施农业生根发芽。

（2）悠久的贸易史　荷兰是继西班牙之后第二个海上强国，曾经贸易活动频繁，拥有众多殖民地，具有善于贸易的民族特性，正因为具有贸易历史，并且交通贸易方便，荷兰设施蔬菜产业集群拥有广阔市场。广阔的市场也促进了设施园艺产业集群的发展。

（3）欧洲经济迅速发展的机遇　二战以后欧洲经济迅速发展，形成了巨大的园艺产品需求市场，并且荷兰积极加入欧共体共同农业政策，为农产品贸易提供了极大便利，荷兰人充分利用善于经商贸易的特性，把握住了欧洲经济发展的历史机遇，通过贸易带动设施农业集群的迅速扩大与发展。

（4）政府宏观调控　政府在设施农业的发展上发挥了巨大作用，在国内并特发展的不同阶段，政府对设施农业采用不同的宏观调控及符合国情的产业政策。在1983—1992年这十年间，荷兰温室农业始终保持着上升趋势，主要是因为政府实行了补贴政策，从事温室生产的农户均可获得政府补贴，调动了农民生产的积极性，并且荷兰政府从国情出发，因地制宜，合理调整了农业产业结构，在土地资源紧缺的情况下，合理调整了农业生产结构，大力发展了高附加值的园艺作物，使得有限土地可获得可观的经济效益，引导了设施农业的发展，吸引相关产业集聚，保障了设施农业产业集群逐步形成。

（5）因地制宜的科技创新　荷兰工业基础雄厚，温室设施本身就是工业化集成技术的产物，随着工业的发展，工业技术不断植入农业生产当中，现代化的新型温室调控技术逐步发展，能够满足不同花卉生长所需的各种温湿度、光照、水肥等条件，通过科技进步现播种、育苗、灌溉、移栽、采摘、分级、包装等自动化生产，在这种全自动化生产模式推动下，荷兰设施园艺生产规模、种类和综合效益都得到了极大提高。现代工业技术在温室产业中被广泛采用，有以下几类。

①机械技术：传感、包装、耕作、预冷、物流、运输等各阶段机械技术的运用；

②工程技术：工程结构技术、节水工程技术、各种相关材料；

③计算机技术：机械自动化、环境自动监控；

④现代信息技术：生产信息、供需信息、市场信息；

⑤生物技术：以生物技术为基础的生产资料等。

荷兰设施园艺产业在与自然的抗争中，在提高生产效率的驱动下，逐步形成与完善这些技术，通过土地产出率、资源利用率、科技贡献率的提升，使得温室生产规模逐步扩大，产品质量稳步提升，设施园艺产业得到迅速发展。

（6）关联产业集聚　随着设施园艺产业的发展，不断带动温室园艺供应业（农药、种子、钢铁、玻璃、薄膜、肥料、加工资材等）、温室工程制造与服务业（温室设计、制造、安装、解决方案设计、后期维护等）以及温室相关设施设备制造、研究机构和服务组织、园艺产品的加工与流通（加工、流通与拍卖企业）等相关产业发展与集聚，由设施园艺生产带动了全产业链发展，形成了完善的供应、种植、加工、流通及保障体系，产业链内各环节协调发展，各企业及相关机构逐步集聚，保证了产业集群的良性发展，促进产业集群稳定与竞争力的提升。

总的来说，荷兰设施农业在特殊的自然环境条件下，人们迫于生存的需求在与自然界的对抗过程中逐步产生的。在解决了温饱的同时，随着科技的发展，温室得到进一步的发展。20世纪70年代，政府的资金代替土地的政策及后续的温室生产补贴政策在主观上推动了设施农业的发展，同时欧盟经济迅速发展、欧盟共同体农业政策的出台，为善于经商的荷兰人提供了巨大的贸易市场，在客观上拉动了荷兰设施农业产业集群的发展。在整个发展过程中科技进步始终是设施农业发展的内生动力。20世纪90年代，设施园艺生产面积基本稳定，同时前期迅速发展的过程中带动了温室相关产业的发展，产生了集聚效应，最终形成了集生产、供给与服务于一体的设施园艺产业集群。

荷兰韦斯特兰地区设施农业产业集群在世界范围内产生了广泛影响，荷兰的全球网络地位更加巩固。韦斯特兰地区的绿港集群与鹿特丹港及史基浦机场形成了世界一流水平的大农业物流网络。另外，荷兰85%的温室产业收入来自出口。预计到2026年，韦斯特兰绿港集群的进口额将达到40亿欧元，而出口额将达到或超过80亿欧元，从而进一步巩固了其国际战略枢纽地位。全球24%的温室产品贸易将受控于荷兰企业，这使得荷兰的全球贸易网络的核心地位更加突出。（注：以上数据由荷兰使馆提供）

荷兰韦斯特兰地区设施农业产业集群的发展对中国的启示和影响。

（1）中国持续的城市化进程将遵循集群发展模式，一些“超级城市”和城市群将按照“中心辐射”型区域结构逐渐兴起　“超级城市”是指一线城市和少数二线甲级城市，人口达2000万以上。在“中心辐射”型区域结构下，中小城市群围绕中心城市发展。未来十年，这将对基础设施投资、区域经济分工产生及物流体系重塑带来重大影响。中国需要借鉴荷兰韦斯特兰地区绿港集群的发展经验，努力构建和完善设施农业网络，促进城镇集群的共同发展。

（2）快速城镇化推动城市居民对于生鲜食品的需求　生鲜食品的消费与需求在中国正在不断上升。受持续的经济增长和城市化的推动，水果和蔬菜，乳制品和肉类的消费量在2015—2025再增长18%。在2010—2025年，另有3亿中国人将从农村地区迁移到城市中。中国正迅速成为以消费为主的经济形势，对猪肉、牛肉、鸡肉、海鲜以及乳制品、水果和蔬菜的需求将继续上升。中国急需发展和完善设施农业，提高农产品产量，保障城镇食品供给。

（3）大农业物流成为大势所趋　采用中心辐射型结构的绿港物流模式，通过运载力共享、智能物流优化运载分配。绿港产业集群是一种新的产业形势，是世界贸易体系的有机组成部分，与全球大城市形成网络连接，以种业和农艺为基础，以工业与工程技术、信息技术为手段，通过一、二、三产业的全产业链贯通，一体化设计与发展，实现产业全程升级和价值成倍提升。中国的主要枢纽城市需要增强网络连通性和主导地位。

（4）冷链的闭环体系亟待完善　闭环的冷链体系对保持农产品品质、减少浪费及食品安全等至关重要。所谓闭环是只冷链的每一个环节，包括预制冷、温控运输、商业存储、消费端货架及存储都达到温度控制要求，并不会在链条环节交汇处出现断链引致品质下降。荷兰有着全世界人均最高的温控存储容量。总部位于韦斯特兰的荷兰最大的全球鲜花拍卖市场，这里同时也拥有全球最大的冷藏库。中国潜在冷链物流总额达到约3万亿元，冷链需求规模接近9000万t。但冷链流通率平均水平不足40%，远低于发达国家95%的水平。冷量运输价格昂贵，冷链费用占总成本50%。每年因食物腐烂造成经济损失上亿。因此中国冷链的闭环体系亟待发展和完善，以确保农产品品质，减少浪费，保障食品安全。

参考文献

[1] 徐茂，邓蓉．国内外设施农业发展的比较[J]．北京农学院学报，2014（2）：74-78．

[2] 杨春君．设施农业发展研究[J]．农业科技与装备，2010（2）：15-17．

[3] 周静．论我国设施农业发展现状[J]．现代农业，2016（2）：78．

[4] 王缉慈，谭文柱，林涛，等．产业集群概念理解的若干误区评析[J]．地域研究与开发，2006（2）：1-6．

[5] 王坤，张建华．产业集群相关概念辨析及研究进展[J]．科学管理研究，2012（1）：84-88．

[6] 王缉慈．解开集群概念的困惑——谈谈我国区域的集群发展问题[J]．经济经纬，2006（2）：65-68．

[7] 张长立．产业集聚理论探究综述[J]．现代管理科学，2004（12）：32-33．

[8] 王洁．产业集聚理论与应用的研究 [D]．上海：同济大学，2007．

[9] 张庆伟．我国产业集聚理论的最新发展述评[J]．北方经济，2011（19）：86-87．

[10] 张春华．城乡一体化背景下农业产业化组织形式研究[D]．武汉：华中师范大学，2012．

[11] 张天柱．现代农业园区规划与案例分析[M]．北京：中国轻工业出版社，2008．

[12] 常远凯．农业产业化理论及组织模式演变研究[D]．昆明：云南财经大学，2013．

[13] 崔照忠，刘仁忠．三类农业产业化模式经营主体间博弈分析及最优选择[J]．中国人口·资源与环境，2014（8）：114-121．

[14] 孔欣，宋桂琴．国际贸易理论新进展——新新贸易理论述评[J]．税务与经济，2011（5）：16-21．

[15] 徐元康．新贸易理论评述及对中国外贸的借鉴意义[J]．经济论坛，2010（2）：55-59．

[16] 李辉文，钟正生，刘凤良．新贸易理论与现代比较优势理论[J]．求索，2005（8）：1-4．

[17] 林卫斌，苏剑．理解供给侧改革：能源视角[J]．价格理论与实践，2015（12）：8-11．

[18] 丁守海，沈煜，胡云．供给侧改革与就业转换的三阶段论[J]．教学与研究，2016（3）：23-31．

[19] 邵宇．供给侧改革——新常态下的中国经济增长[J]．新金融，2015（12）：15-19．

[20] 农业部．全国设施农业发展“十二五”规划[Z]．2011．

[21] 张天柱．温室工程规划、设计与建设[M]．北京：中国轻工业出版社，2014．

[22] 刘中会．寿光蔬菜产业集群研究[D]．长春：东北师范大学，2009．

[23] 张天柱．现代农业园区规划理论与实践[M]．郑州：中原农民出版社，2016．

[24] 中国大型高效设施农业产业集群汇报方案[R]．中国农业大学农业规划科学研究所，2015．

[25] 南和设施农业产业集群可行性研究[R]．北京中农富通园艺有限公司、北京市富通环境工程有限公司，2017．

[26] 吴卫华．荷兰玻璃温室蔬菜业成功之路[J]．农产品加工（创新版），2009（8）：11-12．

[27] 何革华，申茂向．荷兰设施农业对我国的启示[J]．林业科技管理，2000（3）：54-58．

[28] 徐茂，邓蓉．国内外设施农业发展的比较[J]．北京农学院学报，2014（2）：74-78．

[29] http：//www.xzbu.com/7/view-3334674.html．

[30] http：//www.docin.com/p-1651891449.html．

[31] http：//www.ccagr.net/index.php/Canadian-greenhouse.html．